全国会计专业技术初级资格考试岗课赛证融通系列教材
根据财政部最新印发初级会计资格考试大纲编写

经济法基础 机考习题集

（第五版）

JINGJIFA JICHU
JIKAO XITIJI

新法规 新税率

全国会计专业技术资格考试岗课赛证融通教材编委会 编

无纸化初会自测平台
阵容强大的编写团队
线上线下资源相结合

本书另配教学资源

中国教育出版传媒集团
高等教育出版社·北京

内容提要

本书是全国会计专业技术初级资格考试岗课赛证融通系列教材之一。

本书为主教材《经济法基础》(第五版)的配套习题集，是在深入研究课程基础理论知识和考试大纲的基础上编写而成的。本书根据最新考试大纲提供了总论，会计法律制度，支付结算法律制度，税法概述及货物和劳务税法律制度，所得税法律制度，财产和行为税法律制度，税收征管法律制度，劳动合同与社会保险法律制度的相关习题。为了利教便学，每章末尾附有二维码，内容为：习题册每章答案与详细解析，学生可用手机扫描查看。

本书不仅可以作为高等院校财会类专业用书，还可以作为各财税培训机构的初级会计职称考试培训教材，亦适合会计爱好者自学使用。

图书在版编目(CIP)数据

经济法基础机考习题集 / 全国会计专业技术资格考试岗课赛证融通教材编委会编. -- 5 版. -- 北京 ：高等教育出版社，2025. 8. -- ISBN 978-7-04-065357-1

Ⅰ. D922.29-44

中国国家版本馆 CIP 数据核字第 2025JA5956 号

策划编辑 钱力颖 **责任编辑** 钱力颖 **封面设计** 张文豪 **责任印制** 高忠富

出版发行	高等教育出版社	**网　址**	http://www.hep.edu.cn
社　址	北京市西城区德外大街 4 号		http://www.hep.com.cn
邮政编码	100120	**网上订购**	http://www.hepmall.com.cn
印　刷	杭州广育多莉印刷有限公司		http://www.hepmall.com
开　本	787mm×1092mm 1/16		http://www.hepmall.cn
印　张	11.25	**版　次**	2018 年 8 月第 1 版
字　数	278 千字		2025 年 8 月第 5 版
购书热线	010-58581118	**印　次**	2025 年 8 月第 1 次印刷
咨询电话	400-810-0598	**定　价**	27.00 元

物 料 号 65357-00

第五版前言

2017年11月，会计从业资格证被正式取消，初级会计专业技术资格证书成为会计人员首选的资格证书。会计从业资格证的部分考试内容（会计法律制度、会计概述等）被合并到了初级会计专业技术资格考试中。

高等院校财会类专业培养的是企业需要的，能够从事出纳、会计核算、税务管理、财务管理、会计管理和管理会计等相关工作的具备专业技能的人才。为了增强财会类学生的综合职业素质，提升学生的求职竞争力，高等教育出版社组织高等院校会计专业资深的双师型教师和从事会计专业技术资格考试培训的专家，成立了编委会，依据财政部“全国会计专业技术资格考试领导小组办公室”颁布的《初级会计专业技术资格考试大纲》，研究并编写了本系列教材。

本系列教材包括主教材《初级会计实务》（第五版）、《经济法基础》（第五版）和配套教材《初级会计实务机考习题集》（第五版）、《经济法基础机考习题集》（第五版）共四本。

本系列教材编写思路与特点如下：

1. 落实立德树人，加强会计职业道德教育

为了落实立德树人、实施课程思政，主教材前言给出了“素养提升设计表”（表1），同时，在教材的具体内容里面设置“素养园地”栏目，并通过知识讲解、案例分析等方式来培养工匠精神、劳动精神，提升学生的职业素养和会计职业道德水平。

表1　素养提升设计表

章名称	选取的知识点	课　程　思　政　元　素
第一章　总论	法律基础	通过学习法律基础知识，贯彻法治思想，深入开展法治宣传教育，增强全民法治观念
	法律责任	通过经济违法犯罪案例分析，加深学生对经济违法犯罪及其危害的认识，在杜绝自身经济违法犯罪的同时，增强对他人经济违法犯罪的防范意识

续　表

章名称	选取的知识点	课程思政元素
第二章　会计法律制度	会计核算与监督	通过学习会计核算与监督技能，培养学生遵守“坚持诚信，守法奉公”“坚持准则，守责敬业”“坚持学习，守正创新”的会计人员职业道德规范，并能自觉遵守各项会计法律制度
	会计法律责任	通过上市公司财务造假案例分析，教育学生树立正确的价值观，提升学生会计职业道德水平，提高学生的会计职业素养，增强学生的法律意识
第三章　支付结算法律制度	支付结算概述	通过学习使用不同的结算方式进行支付结算，培养学生遵守“坚持诚信，守法奉公”“坚持准则，守责敬业”“坚持学习，守正创新”的会计人员职业道德规范，并能自觉遵守各项支付结算法律制度
	银行结算账户	通过出借个人账户卷入金融诈骗案件分析，警戒学生依法开立并使用账户，戒除贪心，远离金融犯罪
	支付结算纪律与法律责任	通过学习经济犯罪相关案例，识别并防范票据诈骗、校园贷、传销、恶意透支信用卡等经济犯罪，拒绝高报酬诱惑，保护自己和他人的合法权益
第四章　税法概述及货物和劳务税法律制度	增值税法律制度	我国出台了与农产品相关的增值税减免税政策，有利于鼓励农业生产，保护农业生产者的利益，保障国家的粮食安全，加快建设农业强国
	消费税法律制度	我国对过度消费不利于人类健康的消费品（如烟、酒）征收消费税，有利于“推进健康中国建设，倡导文明健康生活方式”，维护社会秩序稳定
第五章　所得税法律制度	企业所得税法律制度	我国出台了西部大开发的企业所得税优惠政策，有利于推动西部大开发形成新格局，促进区域协调发展，巩固国家生态安全屏障，促进陆海内外联动和东西双向互济，增强内生增长动力，保障和改善民生
	个人所得税法律制度	我国自 2019 年 1 月 1 日起开始全面实施综合与分类相结合的个人所得税改革，这次改革通过提高基本费用减除标准、增加专项附加扣除、优化调整了税率结构、扩大低档税率的级距等方式，从而“完善个人所得税制度，规范收入分配秩序，规范财富积累机制，保护合法收入，调节过高收入”，使得广大纳税人的税收负担普遍降低，使个人所得税税负水平更趋合理、公平
第六章　财产和行为税法律制度	资源税法律制度	我国征收资源税，有利于“实施全面节约战略，推进各类资源节约集约利用，加快构建废弃物循环利用体系”，促进产业结构优化升级，实现我国经济社会可持续发展
	环境保护税法律制度	我国征收环境保护税，有利于抑制纳税人污染环境的不良行为，提高纳税人环境保护意识，推进生态文明建设和可持续发展，促进节能环保产业结构的优化升级，体现了“像保护眼睛一样保护自然和生态环境，坚定不移走生产发展、生活富裕、生态良好的文明发展道路，实现中华民族永续发展”的精神
第七章　税收征收管理法律制度	税款征收	税收取之于民，用之于民。一方面，征税主体（税务机关、海关）结合“深化简政放权、放管结合、优化服务改革”精神，做好纳税服务，依法依规征税，有利于保障纳税人合法权益，提升纳税人满意度；另一方面，纳税主体（纳税人）“增强法治观念，践行社会主义核心价值观”，持守纳税信用，合法合规纳税，有利于保障国家财政收入，维护社会和谐稳定
	税务行政复议	税务行政复议有利于解决税务行政争议，保护纳税人的合法权益，监督和保障税务机关依法行使职权；合法合理解决税务行政争议，有利于构建“亲清”新型的税企关系，促进法治社会的建设

续 表

章名称	选取的知识点	课 程 思 政 元 素
第八章 劳动合同与社会保险法律制度	劳动合同法律制度	国务院颁布《保障农民工工资支付条例》以及全国各地开展拖欠农民工工资问题专项治理活动，有利于根治拖欠农民工工资现象，维护农民工合法权益和社会和谐稳定
	社会保险法律制度	我国“完善基本养老保险全国统筹制度，发展多层次、多支柱养老保险体系，实施渐进式延迟法定退休年龄，扩大社会保险覆盖面，健全基本养老、基本医疗保险筹资和待遇调整机制，推动基本医疗保险、失业保险、工伤保险省级统筹，促进多层次医疗保障有序衔接，完善大病保险和医疗救助制度，落实异地就医结算，建立长期护理保险制度，积极发展商业医疗保险”，有利于保障公民在年老、疾病和生育、工伤、失业等情况下依法从国家和社会获取物质回报、帮助或救济的权利，促进社会和谐稳定

2. 服务产业发展，实现产教融合

本系列教材服务会计行业发展，对接会计人员职业标准，反映会计岗位职业能力要求。实现产教融合，校企“双元”合作开发，行业企业专家深度参与编写。本系列教材为校企合作开发教材，由山东经贸职业学院教师和山东和君行会计师事务所（普通合伙）专家合作开发、编写。

3. 对接职业教育国家教学标准体系，打造一体化新形态教材

本系列教材对接职业教育国家教学标准体系中高等职业学校会计和财务管理专业的教学标准，应用互联网技术等现代化教育信息技术手段，通过植入二维码等方式，配套丰富教学资源，打造一体化新形态教材。

4. 结合全国初级会计专业技术资格考试，在一定程度上实现岗课赛证融通

一方面，本系列教材参照全国会计专业技术资格考试领导小组办公室发布的《2025年度初级会计专业技术资格考试大纲》，有针对性地满足学生考试需求；另一方面，在编写过程中，作者以打造会计专业技术资格考试权威、精品辅导教材为目标和宗旨，以高标准、严要求进行编写。

教材内容涵盖了初级会计资格考试的所有考点，结合真题和典型例题对各考点进行了讲解；并且在每章开头进行了考情整体分析、考情变化分析，列出了考纲要求。

5. 采用符合职业教育生源和教学特点的模式

本系列教材编排科学合理、梯度明晰，图、文、表并茂，生动活泼，形式新颖。名称、名词、术语等符合国家会计和税收政策标准和规范。

主教材在讲解知识的同时，加入【点睛】【提示】【举例】【比较】【答疑】【链接】【补充】【总结】等模块，使得全书重难点突出，知识结构层次分明，有利于考生全面、系统、扎实地掌握所学知识。一方面，主教材融入近300道单项选择题、多项选择题、判断题，并配备配套教材《经济法基础机考习题集》(第五版),考生可以通过强化练习来顺利通过考试;另一方面,主教材融入近100道实务性的例题(案例),满足了培养技术技能型人才的需要,让考生真正做到理实一体、学做合一。

6. 内容新颖,体现新会计准则、《中华人民共和国会计法》《会计人员职业道德规范》《中华人民共和国增值税法》《中华人民共和国关税法》《中华人民共和国个人所得税法》全面“营改增”政策、深化增值税改革政策(含13%和9%的增值税新税率)等会计税收政策

本系列教材内容及时反映产业升级和行业发展,体现新知识、新技术、新方法。本系列教材根据截稿之日(2025年8月1日)的最新会计准则、经济法律法规编写,且在本套教材以后重印、修订或再版时,将根据最新会计准则、经济法律法规及时修正和完善,并同时在教学课件中予以体现。需要注意的是,自2026年1月1日起,我国施行《中华人民共和国增值税法》,2025年12月31日之前,我国仍然适用《中华人民共和国增值税暂行条例》,并且目前我国与《中华人民共和国增值税法》相关的配套细则文件尚未全部出台,因此本系列教材本次出版按照《中华人民共和国增值税暂行条例》、同时结合《中华人民共和国增值税法》对“增值税法律制度”的内容进行编写。

7. 教学资源丰富,教师免费索取

本系列教材另配套教学课件、教学大纲、教案、习题集参考答案等教学资源,并将根据最新会计准则、经济法律法规及时不断更新,选用本套教材的任课教师可通过本教材中的“教学资源服务指南”方式中的联系方式索取相关资源、进行交流互动。

《经济法基础机考习题集》(第五版)由梁文涛担任主编,苏杉、梁文豪、耿红玉、张清亮担任副主编。在本系列教材的修订中得到了山东经贸职业学院会计系部分教师的帮助,得到了山东和君行会计师事务所(普通合伙)等单位行业专家的指导,在此一并表示感谢!

本系列教材在编写过程中,参考、借鉴了大量相关教材和网站信息,在此向其作者表示由衷的感谢。由于作者水平所限,本系列教材难免存在不当之处,竭诚欢迎广大读者批评指正。

全国会计专业技术资格考试岗课赛证融通教材编委会

2025年8月

目录

第三章　支付结算法律制度　022

第四章　税法概述及货物和劳务税法律制度　043

第五章　所得税法律制度　071

第六章 财产和行为税法律制度 094

第七章 税收征收管理法律制度 118

第一章 总　论

考情整体分析

本章为本书的基础，主要介绍法律基础、法律主体、法律责任。本章涉及的题型包括单项选择题、多项选择题、判断题。本章知识点较多，在考试中占有一定的分值，一般为5～7分。在学习本章时，要先梳理知识点间的关系，然后在理解的基础上加以记忆。

考情变化分析[①]

(1) 整体上无实质性变化。

(2) 删除“特别行政区的法”的相关内容。

考纲知识体系

总论	一、法律基础	(1) 法和法律(★★★★[②]) (2) 法的分类和渊源(★★★★★) (3) 法律部门与法律体系(★★) (4) 法律关系(★★★★★) (5) 法律事实(★★★★★)
	二、法律主体	(1) 法律主体的分类(★★★★★) (2) 法律关系的主体资格(★★★★★)
	三、法律责任	(1) 法律责任的含义(★★) (2) 法律责任的分类(★★★)

① 考情变化分析指的是《2025年度初级会计专业技术资格考试大纲》与《2024年度初级会计专业技术资格考试大纲》的变化分析。

② ★越多，表示越重要。

分节训练题

第一节 法律基础

一、单项选择题

1. 下列关于法的本质和特征的表述中，不正确的是（ ）。

A. 法体现的不是一般的统治阶级意志，而是被奉为法律的统治阶级意志，即统治阶级的国家意志

B. 法凭借国家强制力的保证而获得普遍遵行的效力，具有国家强制性

C. 既然法是统治阶级意志的体现，统治阶级犯了法就不会受到法律的制裁

D. 法所体现的统治阶级意志，是由统治阶级的物质生活条件决定的，是社会客观需要的反映

2. 根据行为是否需要特定形式或实质要件，法律行为可以分为（ ）。

A. 单方的法律行为和多方的法律行为

B. 有偿行为和无偿行为

C. 积极的法律行为与消极的法律行为

D. 要式法律行为和非要式法律行为

3. 下列法律事实中，属于法律事件的是（ ）。

A. 违约行为　　B. 签订合同　　C. 发行债券　　D. 发生洪水

4. 下列各项中，属于行政法规的是（ ）。

A. 国家税务总局制定的《企业所得税税前扣除办法》

B. 全国人民代表大会通过的《中华人民共和国会计法》

C. 全国人民代表大会通过的《中华人民共和国企业所得税法》

D. 国务院制定的《企业财务会计报告条例》

5. 下列关于适用法的效力原则的表述中，不正确的是（ ）。

A. 地方性法规与部门规章之间对同一事项的规定不一致，不能确定如何适用时，直接提请全国人民代表大会常务委员会裁决

B. 行政法规之间对同一事项的新的一般规定与旧的特别规定不一致，不能确定如何适用时，由国务院裁决

C. 同一机关制定的地方性法规（或者规章）新的一般规定与旧的特别规定不一致时，由制定机关裁决

D. 法律之间对同一事项的新的一般规定与旧的特别规定不一致，不能确定如何适用时，由全国人民代表大会常务委员会裁决

6. 下列对法所作的分类中，根据法的内容、效力、制定程序所作的分类是（ ）。

A. 一般法和特别法　　B. 成文法和不成文法

C. 根本法和普通法　　D. 国际法和国内法

7. 下列对法所作的分类中，以法的创制方式和表现形式为依据进行分类的是(　　)。

A. 成文法和不成文法　　B. 根本法和普通法

C. 实体法和程序法　　D. 一般法和特别法

8. 下列规范性文件中，效力等级最高的是(　　)。

A. 国务院发布的《企业财务会计报告条例》

B. 工业和信息化部发布的《新能源汽车生产企业及产品准入管理规定》

C. 全国人大常务委员会通过的《中华人民共和国会计法》

D. 北京市人大常委会发布的《北京市城乡规划条例》

9. 下列法律事实中，属于法律事件的是(　　)。

A. 销售汽车　　B. 发生地震　　C. 购买电脑　　D. 开具发票

10. 下列关于法律效力等级的表述中，不正确的是(　　)。

A. 省、自治区的人民政府制定的规章的效力高于本行政区域内的设区的市、自治州的人民政府制定的规章

B. 本级地方政府规章的效力高于本级地方性法规

C. 行政法规的效力高于地方性法规

D. 法律的效力高于行政法规

二、多项选择题

1. 下列关于法的形式的说法中，错误的有(　　)。

A. 法律是由全国人民代表大会及其常务委员会行使国家立法权，依照立法程序制定、修改和颁布的规范性文件

B. 宪法由全国人民代表大会及其常委会制定，具有最高的法律效力

C. 行政法规是由国务院及其各部委在法定职权范围内为实施宪法和法律而制定、发布的规范性文件

D. 民族自治地区(自治区、自治州、自治县)的人民政府有权依照当地民族的政治、经济和文化的特点，制定自治条例和单行条例

2. 下列各项中，属于法律关系的客体的有(　　)。

A. 发明　　B. 社会服务机构　　C. 行为　　D. 肖像

3. 下列关于法的冲突如何解决的表述中，正确的有(　　)。

A. 行政法规之间对同一事项的新的一般规定与旧的特别规定不一致，不能确定如何适用时，由国务院裁决

B. 部门规章之间对同一事项的规定不一致时，由国务院裁决

C. 地方性法规与部门规章之间对同一事项的规定不一致，不能确定如何适用时，由国务院裁决

D. 根据授权制定的法规与法律规定不一致，不能确定如何适用时，由全国人民代表大会常务委员会裁决

4. 根据行为的表现形式不同，可以将法律行为分为(　　)。

A. 积极行为　　B. 要式法律行为

C. 消极行为　　D. 非要式法律行为

5. 下列规范性文件中，属于规章的有（　　）。

A. 国务院发布的《企业财务会计报告条例》

B. 西藏自治区人民代表大会发布的《西藏自治区立法条例》

C. 财政部发布的《金融企业国有资产转让管理办法》

D. 上海市人民政府发布的《上海市旅游业管理办法》

6. 下列各项中，属于法律事实的有（　　）。

A. 纵火　B. 爆发战争　C. 发生台风　D. 签发汇票

7. 下列事实中，属于法律行为的有（　　）。

A. 重大政策改变　B. 森林大火　C. 行政命令　D. 签发支票

8. 下列关于法的分类的说法中，正确的有（　　）。

A. 根据法律运用的目的或者法律所调整的法律关系的状况，分为公法和私法

B. 根据法的空间效力、时间效力或对人的效力，分为一般法和特别法

C. 根据法的创制方式和表现形式，分为成文法和不成文法

D. 根据法的主体、调整对象和渊源，分为实体法和程序法

9. 下列事项中，只能制定法律的有（　　）。

A. 犯罪和刑罚

B. 国家主权的事项

C. 税种的设立、税率的确定和税收征收管理等税收基本制度

D. 诉讼制度和仲裁基本制度

10. 下列各项中，属于法的特征的有（　　）。

A. 国家意志性　B. 国家强制性　C. 利益导向性　D. 普遍约束性

11. 下列各项中，属于法律关系要素的有（　　）。

A. 法律关系的主体　B. 法律关系的内容　C. 法律关系的客体　D. 法律关系的规范

12. 下列规范性文件中，不属于部门规章的有（　　）。

A. 国务院发布的《企业财务会计报告条例》

B. 全国人民代表大会通过的《中华人民共和国民事诉讼法》

C. 全国人民代表大会常务委员会通过的《中华人民共和国公司法》

D. 中国人民银行发布的《支付结算办法》

13. 下列各项中，属于法律关系客体的有（　　）。

A. 物　B. 人身、人格

C. 智力成果　D. 信息、数据、网络虚拟财产

三、判断题

1. 法是统治阶级每个成员个人意志的相加。（　　）

2. 法律关系的内容是指法律关系主体所享有的权利和承担的义务。（　　）

3. 我国最高人民法院所作的判决书，也是法的渊源之一。（　　）

4. 行政法调整的是行政管理主体与行政管理相对人之间因民事活动而发生的社会关系。（　　）

5. 法律关系的主体是指在法律关系中一定权利的享有者和一定义务的承担者。（　　）

6. 活人的整个身体可以视为物，作为法律关系的客体。（　　）

7. 法律之间对同一事项的新的一般规定与旧的特别规定不一致，不能确定如何适用时，由全国人民代表大会裁决。（　　）

8.《中华人民共和国民法典》中的“以上”“以下”均包括本数，“超过”“不满”均不包括本数。（　　）

9. 没有法律、行政法规的依据，部门规章不得设定减损公民、法人和其他组织权利或者增加其义务的规范，不得增加本部门的权力或者减少本部门的法定职责。（　　）

10. 没有法律、行政法规、地方性法规的依据，地方政府规章不得设定减损公民、法人和其他组织权利或者增加其义务的规范。（　　）

第二节　法 律 主 体

一、单项选择题

1. 法律主体能够参加某种法律关系，依法享有一定权利和承担一定义务的法律资格，称为（　　）。

A. 民事能力　　B. 权利能力

C. 行为能力　　D. 法律关系的主体资格

2. 赵某，15 周岁，系甲省体操队专业运动员，月收入 3 000 元，完全能够满足自己生活所需。下列关于赵某民事行为能力的表述中，正确的是（　　）。

A. 赵某视为完全民事行为能力人　　B. 赵某属于完全民事行为能力人

C. 赵某属于限制民事行为能力人　　D. 赵某属于无民事行为能力人

3. 下列关于法人的法定代表人的说法中，正确的是（　　）。

A. 法定代表人因执行职务造成他人损害的，由法人承担民事责任

B. 法人章程或者法人权力机构不得对法定代表人的代表权进行限制

C. 法定代表人可以是一个组织

D. 法定代表人以法人名义从事的民事活动，其法律后果由法定代表人承受

4. 下列自然人中，视为完全民事行为能力人的是（　　）。

A. 某小学学生赵某（9 岁）

B. 某初级中学学生张某（13 岁）

C. 某高级中学学生王某（15 岁）

D. 以自己劳动收入为主要生活来源的某饭店服务员李某（17 岁）

5. 下列自然人中，属于限制民事行为能力人的是（　　）。

A. 在某工厂上班以其取得的工资作为主要生活来源且年满 16 周岁的张某

B. 不能辨认自己行为且年满 12 周岁的李某

C. 不能完全辨认自己行为且年满 20 周岁的王某

D. 不能辨认自己行为且年满 30 周岁的赵某

6. 下列各项中，属于非营利法人的是（　　）。

A. 社会服务机构　　B. 个人独资企业

C. 有限责任公司　　D. 农村集体经济组织法人

7. 下列自然人中，属于无民事行为能力人的是（ ）。

A. 15 周岁的张某，先天瘫痪

B. 60 周岁的李某，已经不能完全辨认自己的行为

C. 8 周岁的王某，智力超常

D. 25 周岁的赵某，先天智障，不能辨认自己的行为

8. 下列关于法律主体权利能力的说法中，正确的是（ ）。

A. 权利能力，是法律主体能够通过自己的行为实际取得权利和履行义务的能力

B. 自然人有权利能力，法人无权利能力

C. 自然人的民事权利能力一律平等

D. 不满 8 周岁的自然人，不具有民事权利能力

9. 下列主体中，属于营利法人的是（ ）。

A. 基金会　　B. 事业单位　　C. 股份有限公司　　D. 合伙企业

10. 甲公司和乙公司签订购买 10 台机器设备的买卖合同，总价款为 100 万元。上述经济活动中的法律主体是（ ）。

A. 甲公司和乙公司　　B. 买卖合同　　C. 10 台机器设备　　D. 100 万元价款

二、多项选择题

1. 下列各项中，能够成为我国法律关系主体的有（ ）。

A. 自然人　　B. 国家机关　　C. 货物　　D. 事业单位

2. 下列各项中，属于法人的有（ ）。

A. 有限责任公司　　B. 社会服务机构

C. 合伙企业　　D. 农村集体经济组织法人

3. 下列关于法人的说法中，正确的有（ ）。

A. 以取得利润并分配给股东等出资人为目的成立的法人，为营利法人

B. 为公益目的或者其他非营利目的成立，不向出资人、设立人或者会员分配所取得利润的法人，为非营利法人

C. 法人分立的，其权利和义务由分立后的法人享有连带债权，承担连带债务，但是债权人和债务人另有约定的除外

D. 法人的分支机构只能以法人名义从事民事活动，不得以自己的名义

4. 下列关于法定代表人的表述中，正确的有（ ）。

A. 依照法律或者法人章程的规定，代表法人从事民事活动的负责人，为法人的法定代表人

B. 法定代表人以法人名义从事的民事活动，其法律后果由法人承受

C. 法定代表人因执行职务造成他人损害的，由自己承担民事责任

D. 法定代表人因执行职务造成他人损害的，由法人承担民事责任

5. 下列关于营利法人的表述中，正确的有（ ）。

A. 取得利润并分配给股东等出资人为目的成立的法人为营利法人

B. 营利法人包括公司制营利法人和非公司制营利法人

C. 设立营利法人应当依法制定法人章程

D. 营业执照签发日期为营利法人的成立日期

6. 下列各项中，属于特别法人的有（　　）。

A. 机关法人　B. 基层群众性自治组织法人

C. 城镇农村的合作经济组织法人　D. 登记为法人的寺庙

7. 下列各项中，属于法人解散的情形的有（　　）。

A. 法人章程规定的存续期间届满或者法人章程规定的其他解散事由出现

B. 法人的权力机构决议解散

C. 法人资不抵债

D. 法人依法被责令关闭

8. 张某今年15周岁，因抢劫被羁押，下列关于张某刑事责任能力的说法中，正确的有（　　）。

A. 应当负刑事责任　B. 不负刑事责任

C. 可以从轻或减轻刑事处罚　D. 应当从轻或减轻刑事处罚

9. 下列各项中，属于法律关系主体的有（　　）。

A. 自然人　B. 法人　C. 国家　D. 民族

10. 下列各项中，能成为法律关系主体的有（　　）。

A. 甲律师事务所　B. 乙基金会　C. 丙有限责任公司　D. 丁个人独资企业

11. 下列各项中，能够成为法律主体的有（　　）。

A. 自然人　B. 商品　C. 国家　D. 行为

12. 下列情形中，会导致法人解散的有（　　）。

A. 法人章程规定的存续期间届满　B. 法人的权力机构决议解散

C. 因法人合并或者分立需要解散　D. 法人依法被暂扣许可证件

三、判断题

1. 合伙企业不具有法人资格。（　）

2. 设立人为设立法人以自己的名义从事民事活动产生的民事责任，第三人只能请求设立人承担。（　）

3. 代表法人从事民事活动的负责人是法定代表人，法定代表人以法人名义从事的民事活动，其结果由法人承担。（　）

4. 自然人以户籍登记或者其他有效身份登记记载的居所为住所；经常居所与住所不一致的，经常居所视为住所。（　）

5. 已满12周岁不满14周岁的人，犯故意杀人罪的，应当从轻或减轻处罚。（　）

6. 经营有人寿保险业务的保险公司，除因分立、合并或者被依法撤销外，不得解散。（　）

第三节　法律责任

一、单项选择题

1. 下列各项中，不属于民事责任承担方式的是（　　）。

A. 停止侵害　B. 返还财产　C. 罚款　D. 支付违约金

2. 本年[①] 1月15日，某地中级人民法院对甲公司法定代表人张某行贿、非法经营案一审宣判。法院经审理查明，检察机关起诉、指控张某行贿、非法经营的事实清楚，证据确实充分，指控罪名成立，对张某以行贿罪判处有期徒刑15年，以非法经营罪判处有期徒刑15年，决定执行有期徒刑（ ）年。

A. 15　　B. 20　　C. 25　　D. 30

3. 下列各项中，属于民事责任形式的是（ ）。

A. 罚款　　B. 拘役　　C. 继续履行　　D. 罚金

4. 下列各项中，属于行政处罚的是（ ）。

A. 没收违法所得　　B. 支付违约金　　C. 没收财产　　D. 开除

二、多项选择题

1. 下列关于数罪并罚的表述中，正确的有（ ）。

A. 管制数罪并罚最高不超过3年

B. 拘役数罪并罚最高不超过1年

C. 有期徒刑总和刑期不满35年的，最高不能超过25年

D. 有期徒刑总和刑期在35年以上的，最高不能超过30年

2. 根据《中华人民共和国刑法》的相关规定，下列各项中正确的有（ ）。

A. 拘役的期限为1个月以上6个月以下

B. 无期徒刑是指剥夺犯罪分子终身人身自由，并实行强制劳动改造的刑罚方法

C. 有期徒刑的期限为6个月以上15年以下

D. 管制的期限为6个月以上2年以下

3. 下列法律责任形式中，属于行政责任的有（ ）。

A. 没收非法财物　　B. 剥夺政治权利　　C. 限制从业　　D. 消除影响

三、判断题

1. 拘役，是对违反治安管理的人，依法在短期内限制其人身自由的处罚。（ ）

2. 剥夺犯罪分子短期的人身自由的刑罚，由公安机关就近执行，期限为1个月以上6个月以下的刑罚方式是管制。（ ）

3. 警告既是行政处罚的表现形式，也是行政处分的表现形式。（ ）

4. 有期徒刑的最高刑期为15年，数罪并罚的，最高刑期为20年。（ ）

分章训练题

一、单项选择题

1. 下列法的形式中，由全国人大及其常委会经一定立法程序制定、修改和颁布，调整国家、社会和自然人生活中基本社会关系的是（ ）。

---

① 没有特殊说明，本书中的"本年"均指2025年。

A. 宪法　　B. 行政法规　　C. 法律　　D. 部门规章

2. 本年8月，宋某装修房屋一套准备结婚，该房屋由A装修公司负责提供装修劳务，宋某向A公司支付装修费共计7万元，则上述法律关系中的客体是（　　）。

A. 宋某和A装修公司　　B. 支付7万元装修款

C. 提供装修劳务的行为　　D. 被装修的房屋

3. 下列自然人，属于无民事行为能力人的是（　　）。

A. 75周岁的老王，已经不能完全辨认自己的行为

B. 15周岁的小赵，先天腿部残疾

C. 22周岁的小李，先天智障，不能辨认自己的行为

D. 10周岁的小张，智力超常

4. 甲公司与乙公司签订租赁合同，约定甲公司承租乙公司一台机器设备，租期1个月，租金5万元。引起该租赁法律关系发生的法律事实是（　　）。

A. 5万元租金　　B. 签订租赁合同的行为

C. 租赁的机器设备　　D. 甲公司和乙公司

5. 下列各项中，属于单方行为的是（　　）。

A. 订立遗嘱　　B. 缔结婚姻　　C. 销售货物　　D. 签订合同

6. 下列关于非法人组织的表述中，不正确的是（　　）。

A. 不具有法人资格，但是能够依法以自己的名义从事民事活动的组织属于非法人组织

B. 非法人组织应当依照法律的规定登记

C. 非法人组织可以确定一人或者数人代表该组织从事民事活动

D. 非法人组织解散的，可以不进行清算

7. 中国会计学会属于（　　）。

A. 营利法人　　B. 非营利法人　　C. 非法人组织　　D. 特殊法人

8. 下列各项中，属于行政处罚的是（　　）。

A. 记过　　B. 开除　　C. 通报批评　　D. 撤职

二、多项选择题

1. 下列关于民事行为能力和权利能力的表述中，正确的有（　　）。

A. 自然人的行为能力与其权利能力是不一致的，具有行为能力必须首先具有权利能力，但具有权利能力并不必然具有行为能力

B. 18周岁以上的自然人为完全民事行为能力人，可以独立实施民事法律行为

C. 8周岁以上的未成年人、不能辨认自己行为的成年人为限制民事行为能力人

D. 16周岁以上不满18周岁的自然人，以自己劳动收入为主要生活来源的，视为完全民事行为能力人

2. 下列各项中，属于法律行为的有（　　）。

A. 社会革命　　B. 销售货物　　C. 缔结婚姻　　D. 赠与财产

3. 根据法的内容可以分为实体法和程序法，下列属于实体法的有（　　）。

A. 民法　　B. 民事诉讼法　　C. 刑法　　D. 行政法

4. 下列关于法的本质与特征的表述中，正确的有（　　）。

A. 法是由统治阶级的物质生活条件决定的

B. 法是统治阶级国家意志的体现

C. 法由国家制定或认可

D. 法的规范性包括法的概括性和法的利益导向性

5. 下列关于法人清算的说法中，正确的有(　　)。

A. 法人解散的，一律需要清算

B. 法人进入清算期间，法人资格即终止

C. 清算结束并完成法人注销登记时，法人终止；依法不需要办理法人登记的，清算结束时，法人终止

D. 清算义务人未及时履行清算义务，造成损害的，应当承担民事责任

6. 下列各项中，属于非法人组织的有(　　)。

A. 合伙企业　　B. 事业单位　　C. 个人独资企业　　D. 村民委员会

7. 下列各项中，属于法人的有(　　)。

A. 浙江大学　　B. 中华人民共和国最高人民检察院

C. 中国律师协会　　D. 中国移动通信集团有限公司

三、判断题

1. 法律之间对同一事项的新的一般规定与旧的特别规定不一致，不能确定如何适用时，由全国人民代表大会裁决。(　　)

2. 法律关系的内容，是指法律关系主体的权利和义务所指向的对象。(　　)

3. 一个国家的现行法律规范分为若干个法律部门，由这些法律部门组成的具有内在联系的、互相协调的统一整体构成一国的法律体系。(　　)

4. 自然人的权利能力和行为能力同时产生、同时消亡。(　　)

5. 法的强制性是由国家提供和保证的，因而其与一般社会规范的强制性是相同的。(　　)

6. 不同阶位的法之间发生冲突，遵循上位法优先于下位法，这体现的是特别法优于一般法的原则。(　　)

7. 法律事件不以当事人的主观意志为转移。(　　)

8. 承担民事责任的方式，可以单独适用，也可以合并适用。(　　)

9. 甲、乙两家建筑公司因串通招标行为被住房建设管理部门依法降低了建筑资质等级，甲、乙公司承担的这种法律责任为行政处分。(　　)

第一章答案

第二章 会计法律制度

考情整体分析

本章为本书的重点，主要介绍会计法律制度概述、会计核算与监督、会计机构和会计人员、会计法律责任。本章涉及的题型包括单项选择题、多项选择题、判断题、不定项选择题。本章知识点较多，在考试中所占的分值较大，一般为 9～11 分。在学习本章时，应结合"初级会计实务"课程以及会计实际工作，在理解的基础上准确记忆。

考情变化分析

(1) 调整"会计核算的基本要求"的内容。

(2) 调整"变造会计资料的手段"，将"涂改、挖补等手段"修改为"涂改、拼接、挖补等手段"。

(3) 调整"会计核算的主要内容"，将"款项和有价证券的收付"修改为"资产的增减和使用"；删除"财物的收发、增减和使用"；将"债权、债务的发生和结算"修改为"负债的增减"；将"资本、基金的增减"修改为"净资产(所有者权益)的增减"；将"收入、支出、费用、成本的计算"修改为"收入、支出、费用、成本的增减"。

(4) 补充"原始凭证的基本要求"中"一式几联的原始凭证，应当注明各联的用途，只能以一联作为报销凭证"的相关内容。

(5) 增加"原始凭证的基本要求"中"职工公出借款凭据"的相关内容。

(6) 增加"记账凭证的基本要求"中"记账凭证填制完经济业务事项后空行处理"的相关内容。

(7) 增加"结账要求"的相关内容。

(8) 调整"财产清查"的含义。

(9) 增加"特殊情况下的会计档案处置"中"单位因撤销、解散、破产或其他原因终止时的会计档案处置"的相关内容。

(10) 调整"单位内部控制制度"的相关内容。

(11) 删除"审计报告种类"的相关内容。

(12) 调整"会计工作的政府监督主体"的相关内容。

(13) 调整"会计机构"的相关内容。

(14) 增加"代理记账委托合同的必备内容"的内容。

(15) 增加"代理记账从业人员管理"的相关内容。

(16) 修改"会计法律责任"的相关内容。

考纲知识体系

<table>
<tr><td rowspan="4">会计法律制度</td><td>一、会计法律制度概述</td><td>(1) 会计法律制度的含义(★)
(2)《中华人民共和国会计法》的适用范围(★)
(3) 会计工作管理体制(★★★★)</td></tr>
<tr><td>二、会计核算与监督</td><td>(1) 会计核算(★★★★★)
(2) 会计档案管理(★★★★★)
(3) 会计监督(★★★★★)</td></tr>
<tr><td>三、会计机构和会计人员</td><td>(1) 会计机构(★★)
(2) 代理记账(★★★★)
(3) 会计岗位设置(★★★★)
(4) 会计人员(★★★★★)
(5) 会计工作交接(★★★★)</td></tr>
<tr><td>四、会计法律责任</td><td>(1) 违反国家统一会计制度行为及法律责任(★★)
(2) 伪造、变造会计凭证、会计账簿,编制虚假财务会计报告,隐匿或者故意销毁会计资料的法律责任(★★)
(3) 授意、指使、强令会计机构、会计人员及其他人员从事会计违法行为的法律责任(★★)
(4) 单位负责人打击报复会计人员的法律责任(★★)
(5) 财政部门及有关行政部门工作人员职务违法的法律责任(★★)</td></tr>
</table>

分节训练题

第一节　会计法律制度概述

一、单项选择题

1. 根据会计法律制度规定,应当对本单位的会计工作和会计资料的真实性、完整性负责的是(　　)。

A. 财务总监　　B. 会计机构负责人
C. 单位负责人　　D. 总会计师

2. 国家统一的会计制度由(　　)根据《中华人民共和国会计法》制定并公布。

A. 全国人民代表大会　　B. 国务院财政部门
C. 国务院　　D. 国家税务总局

二、多项选择题

1. 下列会计法律制度中,由国务院制定的有(　　　　)。

A.《代理记账管理办法》　　B.《总会计师条例》
C.《企业会计准则》　　D.《企业财务会计报告条例》

2. 下列会计法律制度中，属于部门规章的有（　　）。

A.《会计档案管理办法》

B.《会计专业技术人员继续教育规定》

C.《代理记账管理办法》

D.《总会计师条例》

三、判断题

1. 国家统一的会计制度，是指全国人民代表大会制定的《中华人民共和国会计法》。（　　）

2. 国务院财政部门主管全国的会计工作，省级以上地方各级人民政府财政部门管理本行政区域内的会计工作。（　　）

第二节　会计核算与监督

一、单项选择题

1. 各单位必须根据（　　）进行会计核算。

A. 实际发生的会计业务事项

B. 实际发生的经济业务事项

C. 实际发生的涉税业务事项

D. 实际发生的管理业务事项

2. 外商投资企业业务收支以欧元为主，也有少量的人民币，根据《中华人民共和国会计法》的规定，外商投资企业可以采用（　　）为记账本位币。

A. 人民币　　B. 人民币和欧元　　C. 欧元　　D. 美元

3. 原始凭证金额有错误的，应当由出具单位（　　）。

A. 重开或者更正，更正处加盖出具单位印章

B. 更正，更正处加盖出具单位印章

C. 重开，不得在原始凭证上更正

D. 重开或更正，更正处加盖原始凭证填制人印章

4. 根据会计法律制度的规定，单位会计管理机构临时保管会计档案最长不超过（　　）年。

A. 1　　B. 3　　C. 5　　D. 10

5. 下列关于单位分立情况下会计档案处理的表述中，不正确的是（　　）。

A. 单位分立后原单位存续的，其会计档案应当由分立后的存续方统一保管

B. 单位分立后原单位解散的，其会计档案应当经各方协商后由其中一方代管

C. 单位分立中未结清的会计事项所涉及的会计凭证，应当单独抽出由业务相关方保存

D. 单位因业务移交其他单位办理所涉及的会计档案，应当由承接单位保管，原单位可以查阅、复制与其业务相关的会计档案。

6. 固定资产卡片保管期限为（　　）。

A. 固定资产报废清理后保管 5 年

B. 固定资产报废清理后保管 10 年

C. 10 年

D. 30 年

二、多项选择题

1. 下列关于正确使用会计记录文字的表述中，正确的有（　　）。

A. 民族自治地区的企业，可以只使用当地通用的一种民族文字进行会计记录

B. 在我国境内的外商投资企业，可以只使用其本国文字进行会计记录

C. 在我国境内的外国企业，会计记录的文字应当使用中文，可以同时使用一种外国文字

D. 在民族自治地方的企业，会计记录的文字应当使用中文，可以同时使用当地通用的一种民族文字

2. 下列各项中，属于会计核算内容的有（　　）。

A. 负债的增减　　B. 净资产（所有者权益）的增减

C. 收入、支出、费用、成本的增减　　D. 财务成果的计算和处理

3. 下列会计档案中，即使保管期满也不得销毁的有（　　）。

A. 未结清债权债务的会计凭证　　B. 已结清债权债务的会计凭证

C. 涉及重要事项的会计凭证　　D. 涉及未了事项的会计凭证

4. 下列各项中，属于企业内部控制方法的有（　　）。

A. 绩效考评控制　　B. 单据控制

C. 信息内部公开　　D. 会计系统控制

5. 下列各项中，属于财政部门会计监督主要内容的有（　　）。

A. 各单位是否设立会计机构

B. 各单位是否依法设置会计账簿

C. 各单位的会计核算是否符合《中华人民共和国会计法》和国家统一的会计制度的规定

D. 各单位从事会计工作的人员是否具备专业能力、遵守职业道德

6. 下列情形中，注册会计师应当发表保留意见的有（　　）。

A. 在获取充分、适当的审计证据后，注册会计师认为错报单独或汇总起来对财务报表影响重大，但不具有广泛性

B. 注册会计师无法获取充分、适当的审计证据以作为形成审计意见的基础，且认为未发现的错报（如存在）对财务报表可能产生的影响重大，但不具有广泛性

C. 在获取充分、适当的审计证据后，如果认为错报单独或汇总起来对财务报表的影响重大且具有广泛性

D. 如果无法获取充分、适当的审计证据以作为形成审计意见的基础，但认为未发现的错报（如存在）对财务报表可能产生的影响重大且具有广泛性

7. 根据会计法律制度的规定，国有企业应当至少每年一次向本企业的职工代表大会公布财务会计报告。下列事项中，应当在其公布的财务会计报告中重点说明的有（　　）。

A. 内部审计发现的问题及纠正情况

B. 利润分配的情况

C. 注册会计师审计情况

D. 国家审计机关发现的问题及纠正情况

8. 下列各项中，属于行政事业单位内部控制方法的有（　　）。

A. 预算控制　　B. 单据控制

C. 信息内部公开　　D. 绩效考评控制

9. 下列关于一式几联的原始凭证的说法中，正确的有（　　）。

A. 一式几联的原始凭证，应当注明各联的用途，只能以一联作为报销凭证

B. 一式几联的发票和收据，必须用双面复写纸（发票和收据本身具备复写纸功能的除外）

套写，并连续编号

C. 一式几联的原始凭证，作废时应当加盖“作废”戳记，连同存根一起保存，不得撕毁

D. 一式几联的原始凭证，应当注明各联的用途，可以以多联作为报销凭证

10. 下列关于结账的说法中，正确的有（ ）。

A. 结账时，应当结出每个账户的期末余额

B. 需要结出当月发生额的，应当在摘要栏内注明“本月合计”字样，并在下面通栏划单红线

C. 需要结出本年累计发生额的，应当在摘要栏内注明“本年累计”字样，并在下面通栏划双红线

D. 12 月末的“本年累计”就是全年累计发生额，全年累计发生额下面应当通栏划双红线

11. 下列各项中，属于账务核对的有（ ）。

A. 账实核对　　B. 账证核对

C. 账账核对　　D. 账表核对

12. 审计意见的类型分为无保留意见和非无保留意见。其中，非无保留意见包括（ ）。

A. 保留意见　　B. 否定意见

C. 基本肯定意见　　D. 无法表示意见

三、判断题

1. 记账凭证是在经济业务发生时，由业务经办人员直接取得或填制，用以表明某项经济业务已经发生或完成情况并明确有关经济责任的一种凭证。（ ）

2. 企业在编制年度财务会计报告前，应当全面清查资产、核实债务。（ ）

3. 建设单位在项目建设期间形成的会计档案，需要移交给建设项目接受单位的，应当在工程验收合格后及时移交，并按照规定办理交接手续。（ ）

4. 注册会计师是会计工作政府监督的实施主体。（ ）

5. 使用电子计算机进行会计核算的，其软件及其生成的会计资料也必须符合国家统一的会计制度的规定。（ ）

6. 会计信息质量检查是财政部门在总结多年会计监督实践经验的基础上，开拓创新出的一种实施会计监督的重要方式。（ ）

7. 各单位发生的各项经济业务事项应当在依法设置的会计账簿上统一进行登记、核算，不得违反规定私设会计账簿进行登记、核算。（ ）

8. 职工公出借款凭据，必须附在记账凭证之后。收回借款时，可以另开收据或者退还借据副本，也可以退还原借款收据。（ ）

9. 会计机构、会计人员要妥善保管会计凭证。会计凭证应当及时传递，不得积压。

（ ）

10. 国务院财政部门、省级以上人民政府财政部门派出机构和县级以上人民政府财政部门对各单位和单位中相关人员的会计行为实施的监督检查，以及对发现的违法会计行为实施的行政处罚。（ ）

11. 除财政部门外，审计、税务、金融管理等部门应当依照有关法律、行政法规规定的职责，对有关单位的会计资料实施监督检查，并出具检查结论。（ ）

第三节　会计机构和会计人员

一、单项选择题

1. 下列各项中,属于会计岗位的是(　　)。

A. 稽核岗位　　B. 医院门诊收费员岗位

C. 企业仓库记账员岗位　　D. 单位内部审计岗位

2. 高级会计师资格的取得实行(　　)。

A. 全国统一考试制度　　B. 考试与评审相结合制度

C. 评审制度　　D. 地方考试制度

3. 下列关于代理记账机构的说法中,正确的是(　　)。

A. 企业可以委托自然人张某(非本企业员工)为其办理代理记账业务

B. 主管代理记账业务的负责人须具有会计师以上专业技术职务资格或者从事会计工作不少于 2 年,且为专职从业人员

C. 代理记账机构专职从业人员不少于 5 名

D. 代理记账机构应当于每年 4 月 30 日之前,向审批机关报送代理记账机构基本情况表和专职从业人员变动情况

二、多项选择题

1. 会计回避制度中的直系亲属包括(　　　)。

A. 夫妻关系　　B. 直系血亲关系

C. 五代以内旁系血亲　　D. 姻亲关系

2. 甲公司财务负责人指定出纳兼管固定资产卡片的登记工作。下列关于这一做法是否符合规定的表述中,正确的有(　　　)。

A. 不符合规定,设置会计工作岗位的基本原则是一人一岗

B. 不符合规定,出纳人员不得兼管固定资产卡片的登记工作

C. 符合规定,会计工作岗位可以一人一岗、一人多岗或者一岗多人

D. 符合规定,出纳人员可以兼管固定资产卡片的登记工作

3. 申请代理记账资格的机构,应当同时具备的条件有(　　　)。

A. 为依法设立的企业

B. 专职从业人员不少于 3 名,专职从业人员是指仅在一个代理记账机构从事代理记账业务的人员

C. 主管代理记账业务的负责人具有会计师以上专业技术职务资格或者从事会计工作不少于 3 年,且为专职从业人员

D. 有健全的代理记账业务内部规范

4. 下列各项中,属于会计机构负责人、会计主管人员应当具备的基本条件的有(　　　)。

A. 具备会计师以上专业技术职务资格且从事会计工作不少于 3 年

B. 坚持原则,廉洁奉公

C. 有较强的组织能力

D. 身体状况能够适应本职工作的要求

5. 各单位根据会计业务的需要，组织本单位的会计工作可以依法采取的方式主要有（　　）。

A. 设置会计机构

B. 在有关机构中设置会计岗位并指定会计主管人员

C. 委托经批准设立从事会计代理记账业务的中介机构代理记账

D. 国务院财政部门规定的其他方式

三、判断题

1. 会计工作岗位可以一人一岗、一人多岗或一岗多人。（　）

2. 会计人员进行会计工作交接时，移交清册一般应填制一式三份。（　）

3. 会计专业技术人员参加继续教育实行学分制管理，每年参加继续教育取得的学分不少于 60 学分。其中，专业科目一般不少于总学分的 2/3。（　）

第四节　会计法律责任

一、单项选择题

1. 下列各项中，不属于违反《中华人民共和国会计法》规定的是（　）。

A. 以未经审核的会计凭证为依据登记会计账簿

B. 随意变更会计处理方法

C. 未按规定建立并实施单位内部会计监督制度

D. 未在规定期限办理纳税申报

2. 单位负责人对依法履行职责、抵制违反《中华人民共和国会计法》规定行为的会计人员以降级、撤职、调离工作岗位、解聘或者开除等方式实行打击报复，（　）；构成犯罪的，依法追究刑事责任。

A. 可以处 1 倍以上 5 倍以下的罚款　　B. 可以处 5 倍以下的罚款

C. 可以处 1 倍以上 3 倍以下的罚款　　D. 依法给予处分

二、多项选择题

1. 根据《中华人民共和国会计法》规定，对于“以未经审核的会计凭证为依据登记会计账簿或者登记会计账簿不符合规定的”的行为，若情节不严重，应当承担的法律责任有（　　）。

A. 由县级以上的人民政府财政部门责令限期改正，给予警告、通报批评

B. 对单位可以并处 20 万元以下的罚款

C. 构成犯罪的，依法追究刑事责任

D. 对其直接负责的主管人员和其他直接责任人员可以处 5 000 元以上 5 万元以下的罚款

2. 对伪造、变造会计凭证、会计账簿，编制虚假财务会计报告，隐匿或者故意销毁依法应当保存的会计凭证、会计账簿、财务会计报告的行为，应当承担的法律责任有（　　）。

A. 由县级以上人民政府财政部门责令限期改正，给予警告、通报批评，没收违法所得

B. 违法所得 20 万元以上的，对单位可以并处违法所得 1 倍以上 10 倍以下的罚款

C. 没有违法所得或者违法所得不足 20 万元的，可以并处 20 万元以上 200 万元以下的罚款

D. 属于公职人员的，还应当依法给予处分

三、判断题

1. 甲公司会计人员王某因财务造假而被追究刑事责任，则其 5 年之内不得再从事会计工作。（　　）

2. 公司、企业、事业单位、机关、团体的领导人，对依法履行职责、抵制违反《中华人民共和国会计法》规定行为的会计人员实行打击报复，情节恶劣的，处 3 年以下有期徒刑或者拘役。（　　）

分章训练题

一、单项选择题

1. 会计账簿记录发生错误或者隔页、缺号、跳行的，应当按照国家统一的会计制度规定的方法更正，并由（　　）在更正处盖章。

A. 单位负责人和会计机构负责人　　B. 会计主管人员和会计机构负责人

C. 会计人员和单位负责人　　D. 会计机构负责人和会计人员

2. 下列各项工作中，不属于总会计师组织领导本单位会计工作职责的是（　　）。

A. 预算管理　　B. 财务管理　　C. 会计监督　　D. 人力资源管理

3. 国家统一的会计制度由（　　）根据《中华人民共和国会计法》制定并公布。

A. 国务院财政部门　　B. 国务院税务部门

C. 全国人民代表大会　　D. 国务院审计部门

4. 下列关于会计记录文字的说法中，错误的是（　　）。

A. 会计记录文字应当用中文

B. 在民族自治地方，会计记录可以同时使用当地通用的一种民族文字

C. 在中华人民共和国境内的外商投资企业外国企业和其他外国组织的会计记录可以同时使用一种外国文字

D. 会计记录文字不可以使用外国文字

5. 会计专业技术人员参加继续教育实行学分制管理，每年参加继续教育应取得不少于（　　）学分。

A. 30　　B. 60　　C. 90　　D. 120

6. 下列关于会计人员回避制度的表述中，不正确的是（　　）。

A. 需要回避的直系亲属为：夫妻关系、直系血亲关系、三代以内旁系血亲以及姻亲关系

B. 事业单位会计机构负责人、会计主管人员的直系亲属不得在本单位会计机构中担任出纳工作

C. 任何单位任用会计人员均应当实行回避制度

D. 国有企业单位负责人的直系亲属不得担任本单位的会计机构负责人、会计主管人员

7. 在我国，会计档案定期保管的，保管期限最长的是(　　)年。

A. 10　　B. 20　　C. 30　　D. 50

8. 会计人员伪造、变造会计账簿，尚不构成犯罪的，一定期限内不得从事会计工作，该期限为(　　)年。

A. 3　　B. 5　　C. 10　　D.15

二、多项选择题

1. 会计资料最基本的质量要求包括(　　)。

A. 真实性　　B. 明晰性　　C. 完整性　　D. 及时性

2. 下列企业会计档案中，应当永久性保管的有(　　)。

A. 年度财务会计报告　　B. 会计档案移交清册

C. 会计档案销毁清册　　D. 会计档案鉴定意见书

3. 根据会计法律制度的规定，各单位应依法设置的会计账簿有(　　)。

A. 日记账　　B. 明细账　　C. 发票登记簿　　D. 其他辅助账簿

4. 在我国，会计人员职称层级分为(　　)。

A. 初级　　B. 中级　　C. 副高级　　D. 正高级

5. 国家统一的会计制度，是由国务院财政部门根据《中华人民共和国会计法》制定的，包括会计核算制度和(　　)。

A. 会计监督制度　　B. 会计机构和会计人员管理制度

C. 法律责任　　D. 会计工作管理制度

6. 下列关于办理会计移交手续的表述中，正确的有(　　)。

A. 会计机构负责人(会计主管人员)办理交接手续，由单位负责人监交，必要时主管单位可以派人会同监交

B. 移交人员对所移交的会计凭证、会计账簿、会计报表和其他有关资料的合法性、真实性承担法律责任

C. 会计人员临时离职或者因病不能工作且需要接替或者代理的，会计机构负责人(会计主管人员)或者单位领导人必须指定有关人员接替或者代理，并办理交接手续

D. 一般会计人员办理交接手续，由单位负责人和会计机构负责人共同监交

7. 下列情形中，属于违反《中华人民共和国会计法》规定的有(　　)。

A. 拒绝记载不准确、不完整的原始凭证

B. 私设会计账簿

C. 未按照规定使用会计记录文字

D. 未按照规定保管会计资料，致使会计资料毁损、灭失

三、判断题

1. 伪造会计资料，是指用涂改、拼接、挖补等手段来改变会计凭证的真实内容，歪曲事实真相的行为。(　　)

2. 任何单位和个人检举违法会计行为，都属于会计工作社会监督的范畴。(　　)

3. 会计年度自农历一月一日起至十二月三十一日止。(　　)

4. 在中国境内设立的外商投资企业、外国企业可以自行选定的一种外国文字作为会计记录文字，一经选定不能改变。（　　）

5. 甲国有企业会计机构负责人李某的儿子可以在该单位会计机构内担任出纳工作。（　　）

四、不定项选择题

1. 甲有限责任公司(以下简称“甲公司”)是一家工业企业，本年度发生了以下事项：

① 甲公司收到一张应由本公司与乙公司共同负担费用支出的原始凭证，甲公司会计人员张某根据该原始凭证进行账务处理，并保存该原始凭证；同时甲公司将该原始凭证的复制件提供给乙公司用于乙公司的账务处理。

② 1 月 1 日，甲公司有一批保管期满的会计档案，该批会计档案全部属于电子会计档案，按规定需要进行销毁。甲公司档案管理机构编制了会计档案销毁清册。甲公司单位负责人、档案管理机构负责人、会计管理机构负责人在会计档案销毁清册上签署意见。甲公司电子会计档案的销毁由单位档案机构和会计机构共同派人监销。

要求：根据上述资料，分析回答下列问题。

(1) 根据资料①，下列做法中，正确的是(　　)。

A. 甲公司开具原始凭证分割单给乙公司，是正确的处理方式

B. 甲公司将该原始凭证的复制件提供给乙公司或者开具原始凭证分割单给乙公司，均为正确的处理方式

C. 甲公司不需要将原始凭证的复制件提供给乙公司，也不需要开具原始凭证分割单给乙公司，只需要甲公司和乙公司双方共同加以说明即可

D. 甲公司将该原始凭证的复制件提供给乙公司，是正确的处理方式

(2) 下列关于会计档案的保管的表述中，正确的有(　　)。

A. 会计机构内会计科的会计档案管理岗位，属于会计工作岗位

B. 会计机构内会计科的会计档案管理岗位，不属于会计工作岗位

C. 出纳人员可以临时保管会计档案

D. 出纳人员不能临时保管会计档案

(3) 根据资料②，下列关于会计档案销毁的做法中，正确的是(　　)。

A. 甲公司档案管理机构编制了会计档案销毁清册

B. 甲公司单位负责人、档案管理机构负责人、会计管理机构负责人在会计档案销毁清册上签署意见

C. 甲公司电子会计档案的销毁由单位档案管理机构、会计管理机构和信息系统管理机构共同派员监销

D. 甲公司电子会计档案的销毁只需由单位档案机构和会计机构共同派人监销

(4) 下列企业会计档案中，保管期限为永久的有(　　)。

A. 会计档案移交清册　　B. 会计档案保管清册

C. 会计档案销毁清册　　D. 会计档案鉴定意见书

2. 甲公司是一家私营企业，有关事项如下：

① 甲公司出纳人员张某在做好出纳工作的同时，兼任登记固定资产卡片等财产物资明细

账工作，并且兼任会计档案保管工作。

② 甲公司业务收支以欧元为主，采用欧元作为记账本位币，但在编制财务会计报告时折算为人民币。

③ 甲公司的会计机构负责人王某为单位负责人赵某的姑姑。

④ 甲公司规定，各部门定期对财产物资进行清查，发现存在账实不符的情况，会计机构负责人王某对财产清查的结果具有全权处理的权利。

要求：根据上述资料，分析回答下列问题。

(1) 针对事项①，下列说法中，正确的是(　　)。

A. 张某在做好出纳工作的同时，可以兼任登记固定资产卡片等财产物资明细账工作

B. 张某在做好出纳工作的同时，不能兼任登记固定资产卡片等财产物资明细账工作

C. 张某在做好出纳工作的同时，可以兼任会计档案保管工作

D. 张某在做好出纳工作的同时，不能兼任会计档案保管工作

(2) 针对事项②，下列说法中，正确的有(　　)。

A. 甲公司编制的财务会计报告可以以欧元列示，不需折算为人民币

B. 甲公司可以采用欧元作为记账本位币

C. 甲公司不可以采用欧元作为记账本位币

D. 甲公司编制的财务会计报告应当折算为人民币

(3) 针对事项③，下列说法中，正确的有(　　)。

A. 甲公司的做法不符合规定

B. 王某与赵某属于直系亲属关系，但王某仍可以担任会计机构负责人

C. 王某与赵某不属于直系亲属关系，王某可以担任会计机构负责人

D. 王某与赵某属于直系亲属关系，王某不能担任会计机构负责人

(4) 针对事项④，下列说法中，正确的有(　　)。

A. 会计机构负责人王某具有全权处理财产清查结果

B. 会计机构负责人王某发现会计账簿记录与实物、款项及有关资料不相符的，按照国家统一的会计制度的规定有权自行处理的，应当及时处理

C. 会计机构负责人王某发现会计账簿记录与实物、款项及有关资料不相符的，按照国家统一的会计制度的规定无权自行处理的，应当立即向单位负责人报告，请求查明原因，作出处理

D. 会计机构负责人王某在有关领导审批之前，不得对账簿记录进行调整

第二章答案

第三章 支付结算法律制度

考情整体分析

本章为本书的重点，主要介绍支付结算概述、银行结算账户、银行非现金支付业务、支付机构非现金支付业务、支付结算纪律与法律责任。本章涉及的题型包括单项选择题、多项选择题、判断题、不定项选择题。本章知识点较多，在考试中所占的分值较大，一般为13～15分。在学习本章时，应结合实际工作和生活，在理解的基础上准确记忆。对于票据中的各种不同的期限等易混淆的知识点，建议通过总结对比来记忆。

考情变化分析

(1) 增加“支付结算的含义”的相关内容。

(2) 删除“临时存款账户的开户证明文件”的相关内容。

(3) 删除“出票的效力”的相关内容。

(4) 调整“商业汇票的最长付款期限”。

(5) 删除“条码支付服务市场的构成”；删除“条码支付的限额要求”。

(6) 调整“支付机构的含义和支付业务的类型”，并将目录“支付机构的概念和支付服务的种类”修改为“支付机构的含义和支付业务的类型”。

(7) 调整“支付账户的含义”和“支付账户的使用要求”。

(8) 增加“支付结算纪律”中“支付机构”的相关内容。

(9) 删除“签发空头支票、印章与预留印鉴不符支票、密码错误支票的法律责任”的内容。

考纲知识体系

支付结算法律制度	一、支付结算概述	(1) 支付结算的含义和支付结算服务组织(★) (2) 支付结算的工具(★) (3) 支付结算的原则和要求(★★★★)
	二、银行结算账户	(1) 银行结算账户的含义和种类(★) (2) 银行结算账户的开立、变更和撤销(★★★) (3) 各类银行结算账户的开立和使用(★★★) (4) 银行结算账户的管理(★★★)
	三、银行非现金支付业务	(1) 票据(★★★★★) (2) 其他结算方式(★★★)

续 表

支付结算法律制度	三、银行非现金支付业务	(3) 银行卡(★★★★★) (4) 银行电子支付(★★★)
	四、支付机构非现金支付业务	(1) 支付机构的含义和支付业务的类型(★★) (2) 网络支付(★★★★) (3) 预付卡(★★★)
	五、支付结算纪律与法律责任	(1) 支付结算纪律(★★★) (2) 违反支付结算法律制度的法律责任(★★★)

第一节　支付结算概述

一、单项选择题

1. 根据支付结算法律制度的规定,下列票据欺诈行为中,属于伪造票据的是(　　)。

A. 对票据号码进行挖补　　B. 假冒承兑人在票据上签章

C. 对票据金额进行涂改　　D. 对票据出票日期进行涂改

2. 根据支付结算法律制度的规定,下列经济业务使用的非现金支付工具中,属于结算方式的是(　　)。

A. A公司与E公司签订购销合同,合同约定采用委托收款方式结算

B. B公司与E公司签订购销合同,签发一张6个月后到期的商业承兑汇票抵付货款

C. C公司与E公司签订购销合同,使用单位外币卡进行结算

D. D公司与E公司签订购销合同,签发借据一张,注明货款暂欠,6个月内支付

3. 某票据的出票日期为“2025年3月19日”,该日期的规范写法是(　　)。

A. 贰零贰伍年零叁月壹拾玖日　　B. 贰零贰伍年叁月拾玖日

C. 贰零贰伍年零叁月拾玖日　　D. 贰零贰伍年叁月壹拾玖日

4. 下列关于票据填写要求的表述中,不正确的是(　　)。

A. 金额以中文大写和阿拉伯数码同时记载,两者必须一致

B. 票据的出票日期必须使用中文大写,不可以使用阿拉伯数字

C. 单位名称应当记载全称或者规范化简称

D. 银行名称只能记载全称,不得记载规范化简称

二、多项选择题

1. 下列各项中,属于我国支付结算服务组织的有(　　)。

A. 中国人民银行　　B. 银行业金融机构

C. 特许清算机构　　D. 非金融支付机构

2. 根据支付结算法律制度的规定，下列票据欺诈行为中，属于变造票据的有（　　）。

A. 假冒出票人在票据上签章　　B. 修改票据密押

C. 对票据金额进行篡改　　D. 篡改票据号码

3. 根据支付结算法律制度的规定，下列关于票据填写要求的表述中，错误的有（　　）。

A. 单位和银行在票据上记载的名称可以是全称也可以是简称

B. 个人在票据和结算凭证上的签章，应为该个人本人的签名或盖章

C. 出票日期应当使用中文大写

D. 票据的金额和出票日期以外的记载事项有误，原记载人可以更改，更改时应当由原记载人在更改处签章证明

4. 下列各项中，属于支付结算时应遵循的原则有（　　）。

A. 银行不垫款原则　　B. 账户不透支原则

C. 恪守信用，履约付款原则　　D. 谁的钱进谁的账，由谁支配原则

三、判断题

1. 付款人账户内资金不足的，银行应当为付款人垫付资金。（　　）

2. 我国已形成了以票据和银行卡为主体，以电子支付为发展方向的非现金支付工具体系。（　　）

3. 伪造、变造票据属于欺诈行为，构成犯罪的应追究其刑事责任。（　　）

4. 结算凭证金额的中文大写与阿拉伯数码记载不一致的，以中文大写为准。（　　）

第二节　银行结算账户

一、单项选择题

1. 下列关于基本存款账户的说法中，错误的是（　　）。

A. 单位设立的独立核算的附属机构（包括食堂、招待所、幼儿园）可以申请开立基本存款账户

B. 民办非企业组织、异地常设机构、外国驻华机构均可以申请开立基本存款账户

C. 企业法人开立基本存款账户的，应出具企业法人营业执照副本

D. 基本存款账户是存款人因办理日常转账结算和现金收付需要开立的银行结算账户

2. 下列关于银行结算账户管理的表述中，错误的是（　　）。

A. 撤销基本存款账户，应交回各种重要空白票据

B. 撤销基本存款账户，应交回结算凭证

C. 单位的地址发生变更，应于 5 个工作日内书面通知开户银行并提供有关证明

D. 撤销单位银行结算账户应先撤销基本存款账户，再撤销其他类别账户

3. 根据支付结算法律制度的规定，下列存款人中，不得开立基本存款账户的是（　　）。

A. 社会团体　　B. 临时机构

C. 社区委员会　　D. 单位设立的独立核算的附属机构

4. 甲公司是一家小型超市，本年 1 月向本市乙银行申请开立基本存款账户。乙银行为该

账户办理收付款业务的起始时间是(　　)。

A. 开立该账户之日起

B. 开立该账户之日起 3 个工作日后

C. 向中国人民银行当地分支行备案之日起

D. 向中国人民银行当地分支行备案之日起 5 个工作日后

5. 根据支付结算法律制度的规定,预算单位应向(　　)申请开立零余额账户。

A. 中国人民银行　　B. 上级主管部门　　C. 财政部门　　D. 人民政府

6. A 公司在甲银行开立了基本存款账户,在乙银行开立了一般存款账户,后 A 公司被吊销营业执照。根据支付结算法律制度的规定,下列表述中,错误的是(　　)。

A. A 公司应于 3 个工作日内向开户银行提出撤销银行结算账户的申请

B. 若 A 公司尚未清偿乙银行的借款,不得申请撤销乙银行结算账户

C. A 公司撤销核准类银行结算账户时,应交回开户许可证

D. A 公司撤销银行结算账户时,应先撤销一般存款账户、专用存款账户、临时存款账户,将账户资金转入基本存款账户后,方可办理基本存款账户的撤销

7. 甲公司成立后在某银行申请开立了一个用于办理日常转账结算和现金收付的账户,该账户的性质属于(　　)。

A. 预算单位零余额账户　　B. 专用存款账户

C. 一般存款账户　　D. 基本存款账户

8. 甲公司拟在其开户行 P 银行为员工个人申请开立代发工资账户。下列说法中,符合支付结算法律制度规定的是(　　)。

A. 甲公司应当向 P 银行提供单位证明材料、被代理人有效身份证件的复印件或影印件

B. 甲公司应当向 P 银行提供单位证明材料、被代理人有效身份证件的原件及复印件

C. 在员工本人持本人有效身份证件到 P 银行办理身份确认、密码设(重)置等激活手续前,该账户只能对外转账,不能提取现金

D. 相关代发工资账户自正式开立之日起 5 个工作日后,可以办理付款业务

二、多项选择题

1. 根据支付结算法律制度的规定,下列关于银行结算账户撤销的表述中,正确的有(　　　)。

A. 企业自被吊销营业执照之日起 5 个工作日内向开户银行提出撤销银行结算账户的申请

B. 企业暂停营业应当办理银行结算账户的撤销

C. 撤销银行结算账户时,应先撤销一般存款账户、专用存款账户、临时存款账户,将账户资金转入基本存款账户后,方可办理基本存款账户的销户

D. 存款人尚未清偿其开户银行债务的,承诺偿还后,方可申请撤销该银行结算账户

2. 根据《人民币银行结算账户管理办法》的规定,存款人开立下列账户时需要提供基本存款账户开户登记证或基本存款账户编号的有(　　　)。

A. 因借款转存开立一般存款账户　　B. 开立专用存款账户

C. 因注册验资资金开立临时存款账户　　D. 因增资验资开立临时存款账户

3. 下列关于个人银行结算账户的说法中，正确的有（　　）。

A. 从单位银行结算账户支付给个人银行结算账户的款项应纳税的，税收代扣单位付款时应向其开户银行提供完税证明

B. 当个人持出票人为单位的支票向开户银行委托收款，将款项转入其个人银行结算账户的，应出具有关收款依据

C. 从单位银行结算账户向个人银行结算账户支付款项单笔超过 5 万元人民币时，付款单位可不另行出具付款依据，但付款单位应对支付款项事由的真实性、合法性负责

D. 个人银行结算账户用于办理个人转账收付和现金存取

4. 根据支付结算法律制度的规定，下列款项中，可以转入个人银行结算账户的有（　　）。

A. 债券、期货、信托等投资的本金和收益

B. 个人债权或产权转让收益

C. 农、副、矿产品销售收入

D. 继承、赠与款项

5. 赵某借给徐某 10 万元，徐某到期不还，于是赵某找到徐某的开户银行 M 银行，根据支付结算法律制度的规定，下列关于 M 银行的做法中，符合规定的有（　　）。

A. M 银行拒绝为赵某查询徐某的个人账户

B. M 银行拒绝为赵某冻结徐某的存款款项

C. M 银行拒绝徐某正常存款和取款的要求

D. M 银行拒绝为赵某扣划徐某的存款款项

6. 根据支付结算法律制度的规定，下列存款人中，可以开立基本存款账户的有（　　）。

A. 社区委员会　　　　B. 临时机构

C. 境外机构　　　　D. 单位设立的独立核算的附属机构

7. 根据支付结算法律制度的规定，下列账户中，可以支取现金的有（　　）。

A. 基本存款账户

B. 证券交易结算资金

C. 为异地临时经营活动开立的临时存款账户

D. Ⅲ类个人银行账户

8. 下列专用存款账户中，不得支取现金的有（　　）。

A. 注册验资的临时存款账户　　　　B. 社会保障基金

C. 期货交易保证金　　　　D. 党、团、工会经费专用存款

三、判断题

1. 个人银行结算账户仅限于办理现金存取业务，不得办理转账结算。（　　）

2. 一般存款账户可以和基本存款账户开立在同一家银行营业机构。（　　）

3. 存款人因向银行借款而需要开立一般存款账户的，除常规的证明文件外，还应向银行出具借款合同。（　　）

4. 开立银行结算账户时，银行应建立存款人预留签章卡片。存款人为单位的，其预留签章为该单位的公章或财务专用章加其法定代表人（单位负责人）或其授权的代理人的签名或盖章。（　　）

5. 军队、武警单位承担基本建设或者异地执行作战、演习、抢险救灾，应对突发事件等临时任务，可以申请开立专用存款账户。（　　）

6. 对存在法定代表人或者负责人对单位经营规模及业务背景等情况不清楚、注册地和经营地均在异地等异常情况的单位，银行应当与其法定代表人或者单位负责人面签银行结算账户管理协议，并留存视频、音频资料等，开户初期原则上不开通非柜面业务，待后续了解后再审慎开通。（　　）

7. 银行在为存款人开通非柜面转账业务时，双方应签订协议，约定非柜面渠道向非同名银行账户和支付账户转账的日累计限额、笔数和年累计限额等，超出限额和笔数的，应当到银行柜面办理。（　　）

8. 临时存款账户应根据有关开户证明文件确定的期限或存款人的需要确定其有效期限，最长不得超过3年。（　　）

9. 个人银行账户Ⅲ类账户任一时点账户余额均不得超过5 000元。（　　）

10. 持有基本存款账户编号的企业申请开立一般存款账户、专用存款账户、临时存款账户时，应当向银行提供基本存款账户编号。（　　）

11. 预算单位零余额账户的性质为基本存款账户或专用存款账户。（　　）

第三节　银行非现金支付业务

一、单项选择题

1. 下列关于票据付款人的表述中，正确的是（　　）。

A. 支票的付款人是出票人　　B. 银行汇票的付款人是申请人

C. 商业承兑汇票的付款人是承兑人　　D. 银行承兑汇票的付款人是出票人

2. 根据支付结算法律制度的规定，下列关于公示催告的表述中，不正确的是（　　）。

A. 利害关系人应当在公示催告期间向人民法院申报，人民法院收到利害关系人的申报后，应当裁定终结公示催告程序，并通知申请人和支付人

B. 公示催告期间届满以后，没有人申报的，人民法院应当根据申请人的申请，作出除权判决，宣告票据无效

C. 利害关系人因正当理由不能在判决前向人民法院申报的，自知道或者应当知道判决公告之日起1年内，可以向作出判决的人民法院起诉

D. 公告期间不得少于60日，且公示催告期间届满日不得早于票据付款日后30日

3. 张三在将汇票背书转让给李四时，未将李四的姓名记载于被背书人栏内。李四发现后将自己的姓名填入被背书人栏内。下列关于李四填入自己姓名的行为效力的表述中，正确的是（　　）。

A. 无效　　B. 可撤销　　C. 有效　　D. 张三确认后有效

4. 下列各项中，不属于银行本票必须记载事项的是（　　）。

A. 付款人名称　　B. 表明“银行本票”的字样

C. 收款人名称　　D. 出票日期

5. 本年1月10日，A向B签发一张承兑人为甲银行的银行承兑汇票，到期日为本年4月10日。本年3月10日，B将该汇票背书转让给C，本年4月15日，C向甲银行提示付款被拒

绝并取得拒绝证明，根据规定，C 直接向 B 进行追索，则其对 B 的追索权的消灭时间是（　　）。

A. 本年 7 月 10 日　　B. 本年 7 月 15 日

C. 本年 10 月 15 日　　D. 本年 4 月 15 日

6. A 公司的出纳人员粗心大意，将本年 3 月 28 日取得 B 公司签发的一张支票夹在一本笔记本中且将此事忘记了，在本年底公司整理文件时意外发现，根据票据法律制度的规定，A 公司的下列做法中，符合规定的是（　　）。

A. A 公司可以要求出票人 B 公司承担民事责任返还与未支付的票据金额相当的利益

B. A 公司拿着支票继续要求 B 公司付款

C. A 公司可以将票据上的出票日期进行更改，然后请求 B 公司付款

D. A 公司可以将该支票背书转让给 C 公司

7. 下列关于票据保证的表述中，不正确的是（　　）。

A. 保证人在票据或者粘单上未记载“被保证人名称”的，已承兑的票据，承兑人为被保证人；未承兑的票据，出票人为被保证人

B. 保证不得附条件，附条件的，不影响对票据的保证责任

C. 保证人清偿票据债务后，可以对被保证人及其前手行使追索权

D. 票据上未记载保证日期的，以被保证人的签章日期为保证日期

8. 甲公司签发纸质商业汇票时出现的下列情形中，会导致该汇票无效的是（　　）。

A. 汇票上未记载收款人名称

B. 汇票上未记载付款日期

C. 汇票上记载了该票据项下交易的合同号码

D. 签章时加盖了本公司财务专用章，公司负责人仅签名但未盖章

9. 接受汇票出票人的付款委托，同意承担支付票款义务的人是票据的（　　）。

A. 付款人　　B. 背书人　　C. 承兑人　　D. 被背书人

10. 甲公司签发一张商业汇票。甲公司的下列签章行为中，正确的是（　　）。

A. 甲公司盖章加甲公司法定代表人李某盖章

B. 甲公司法定代表人李某签名加盖章

C. 甲公司法定代表人李某盖章

D. 甲公司盖章

11. 下列关于银行汇票出票金额和实际结算金额的表述中，正确的是（　　）。

A. 如果出票金额低于实际结算金额，银行应按实际结算金额办理结算

B. 如果出票金额低于实际结算金额，银行应按出票金额办理结算

C. 如果出票金额高于实际结算金额，银行应按实际结算金额办理结算

D. 如果出票金额高于实际结算金额，银行应按出票金额办理结算

12. 对于见票即付的商业汇票，提示付款期限是（　　）。

A. 自到期日起 1 个月内　　B. 自到期日起 10 日内

C. 自出票日起 1 个月内　　D. 自出票日起 10 日内

13. 商业汇票的付款期限应当与真实交易的履行期限相匹配，自出票日起至到期日止，最长不得超过（　　）。

A. 1 年　　B. 2 年　　C. 6 个月　　D. 3 个月

14. 下列关于银行本票的表述中，正确的是（　　）。

A. 银行本票的基本当事人为出票人、付款人和收款人

B. 未记载付款地的本票无效

C. 银行本票见票即付，其提示付款期限自出票日起最长不得超过 1 个月

D. 银行本票无须承兑

15. 根据条码支付的限额要求，银行、支付机构可以与客户通过协议自主约定单日累计限额时，要求风险防范能力等级达到（　　）。①

A. D 级　　B. C 级　　C. B 级　　D. A 级

16. 下列关于银行卡计息与收费的说法中，错误的是（　　）。

A. 自 2021 年 1 月 1 日起，信用卡透支利率由发卡机构与持卡人自主协商确定，取消信用卡透支利率上限和下限管理

B. 发卡机构对向持卡人收取的违约金和年费、取现手续费、货币兑换费等服务费用可以计收利息

C. 发卡机构调整信用卡利率的，应至少提前 45 个自然日按照约定方式通知持卡人

D. 发卡机构向持卡人提供超过授信额度用卡服务的，不得收取超限费

17. 根据支付结算法律制度的规定，收单机构应按协议约定及时将交易资金结算到特约商户的收单银行结算账户，资金结算时限最迟不得超过持卡人确认可直接向特约商户付款的支付指令生效日后（　　），因涉嫌违法违规等风险交易需延迟结算的除外。

A. 3 个自然日　　B. 7 个自然日　　C. 15 个自然日　　D. 30 个自然日

18. 下列情形中，属于条码支付的是（　　）。

A. 张某在某 App 平台购物线上付款后，到线下便利店自提商品

B. 李某在某超市购物，通过 POS 机刷信用卡支付货款

C. 王某办理某乒乓球俱乐部会员，俱乐部用手持终端机扫描王某出示的手机付款码收款

D. 赵某通过淘宝网站购物，通过支付宝担保方式支付货款

19. 本年 7 月 15 日，甲出版社以汇兑方式向张某支付稿酬 3 000 元。下列情形中，甲出版社可以申请撤销汇款的是（　　）。

A. 银行已经汇出但张某尚未领取　　B. 银行已向张某发出收账通知

C. 银行尚未汇出　　D. 张某拒绝领取

20. 下列各项中，不属于当事人签发委托收款凭证必须记载事项的是（　　）。

A. 委托日期　　B. 收款日期

C. 收款人名称和收款人签章　　D. 付款人名称

二、多项选择题

1. 下列关于票据记载事项的说法中，正确的有（　　）。

A. 出票时必须表明票据的种类，例如“汇票”“本票”“支票”

B. 出票人在票据上的签章不符合《中华人民共和国票据法》规定的，票据无效

C. 背书人在票据上的签章不符合规定的，其签章无效，同时影响其前手符合规定签章的

---

① 该内容在《2025 年度初级会计专业技术资格考试大纲》中已经删除，本教材仍保留。

效力

D. 承兑人、保证人在票据上签章不符合规定的，其签章无效，不影响其他符合规定签章的效力

2. 票据当事人分为基本当事人和非基本当事人。下列各项中，属于非基本当事人的有（　　）。

A. 承兑人　B. 背书人　C. 被背书人　D. 保证人

3. 丧失后可以采取挂失止付方式进行补救的票据有（　　）。

A. 尚未承兑的商业汇票　B. 支票

C. 填明现金字样的银行本票　D. 填明现金字样和代理付款人的银行汇票

4. 下列关于票据责任的表述中，错误的有（　　）。

A. 票据债务人可以以自己与出票人或者与持票人的前手之间的抗辩事由对抗持票人

B. 持票人未按照规定期限提示付款的，在作出说明后，承兑人或者付款人仍应当继续对持票人承担付款责任

C. 付款人委托的付款银行的责任，限于按照票据上记载事项从付款人账户支付票据金额，不必审查背书是否连续

D. 持票人委托的收款银行的责任，限于按照票据上记载事项将票据金额转入持票人账户

5. 下列主体中，应当向持票人承担票据责任的有（　　）。

A. 空头支票出票人的开户行甲银行　B. 不获承兑的汇票出票人乙公司

C. 对汇票予以承兑的丙公司　D. 签发本票的丁银行

6. A公司签发一张6个月到期的商业承兑汇票给B公司，找到王某、刘某、张某三人作为票据的保证人，王某和刘某在票据正面记载“若持票人到期不获付款，我二人各承担票据责任的50%”；张某在票据的正面记载“若到期后A公司不能支付票款，持票人必须先到法院起诉，本人只承担补充责任”；后B公司又将该汇票背书转让给了C公司，同时与赵某签订保证合同，赵某在合同中注明“若票据到期后持票人不获付款，必须先到法院起诉，本人只承担补充责任”。上述四位保证人应对该票据承担连带责任的有（　　）。

A. 王某　B. 刘某　C. 张某　D. 赵某

7. A公司签发一张由M银行承兑的银行承兑汇票给B公司，B公司将该票据背书转让给C公司，同时在该票据的背面注明“不得转让”，C公司又将其背书转让给D公司，票据到期D公司提示付款被拒，则D公司可以向（　　）追索。

A. A公司　B. B公司　C. C公司　D. M银行

8. 下列关于汇票背书的说法中，正确的有（　　）。

A. 部分背书是指将票据金额的一部分转让或者将票据金额分别转让给两人以上的背书，部分背书有效

B. 每一位使用粘单的背书人都应在汇票和粘单的粘接处签章

C. 背书必须连续

D. 背书不得附有条件，背书附有条件的，所附条件不具票据上的效力

9. 下列各项中，属于无效票据的有（　　）。

A. 中文大写金额与阿拉伯数码不一致的本票

B. 出票时未记载收款人的支票

C. 出票后更改收款人名称的银行汇票
D. 未使用中国人民银行统一规定的票据
10. 下列票据中,不得办理贴现的有(　　)。
A. 已到期的商业承兑汇票
B. 记载“不得转让”字样的银行承兑汇票
C. 出票仅5天的支票
D. 以个人为收款人的商业承兑汇票
11. 下列关于商业汇票的付款期限的表述中,正确的有(　　)。
A. 定日付款的商业汇票,付款期限自出票日起计算,并在汇票上记载具体的到期日
B. 出票后定期付款的商业汇票,付款期限自出票日起按月计算,并在汇票上记载
C. 见票后定期付款的商业汇票,付款期限自承兑或拒绝承兑日起按月计算,并在汇票上记载
D. 商业汇票的付款期限应当与真实交易的履行期限相匹配,自出票日起至到期日止,最长不得超过12个月
12. 下列关于支票的表述中,正确的有(　　)。
A. 支票的基本当事人包括出票人、付款人和收款人
B. 在普通支票左上角划两条平行线的,为划线支票,划线支票可用于转账,也可支取现金
C. 支票分为现金支票、转账支票和普通支票三种
D. 现金支票仅限于“收款人”向付款人提示付款,不能背书转让
13. 下列关于电子商业汇票业务的表述中,正确的有(　　)。
A. 电子商业汇票贴现必须记载的事项中包括贴入人名称及贴入人签章
B. 办理电子商业汇票贴现及提示付款业务,可选择票款对付方式清算票据资金
C. 电子商业汇票回购式贴现赎回时应作成背书,并记载原贴出人名称及原贴出人签章
D. 电子商业汇票一经承兑,即视同承兑人已进行付款确认
14. 下列票据中,属于见票即付的有(　　)。
A. 转账支票　　B. 商业汇票　　C. 银行本票　　D. 银行汇票
15. 下列票据中,允许个人使用的有(　　)。
A. 商业承兑汇票　　B. 支票　　C. 银行汇票　　D. 银行本票
16. 下列关于商业汇票的表述中,不正确的有(　　)。
A. 商业汇票的付款人拒绝承兑的,必须出具拒绝承兑的证明
B. 商业汇票必须在出票时向付款人提示承兑后方可使用
C. 商业汇票的付款期限,最长不得超过3个月
D. 付款人承兑汇票后,应当承担到期付款的责任
17. 下列关于商业汇票提示付款的说法中,正确的有(　　)。
A. 持票人在提示付款期内通过票据市场基础设施提示付款的,承兑人应当在提示付款当日进行应答或者委托其开户行进行应答
B. 承兑人存在合法抗辩事由拒绝付款的,应当在提示付款当日出具或者委托其开户行出具拒绝付款证明,并通过票据市场基础设施通知持票人
C. 承兑人或者承兑人开户行在提示付款当日未作出应答的,视为拒绝付款,票据市场基础设施只需通知持票人
D. 超过提示付款期限提示付款的,持票人开户银行不予受理,承兑人或者付款人不应当继续对持票人承担付款责任

18. 关于金融机构对企业申请电子商业汇票承兑进行审核的方式，下列说法中正确的有（　　）。

A. 对资信良好的企业申请电子商业汇票承兑的，金融机构可通过审查电子订单或电子发票的方式，对电子商业汇票的真实交易关系和债权债务关系进行在线审核

B. 对电子商务企业申请电子商业汇票承兑的，金融机构可通过审查合同、发票等材料的影印件，企业电子签名的方式，对电子商业汇票的真实交易关系和债权债务关系进行在线审核

C. 对资信良好的企业申请电子商业汇票承兑的，金融机构可通过审查合同、发票等材料的影印件，企业电子签名的方式，对电子商业汇票的真实交易关系和债权债务关系进行在线审核

D. 对电子商务企业申请电子商业汇票承兑的，金融机构可通过审查电子订单或电子发票的方式，对电子商业汇票的真实交易关系和债权债务关系进行在线审核

19. 下列关于商业汇票的信息披露的说法中，正确的有（　　）。

A. 商业承兑汇票的承兑人应当于承兑完成日前一个工作日内，在中国人民银行认可的票据信息披露平台披露每张票据的承兑相关信息

B. 承兑人应当于每月前 10 日内披露承兑信用信息

C. 承兑人对披露信息的真实性、准确性、及时性和完整性负责

D. 企业签收商业承兑汇票后，可以通过票据信息披露平台查询票据承兑信息，加强风险识别与防范

20. 下列关于银行卡收单的表述中，正确的有（　　）。

A. 收单机构对特约商户不实行实名制管理

B. 特约商户的收单银行结算账户应当为其同名单位银行结算账户，或其指定的、与其存在合法资金管理关系的单位银行结算账户

C. 特约商户为个体工商户和自然人的，可使用其同名个人银行结算账户作为收单银行结算账户

D. 特约商户使用单位银行结算账户作为收单银行结算账户的，收单机构还应当审核其合法拥有该账户的证明文件

21. 下列银行卡中，可以透支的有（　　）。

A. 专用卡　　B. 转账卡（含储蓄卡）

C. 贷记卡　　D. 准贷记卡

22. 企业网上银行具体业务功能包括（　　）。

A. 外汇买卖业务　　B. 支付指令　　C. 批量支付　　D. B2C 网上支付

23. 个人网上银行具体业务功能包括（　　）。

A. 账户信息查询　　B. 人民币转账业务　　C. B2B 网上支付　　D. 银证转账业务

24. 下列各项中，属于支付机构的电子支付方式的有（　　）。

A. 网络支付　　B. 条码支付　　C. 手机银行　　D. 网上银行

25. 根据支付结算法律制度的规定，下列关于汇兑的表述中，正确的有（　　）。

A. 汇兑以收账通知为汇出银行受理汇款的依据

B. 汇兑分为信汇、电汇两种，由汇款人选择使用

C. 汇兑凭证记载的汇款人、收款人在银行开立存款账户的，必须记载其账号，欠缺记载的，银行不予受理

D. 单位可以使用汇兑，个人不得使用汇兑

三、判断题

1. 票据债务人可以以自己和出票人或者与持票人的前手之间的抗辩事由，对抗持票人。（　）

2. 保证人未在票据或者粘单上记载保证字样，而另行签订保证合同或者保证条款的，也属于票据保证。（　）

3. 持票人应当自收到被拒绝承兑或者被拒绝付款的有关证明之日起 3 日内，将被拒绝事由书面通知其前手；其前手应当自收到通知之日起 3 日内书面通知其再前手。（　）

4. A 公司签发一张支票给 B 公司，保证人为 C 公司，B 公司将其背书转让给 D 公司，则可以行使付款请求权的为 B 公司和 D 公司。（　）

5. 付款人承兑汇票，不得附有条件，承兑附有条件的，所附条件不具备票据上的效力。（　）

6. 商业汇票的付款期限应当与真实交易的履行期限相匹配，自出票日起至到期日止，最长不得超过 9 个月。（　）

7. 银行本票可以用于转账，注明“现金”字样的银行本票可以用于支取现金。（　）

8. 银行汇票是银行签发、银行承兑、银行付款的票据。（　）

9. 出票人签发的支票金额超过其付款时在付款人处实有的存款金额的，为超额支票。（　）

10. 商业汇票未按照规定期限提示承兑的，持票人丧失对其前手的追索权。（　）

11. 未填明实际结算金额和多余金额或者实际结算金额超过出票金额的银行汇票，银行不予受理。（　）

12. 银行卡及其账户只限经发卡银行批准的持卡人本人使用，不得出租和转借。（　）

13. 单张出票金额在 100 万元以上的商业汇票原则上应全部通过电子商业汇票办理；单张出票金额在 200 万元以上的商业汇票应全部通过电子商业汇票办理。（　）

14. 纸质票据贴现后，其保管人可以向承兑人发起付款确认，付款确认只能采用实物确认。（　）

15. 票据市场基础设施即上海票据交易所，是中国人民银行指定的提供票据交易、登记托管、清算结算和信息服务的机构。（　）

16. 张某和李某在某饭店就餐后，分别用中国银行手机 APP 和交通银行手机 APP 扫码支付各自的餐费，商家仅提供一个二维码即完成了收款。该类条码支付属于二维码聚合支付，又称第四方支付。（　）[①]

17. 承兑人在异地的纸质商业汇票，贴现的期限以及贴现利息的计算应另加 5 天的划款日期。（　）

18. 禁转背书是指票据上记载了“不得转让”字样，此时票据不得转让。（　）

① 该内容在《2025 年度初级会计专业技术资格考试大纲》中已经删除，本教材仍保留。

19. 外汇买卖业务是企业网上银行子系统的主要业务功能。（　　）

20. 网上银行又被称为"3A 银行"，因为它不受时间、空间限制，能够在任何时间(Anytime)、任何地点(Anywhere)、以任何方式(Anyway)为客户提供金融服务。（　　）

21. 收单机构应当对特约商户实行实名制管理，严格审核特约商户的营业执照等证明文件，以及法定代表人或负责人有效身份证件等申请材料。（　　）

22. 特约商户，是指与收单机构签订银行卡受理协议、按约定受理银行卡并委托收单机构为其完成交易资金结算的企事业单位、个体工商户或其他组织，以及按照国家市场监督管理机关有关规定，开展网络商品交易等经营活动的企业法人。（　　）

23. 收单机构应当根据交易发生时的原交易信息发起银行卡交易差错处理、退货交易，将资金退至持卡人原银行卡账户。（　　）

24. 电子商业汇票的出票、承兑、背书、保证、提示付款和追索等业务，必须通过电子商业汇票系统办理。（　　）

25. 电子商业汇票的付款期限只允许作定日付款的记载。（　　）

第四节　支付机构非现金支付业务

一、单项选择题

1. 下列关于网络支付的说法中，错误的是（　　）。

A. Ⅰ类支付账户可以用于消费和转账，余额付款交易自账户开立起累计不超过 1 000 元

B. Ⅱ类支付账户可以用于消费和转账，余额付款交易年累计不超过 10 万元

C. Ⅲ类支付账户可以用于消费、转账、购买投资理财金融类产品，余额付款交易年累计不超过 20 万元

D. 除单笔金额不超过 300 元的小额支付业务，公共事业缴费、税费缴纳、信用卡还款等收款人固定并且定期发生的支付业务，支付机构不得代替银行进行交易验证

2. 网络支付机构采用非面对面方式开立个人开立账户时，应通过外部渠道进行多重交叉验证。支付机构开立Ⅲ类户的，以面对面方式核实身份或以非面对面方式通过至少（　　）个合法安全的外部渠道进行身份基本信息多重交叉验证。

A. 一　　B. 二　　C. 三　　D. 五

3. 根据支付结算法律制度的规定，下列关于预付卡使用的表述中，正确的是（　　）。

A. 预付卡可用于提取现金

B. 预付卡可在发卡机构拓展、签约的特约商户中使用

C. 预付卡可用于购买、交换非本发卡机构发行的预付卡

D. 预付卡卡内资金可向非本发卡机构开立的网络支付账户转移

二、多项选择题

1. 下列关于支付账户开户要求的说法中，正确的有（　　）。

A. 支付机构可以为个人客户开立Ⅰ类、Ⅱ类、Ⅲ类支付账户

B. 支付机构为单位开立支付账户，应当依法要求单位提供相关证明文件，并自主或者委

托合作机构以面对面方式核实客户身份，或者以非面对面方式通过至少 3 个合法安全的外部渠道对单位基本信息进行多重交叉验证

C. 支付机构在为单位和个人开立支付账户时，应当与单位和个人签订协议，约定支付账户与支付账户、支付账户与银行账户之间的日累计转账限额和笔数，超出限额和笔数的，不得再办理转账业务

D. 支付机构为单位开立支付账户，应当依法要求单位提供相关证明文件，并自主或者委托合作机构以面对面方式核实客户身份，不允许以非面对面方式进行多重交叉验证

2. 小李到某支付机构购买预付卡，一次性支付现金 12 000 元，为单位购买了 10 张预付卡，支付机构要求小李提供身份证件，随后小李又通过信用卡支付了 2 500 元，以个人名义购买一张预付卡。下列说法中，正确的有（　　）。

A. 单位购买预付卡必须使用转账支付；个人购买预付卡可以使用转账支付，也可以使用现金

B. 预付卡的购买与充值均不得使用信用卡

C. 支付机构为小李办理的单位业务及个人业务均不符合法律规定

D. 一次性购买 12 000 元的不记名预付卡同样需要提供身份证件

三、判断题

1. 客户身份基本信息外部验证渠道包括但不限于政府部门数据库、商业银行信息系统、商业化数据库等。其中，通过商业银行验证个人客户身份基本信息的，应为Ⅲ类银行账户或信用卡。（　　）

2. 记名预付卡不得设置有效期，不记名预付卡有效期不得少于 3 年。（　　）

3. 个人或单位购买记名预付卡或一次性购买不记名预付卡 3 万元以上的，应使用实名并向发卡机构提供有效身份证件。（　　）

4. 储值账户运营分为储值账户运营Ⅰ类、储值账户运营Ⅱ类和储值账户运营Ⅲ类；支付交易处理分为支付交易处理Ⅰ类和支付交易处理Ⅱ类。（　　）

5. 任何单位和个人不得非法买卖、出租、出借支付账户。（　　）

第五节　支付结算纪律与法律责任

一、单项选择题

1. 存款人的开户资料的变更事项未在规定期限内通知银行的，对于经营性存款人，给予警告并处以（　　）的罚款。

A. 1 000 元　　B. 5 000 元

C. 5 000 元以上 3 万元以下　　D. 1 万元以上 3 万元以下

2. 下列各项中，应处以经营性存款人 1 万元以上 3 万元以下罚款的是（　　）。

A. 出租、出借银行结算账户

B. 违反规定将单位款项转入个人银行结算账户

C. 从基本存款账户之外的银行结算账户转账存入单位信用卡账户

D. 伪造、变造、私自印制开户许可证

二、多项选择题

1. 银行机构违反票据承兑等结算业务规定，不予兑现，不予收付入账，压单、压票或违反规定退票的，下列做法中，正确的有(　　　　)。

A. 由国家金融监督管理机构责令其改正

B. 若违法所得 5 万元以上的，并处违法所得 1 倍以上 5 倍以下的罚款

C. 若没有违法所得或违法所得不足 5 万元的，处 5 万元以上 25 万元以下的罚款

D. 若没有违法所得或违法所得不足 5 万元的，处 5 万元以上 50 万元以下的罚款

2. 对非经营性的存款人，给予警告并处以 1 000 元的罚款；对于经营性的存款人，给予警告并处以 1 万元以上 3 万元以下的罚款；构成犯罪的，移交司法机关依法追究刑事责任。下列各项行为中，应给予以上处罚的有(　　　　)。

A. 利用开立银行结算账户逃废银行债务

B. 违反规定开立银行结算账户

C. 违反规定不及时撤销银行结算账户

D. 伪造证明文件欺骗银行开立银行结算账户

三、判断题

1. 单位和个人签发空头支票或者签发与其预留的签章不符的支票，不以骗取财物为目的，由中国人民银行处以票面金额 5%但不低于 2 000 元的罚款；持票人有权要求出票人赔偿支票金额 2%的赔偿金。　(　　)[①]

2. 存款人在开立、撤销银行结算账户过程中，伪造、变造证明文件欺骗银行结算账户，对于经营性的存款人，给予警告并处以 1 万元以上 3 万元以下的罚款；构成犯罪的，移交司法机关依法追究刑事责任。　(　　)

3. 支付机构不得伪造、变造电子支付指令，不得以任何形式挪用、占用、借用用户备付金，但可以以用户备付金为自己或他人提供担保。　(　　)

分章训练题

一、单项选择题

1. 刘某签发了一张金额为 25 万元的支票给宋某，付款人是 M 银行，宋某按期提示付款时，M 银行以刘某账户内的资金不足 25 万元为由拒绝付款。根据支付结算法律制度的规定，M 银行拒绝付款体现了(　　)原则。

A. 谁的钱进谁的账，由谁支配　　B. 恪守信用，履约付款

C. 依法办事　　D. 银行不垫款

---

① 该内容在《2025 年度初级会计专业技术资格考试大纲》中已经删除，本教材仍保留。

2. 下列关于支付结算要求的说法中，正确的是（　　）。

A. 个人在票据和结算凭证上的签章，必须为个人本人的签名和盖章

B. 单位和银行在票据上记载的名称可以是全称也可以是简称

C. 更改的结算凭证，银行不予受理

D. 票据的出票金额、出票日期、付款人名称不得更改，更改的票据无效

3. 某票据的出票日期为“2025 年 2 月 18 日”，其规范写法是（　　）。

A. 贰零贰伍年零贰月壹拾捌日　　B. 贰零贰伍年贰月壹拾捌日

C. 贰零贰伍年零贰月拾捌日　　D. 贰零贰伍年贰月拾捌日

4. 根据人民币银行结算账户管理的有关规定，存款人开立单位银行结算账户，自正式开立之日起 3 个工作日后，方可办理付款业务，但（　　）除外。

A. 因借款转存开立的一般存款账户

B. 注册验资的临时存款账户转为一般存款账户

C. 因其他结算需要开立的一般存款账户

D. 预算单位专用存款账户

5. 根据支付结算法律制度的规定，临时存款账户的有效期最长不得超过（　　）。

A. 2 个月　　B. 6 个月　　C. 1 年　　D. 2 年

6. 下列关于一般存款账户开立和使用的表述中，正确的是（　　）。

A. 可用于办理存款人借款转存和借款归还

B. 须经中国人民银行核准

C. 可支取现金

D. 撤销银行结算账户时，应先撤销基本存款账户，然后再撤销一般存款账户、专用存款账户和临时存款账户

7. 下列各项中，不属于信用卡预借现金业务的是（　　）。

A. 现金转账　　B. 现金提取　　C. 现金充值　　D. 信用卡套现

8. 下列关于网上银行的表述中，正确的是（　　）。

A. 企业网上银行主要适用于企业单位，事业单位不适用

B. B2C 指的是企业与企业之间进行的电子商务活动

C. 纯网上银行是只有一个站点的银行

D. 企业网上银行子系统的功能包括银证转账业务

9. 网上银行按经营组织分类，可分为（　　）。

A. 分支型网上银行和纯网上银行　　B. 企业网上银行和个人网上银行

C. 一般银行和特殊银行　　D. 跨国银行和国内银行

10. 根据支付结算法律制度的规定，下列专用存款账户的资金管理和使用中，由基本存款账户转账存入的是（　　）。

A. 证券交易结算资金　　B. 期货交易保证金

C. 业务支出资金　　D. 更新改造资金

11. 下列关于票据权利的表述中，不正确的是（　　）。

A. 根据不同情况，可将票据权利时效划分为 2 年、6 个月、3 个月

B. 持票人对支票出票人的权利，自出票日起 6 个月内不行使而消灭

C. 持票人对前手的再追索权，自清偿日或者被提起诉讼之日起 3 个月内不行使而消灭

D. 见票即付的汇票、本票的票据权利自出票日起 6 个月内不行使而消灭

12. A 公司于 20×7 年 11 月 28 日，签发一张 3 个月后到期的商业汇票给 B 公司，则 B 公司应于（　　）前向承兑人提示承兑。

A. 20×7 年 12 月 28 日　　B. 20×8 年 1 月 28 日

C. 20×8 年 2 月 28 日　　D. 20×8 年 3 月 7 日

13. A 公司基于买卖合同向 B 公司签发了一张票面金额为 10 万元的银行承兑汇票。出票日期为本年 8 月 11 日，到期日为本年 11 月 11 日。本年 10 月 11 日，B 公司持相关手续向银行办理了贴现。已知同期银行年贴现率为 3.6%，一年按 360 天计算，贴现银行与承兑银行在同一个城市。B 公司的贴现金额为（　　）元。

A. 99 840　　B. 99 775　　C. 99 690　　D. 99 600

二、多项选择题

1. 下列各项中，属于非现金支付工具的有（　　）。

A. 支票　　B. 网上银行　　C. 本票　　D. 银行卡

2. 根据支付结算法律制度的规定，下列账户中，可以支取现金的有（　　）。

A. 一般存款账户　　B. 基本存款账户　　C. 临时存款账户　　D. Ⅲ类个人银行账户

3. 下列各项中，属于条码支付业务交易验证的要素有（　　）。

A. 通过安全渠道生成和传输的一次性密码　　B. 静态密码

C. 电子签名　　D. 指纹

4. 下列关于预算单位零余额账户使用的说法中，正确的有（　　）。

A. 通过零余额账户向本单位按账户管理规定保留的相应账户划拨工会经费、住房公积金及提租补贴

B. 一个基层预算单位开设一个零余额账户

C. 通过零余额账户向本单位基本存款账户划转资金，用于本单位日常零星支出

D. 通过零余额账户向下级单位划转资金，为下级单位购买设备

5. 下列各项中，属于发卡银行追偿透支款项和诈骗款项的途径的有（　　）。

A. 冻结持卡人银行账户　　B. 扣减持卡人保证金

C. 向保证人追索透支款项　　D. 通过司法机关的诉讼程序进行追偿

6. 目前国内商户可受理（　　）等信用卡组织发行的外卡。

A. 维萨（VISA）　　B. 大来（Diners Club）

C. 万事达（MasterCard）　　D. 美国运通（American Express）

7. 下列关于预付卡的表述中，正确的有（　　）。

A. 记名预付卡可挂失，可赎回，不得设置有效期

B. 不记名预付卡不挂失，不赎回，有效期不得低于 3 年

C. 预付卡卡面记载有效期限或有效期截止日

D. 预付卡具有透支功能

8. 下列关于办理汇兑业务的表述中，正确的有（　　）。

A. 汇款回单可以作为该笔汇款已转入收款人账户的证明

B. 收账通知是银行将款项确已转入收款人账户的凭据

C. 汇兑凭证记载的汇款人、收款人在银行开立存款账户的，无需记载其账号

D. 汇款回单是汇出银行受理汇款的依据

9. 下列关于条码支付的表述中，正确的有(　　)。

A. 条码支付业务包括付款扫码和收款扫码

B. 风险防范能力等级达到B级，要求同一客户单个银行账户或所有支付账户单日累计交易金额不超过5 000元

C. 以同一个身份证件在同一家收单机构办理全部小微商户基于信用卡的条码支付收款金额日累计不超过2 000元

D. 以同一个身份证件在同一家收单机构办理全部小微商户基于信用卡的条码支付收款金额月累计不超过2万元

10. 互联网支付企业的特点有(　　)。

A. 立足于企业端　　　　B. 提供担保功能

C. 以在线支付为辅　　　　D. 依托自有电子商务网站

11. 下列关于票据追索的说法中，正确的有(　　)。

A. 持票人不能出示拒绝证明、退票理由书或者未按照规定期限提供其他合法证明的，丧失对其前手的追索权

B. 票据追索只能要求偿还票据金额、取得有关拒绝证明和发出通知书的费用

C. 发出追索通知没有期限要求

D. 票据的出票人、背书人、承兑人和保证人对持票人承担连带责任，都有可能成为追索对象

12. 下列关于票据签章的表述中，正确的有(　　)。

A. 出票人在票据上的签章不符合规定的，票据无效

B. 承兑人在票据上的签章不符合规定的，其签章无效，但不影响其他符合规定签章的效力

C. 背书人在票据上的签章不符合规定的，其签章无效，但不影响其他符合规定签章的效力

D. 保证人在票据上的签章不符合规定的，票据无效

13. 下列票据中，在丧失后可以挂失止付的有(　　)。

A. 未填明“现金”字样和代理付款人的银行汇票

B. 已承兑的商业承兑汇票

C. 已承兑的银行承兑汇票

D. 支票

14. 下列关于委托收款结算方式的表述中，正确的有(　　)。

A. 以银行以外的单位为付款人的，委托收款凭证必须记载付款人开户银行名称

B. 委托收款在同城、异地均可以使用

C. 单位凭已承兑的商业汇票办理款项结算，可以使用委托收款结算方式

D. 银行在为单位办理划款时，付款人存款账户不足支付的，应通知付款人交足存款

15. 我国常见的条码支付主要有(　　)。[①]

---

① 该内容在《2025年度初级会计专业技术资格考试大纲》中已经删除，本教材仍保留。

A. 银行的条码支付

B. 支付机构的条码支付

C. 由中国银联携手各商业银行、支付机构共同开发建设、共同维护运营的便民支付服务

D. 融合了多个银行和支付机构的支付端口、提供聚合类型二维码的聚合支付

三、判断题

1. 办理支付结算时，单位和银行的名称必须记载全称，使用简称的一律无效。（　　）

2. 甲公司成立时注册验资的临时存款账户转为基本存款账户的，应在正式转换账户之日起 3 个工作日后，方可使用基本存款账户办理付款业务。（　　）

3. 银行和支付机构对经公安机关认定的出租、出借、出售、购买银行结算账户（含银行卡）或者支付账户的单位和个人及相关组织者，假冒他人身份或者虚构代理关系开立银行结算账户或者支付账户的单位和个人，3 年内暂停其银行账户非柜面业务、支付账户所有业务，并不得为其新开立账户。（　　）

4. 银行可通过Ⅰ类银行账户为存款人提供存款、购买投资理财产品等金融产品、转账、消费和缴费支付、支取现金等服务。（　　）

5. “委托收款凭据名称及附寄单证张数”属于委托收款凭证的必须记载事项。（　　）

6. 发卡银行应在与持卡人签订的信用卡协议中同时注明日利率和月利率。（　　）

7. 不记名预付卡不挂失，不赎回，法律法规另有规定的除外。不记名预付卡有效期不得少于 2 年。预付卡不得具有透支功能。（　　）

8. 未在银行开立存款账户的个人，不能办理委托收款业务。（　　）

9. 汇出银行向汇款人签发的汇款回单是银行将款项确已转入收款人账户的凭据。（　　）

10. 未经商业银行批准，任何非金融机构和个人不得从事或变相从事支付业务。（　　）

11. 承兑人或者承兑人开户行进行付款确认后，除挂失止付、公示催告等合法抗辩情形外，应当在持票人提示付款后付款。（　　）

12. 单位开立网络支付账户时，以非面对面方式通过至少 5 个合法安全的外部渠道对单位基本信息进行多重交叉验证。（　　）

13. 单张出票金额在 200 万元以上的商业汇票原则上应全部通过电子商业汇票办理；单张出票金额在 300 万元以上的商业汇票应全部通过电子商业汇票办理。（　　）

14. 被人民银行评价为“M”类以上的支付机构可与银行通过协议自主约定由支付机构代替进行交易验证的情形，但支付机构应在交易中向银行完整、准确发送交易渠道、交易终端或接口类型、交易类型、商户名称、商户编码、商户类别码、收付款客户名称和账号等交易信息；银行应核实支付机构验证手段或渠道的安全性，且对客户资金安全的管理责任不因支付机构代替验证而转移。（　　）

四、不定项选择题

1. A 公司为一家从事汽车制造生产和经营的纳税人，成立于本年 6 月 15 日，法定代表人为管某。本年 7 月 5 日，A 公司财务人员石某持有关资料到 M 银行开立基本存款账户。本年 9 月 6 日，A 公司从 B 公司购进一批价值 300 万元的货物，采用支票方式付款。本年 10 月 12 日，A 公司向 N 银行申请贷款，N 银行审查符合贷款条件后，向其发放贷款 280 万元。

要求：根据上述资料，分析回答下列问题。

(1) 下列各项中，需要中国人民银行备案的结算账户有(　　)。

A. 企业开立基本存款账户　　B. 企业开立临时存款账户

C. 一般存款账户　　D. 非预算单位专用存款账户

(2) A公司向B公司签发支票，其在支票上的签章可以是(　　)。

A. A公司的业务专用章加管某的签名或盖章

B. A公司的财务专用章加管某的签名

C. A公司的公章加管某的盖章

D. A公司的合同专用章加管某的签名或盖章

(3) 下列各项中，属于A公司向B公司签发的支票上必须记载事项的有(　　)。

A. 收款人B公司　　B. 付款人M银行

C. 出票人A公司签章　　D. 支票金额300万元

(4) A公司从N银行贷款时开立的银行结算账户属于(　　)。

A. 基本存款账户　　B. 一般存款账户　　C. 专用存款账户　　D. 临时存款账户

2. A公司(从事生产、经营活动的纳税人)于20×5年1月1日成立，王某为其法定代表人。为了日常结算，A公司在M银行申请开立基本存款账户；之后在N银行申请开立一般存款账户。20×8年9月A公司因被吊销营业执照，而需撤销基本存款账户。

要求：根据上述资料，分析回答下列问题。

(1) A公司开立基本存款账户需要提供的开户证明文件是(　　)。

A. 政府主管部门对该公司成立的批文原件

B. 市场监督管理部门颁发的企业法人营业执照

C. 财政部门同意开户的证明

D. 市场监督管理部门同意开户的证明

(2) 开立基本存款账户时需要预留的签章可以是(　　)。

A. A公司公章加王某签名

B. A公司合同专用章加王某签名加盖章

C. A公司业务章加王某签名

D. A公司财务专用章加王某盖章

(3) A公司在N银行开立的一般存款账户，用途可以为(　　)。

A. 借款转存　　B. 借款归还　　C. 现金支取　　D. 现金缴存

(4) 撤销基本存款账户需要办理的手续是(　　)。

A. 应当将N银行开立的一般存款账户先撤销

B. 应当将N银行开立的一般存款账户的账户资金转入基本存款账户

C. 必须与开户银行核对银行结算账户存款余额

D. 银行在收到存款人撤销银行结算账户的申请后，对于符合销户条件的，应在3个工作日内办理撤销手续

3. 本年4月10日，A公司向B公司签发了一张出票后2个月付款、金额为10万元的商业汇票，该汇票记载C公司为付款人，D公司在汇票上签章作了保证，但未记载被保证人名称。B公司取得汇票后将其背书转让给S公司，但未记载背书日期。S公司于本年5月7日向C

公司提示承兑时，C 公司以其所欠 A 公司债务只有 8 万元为由拒绝承兑。之后，S 公司拟行使追索权实现自己的票据权利。

要求：根据上述资料，分析回答下列问题。

(1) 本例中的汇票未记载被保证人名称，被保证人是(　　)。

A. A 公司　　B. B 公司　　C. C 公司　　D. S 公司

(2) B 公司背书转让时未记载背书日期的，应视为(　　)。

A. 背书不成立　　B. 背书无效　　C. 到期日前背书　　D. 出票日背书

(3) S 公司有权向(　　)追索。

A. A 公司　　B. B 公司　　C. C 公司　　D. D 公司

(4) S 公司向 B 公司行使追索权的截止日期为(　　)。

A. 本年 6 月 10 日　　B. 本年 8 月 7 日

C. 本年 10 月 10 日　　D. 本年 11 月 7 日

4. A 公司申请出票银行(D 银行)签发一张银行汇票，出票日期为本年 3 月 9 日，金额为 30 万元，收款人为 B 银行。A 公司交给 B 银行时填写实际结算金额为 26 万元。本年 3 月 12 日，B 银行向 C 公司购买 30 万元的货物，将该汇票背书转让给 C 公司。

要求：根据上述资料，分析回答下列问题。

(1) 签发银行汇票时必须记载的事项包括(　　)。

A. 出票地　　B. 出票银行签章　　C. 收款人名称　　D. 出票金额

(2) 关于多余 4 万元的处理，下列表述正确的是(　　)。

A. 多余 4 万元由 B 银行退交 A 公司　　B. 多余 4 万元由 B 银行退交 C 公司

C. 多余 4 万元由 D 银行退交 C 公司　　D. 多余 4 万元由 D 银行退交 A 公司

(3) 关于 B 银行和 C 公司之间的货物买卖，下列表述正确的有(　　)。

A. 差 4 万元，由 B 银行向 C 公司签发银行本票支付

B. 该银行汇票应按出票金额 30 万元支付

C. 差 4 万元，由 B 银行向 C 公司签发支票

D. 因实际结算金额低于应付货款，该银行汇票不能用于向 C 公司结算货款

(4) 该银行汇票的提示付款期限截止日期为(　　)。

A. 本年 3 月 12 日　　B. 本年 3 月 19 日

C. 本年 4 月 9 日　　D. 本年 5 月 9 日

第三章答案

第四章 税法概述及货物和劳务税法律制度

考情整体分析

本章为本书的重中之重，主要介绍税法概述及货物和劳务税法律制度，其中货物和劳务税法律制度包括增值税法律制度，消费税法律制度，城市维护建设税、教育费附加和地方教育附加法律制度，车辆购置税法律制度，关税法律制度。本章涉及的题型包括单项选择题、多项选择题、判断题、不定项选择题。本章知识点很多，在考试中所占的分值很大，一般为18～22分。在考试中，本章的关税、城市维护建设税、教育费附加和地方教育附加经常结合增值税、消费税来出题，考生需要特别注意。在学习本章时，应当投入更多的精力，在熟记相关知识点的基础上，通过多做题来巩固所学知识。

考情变化分析

（1）增加“不征收增值税项目”的相关内容。

（2）调整“关税计税价格的确定”的相关内容。

（3）增加“增值税税收优惠”的相关内容；删除“增值税税收优惠”中“增值税即征即退、扣减增值税、金融企业发放贷款利息税收优惠、个人销售住房税收优惠”。

（4）删除“跨境行为免征增值税的政策规定”的全部内容。

（5）删除“卷烟、白酒”等的细节规定，只保留标题。

（6）删除“新能源汽车车辆购置税优惠”。

（7）调整“关税法律制度”的相关内容。

考纲知识体系

税法概述及货物和劳务税法律制度	一、税收法律制度概述	（1）税收与税收法律关系（★★） （2）税法要素（★★） （3）现行税种与征收机关（★★）
	二、增值税法律制度	（1）增值税纳税人和扣缴义务人（★★★） （2）增值税征税范围（★★★★） （3）增值税税率和征收率（★★） （4）增值税应纳税额的计算（★★★★★） （5）增值税税收优惠（★★★） （6）增值税征收管理（★★★） （7）增值税专用发票使用规定（★★★） （8）全面数字化电子发票（★★★） （9）增值税出口退税制度（★★★）

续　表

税法概述及货物和劳务税法律制度	三、消费税法律制度	(1) 消费税纳税人(★★★) (2) 消费税征税范围(★★★★) (3) 消费税税目(★★★) (4) 消费税税率(★★) (5) 消费税应纳税额的计算(★★★★★) (6) 消费税征收管理(★★★)
	四、城市维护建设税、教育费附加和地方教育附加法律制度	(1) 城市维护建设税(★★★) (2) 教育费附加与地方教育附加(★★★)
	五、车辆购置税法律制度	(1) 车辆购置税纳税人(★★★) (2) 车辆购置税征税范围(★★★) (3) 车辆购置税税率(★) (4) 车辆购置税计税依据(★★★★) (5) 车辆购置税应纳税额的计算(★★★★) (6) 车辆购置税税收优惠(★★) (7) 车辆购置税征收管理(★★)
	六、关税法律制度	(1) 关税纳税人(★★★) (2) 关税课税对象和税目(★★★) (3) 关税税率(★★) (4) 关税计税依据(★★★★) (5) 关税应纳税额的计算(★★★★) (6) 关税税收优惠(★★) (7) 关税征收管理(★★)

分节训练题

第一节　税收法律制度概述

一、单项选择题

1. (　　)是指以国家为主体，为实现国家职能，凭借政治权力，按照法定标准，无偿取得财政收入的一种特定分配形式。

A. 税法　　B. 税收　　C. 财政　　D. 政府预算

2. 下列各项中，实行超率累进税率的是(　　)。

A. 增值税　　B. 城镇土地使用税　　C. 土地增值税　　D. 环境保护税

3. (　　)是税法中具体规定应当征税的项目，是征税对象的具体化。

A. 征税范围　　B. 征税对象　　C. 纳税义务人　　D. 税目

4. 下列各项中，属于税法要素的是(　　)。

A. 纳税申报　　B. 纳税期限

C. 纳税义务发生时间　　D. 应纳税额

5.下列税种中，由海关负责征收的是（　　）。

A. 个人所得税　B. 消费税　C. 城镇土地使用税　D. 关税

二、多项选择题

1. 下列税种中，采用比例税率征收的有（　　）。

A. 车辆购置税　B. 增值税　C. 城市维护建设税　D. 城镇土地使用税

2. 下列税种中，由海关负责征收和管理的有（　　）。

A. 出口环节关税　B. 进口环节增值税

C. 进口环节消费税　D. 进口环节城市维护建设税

3. 下列税种中，由税务机关负责征收和管理的有（　　）。

A. 印花税　B. 进口环节消费税　C. 关税　D. 车辆购置税

4. 税收具有（　　）的特征。

A. 有偿性　B. 无偿性　C. 强制性　D. 固定性

5. 下列税种中，纳税人应向海关申报缴纳的有（　　）。

A. 进口环节增值税　B. 船舶吨税　C. 城镇土地使用税　D. 城市维护建设税

6. 下列各项中，属于税收法律关系主体的有（　　）。

A. 纳税人　B. 征税对象　C. 税务机关　D. 海关

三、判断题

1. 税法即税收法律制度，是调整税收关系的法律规范的总称，是国家法律的重要组成部分。（　　）

2. 如果税法规定某一税种的起征点是 2 000 元，那么超过起征点的，只对超过 2 000 元的部分征税。（　　）

3. 法律、行政法规规定负有纳税义务的单位和个人为扣缴义务人。（　　）

4. 我国非居民个人的工资、薪金所得实行全额累进税率。（　　）

第二节　增值税法律制度[①]

一、单项选择题

1. 下列各项中，不属于增值税视同销售行为的是（　　）。

A. 将购进的货物用于集体福利　B. 将自产的货物用于个人消费

C. 将购进的货物用于对外捐赠　D. 将自产的货物用于利润分配

2. 下列纳税人中，不属于增值税一般纳税人的是（　　）。

A. 年应税销售额为 600 万元的从事货物生产的个体工商户

B. 年应税销售额为 600 万元的从事货物生产的企业

① 《中华人民共和国增值税法》自 2026 年 1 月 1 日起施行。2025 年 12 月 31 日之前，我国仍然适用《中华人民共和国增值税暂行条例》，并且目前我国与《中华人民共和国增值税法》相关的配套细则文件尚未全部出台，因此本教材本次出版按照《中华人民共和国增值税暂行条例》、同时结合《中华人民共和国增值税法》对"增值税法律制度"的内容进行编写。

C. 年应税销售额为 700 万元的从事货物批发的其他个人

D. 年应税销售额为 550 万元的从事货物批发零售的企业

3. 下列纳税人中，符合一般纳税人年应税销售额登记标准的是（　　）。

A. 年应税销售额为 490 万元的从事货物零售的纳税人

B. 年应税销售额为 510 万元的从事货物生产的纳税人

C. 年应税销售额为 490 万元的从事货物生产的纳税人

D. 年应税销售额为 480 万元的从事货物生产的纳税人

4. 甲公司为增值税一般纳税人，本年 5 月从国外进口一批高档化妆品，海关核定的关税计税价格为 400 万元。该高档化妆品适用的进口关税税率为 26%，消费税税率为 15%，增值税税率为 13%。甲公司进口环节应缴纳的增值税税额为（　　）万元。

A. 94　　B. 102.84　　C. 117.4　　D. 77.08

5. 甲公司本年 5 月进口货物一批，海关审定的成交价格为 60 万元，运抵我国海关前发生的运输费、保险费等共计 10 万元，缴纳关税 8 万元。该货物适用的增值税税率为 13%。下列关于甲公司当月进口该批货物应纳增值税税额的计算中，正确的是（　　）。

A. (60＋8)×13%＝8.84(万元)　　B. (60＋10)×13%＝9.1(万元)

C. 60×13%＝7.8(万元)　　D. (60＋10＋8)×13%＝10.14(万元)

6. 甲白酒生产企业为增值税一般纳税人，本年 5 月销售白酒取得不含税销售收入 60 万元，收取包装物押金 1.13 万元。当月没收 3 个月前收取的逾期未退还的包装物押金 6.2 万元，假设本年 5 月无进项税额，则甲白酒生产企业本年 5 月应纳增值税税额为（　　）万元。

A. 7.8　　B. 7.93　　C. 8.51　　D. 8.64

7. 甲制药厂为增值税一般纳税人，本年 5 月销售抗生素药品 226 万元(含增值税)，销售免增值税药品 100 万元，当月购入生产用原材料一批，取得增值税专用发票上注明的税额为 14.4 万元，抗生素药品与免增值税药品无法划分耗料情况，则该制药厂本年 5 月应纳增值税税额为（　　）万元。

A. 9.6　　B. 23.56　　C. 16.4　　D. 35.7

8. 下列关于增值税纳税义务发生时间的表述中，不正确的是（　　）。

A. 纳税人采取分期收款方式销售货物的，为书面合同约定的收款日期的当天；无书面合同的或者书面合同没有约定收款日期的，为货物发出的当天

B. 纳税人采取预收货款结算方式销售货物的，为收到预收款的当天

C. 纳税人发生视同销售货物行为，为货物移送的当天

D. 纳税人提供租赁服务采取预收款方式的，为收到预收款的当天

9. 根据增值税法律制度的规定，甲县(市)的 A、B 两店为实行统一核算的连锁店。A 店的下列经营活动中，不属于视同销售货物行为的是（　　）。

A. 将货物交付给位于乙市的 C 商场代销

B. 将本店货物投资入股成立 D 公司

C. 销售丙市 E 商场委托本店代销的货物

D. 将货物移送到 B 店用于销售

10. 根据增值税法律制度的规定，下列各项中，属于在境内销售服务或者无形资产的是（　　）。

A. 境外单位或者个人向境内单位或者个人销售完全在境外使用的无形资产

B. 境外单位或者个人向境内单位或者个人销售完全在境外发生的服务

C. 境外单位或者个人向境内单位或者个人出租完全在境外使用的有形动产

D. 境外单位或者个人向境内单位或者个人销售完全在境内使用的无形资产

11. 甲电信企业是增值税一般纳税人，本年 5 月提供基础电信服务，取得价税合计收入 2 180 万元；提供增值电信服务，取得价税合计收入 636 万元。基础电信服务适用的增值税税率为 9%，增值电信服务适用的增值税税率为 6%。甲电信企业本月应确认的增值税销项税额为(　　)万元。

A. 216　　B. 198　　C. 168　　D. 194

12. 增值税一般纳税人的下列各项业务中，如果取得了增值税专用发票，进项税额准予从销项税额中抵扣的是(　　)。

A. 因自然灾害造成的购进原材料损失

B. 用于简易计税项目的购进货物

C. 购进的贷款服务、餐饮服务、居民日常服务和娱乐服务

D. 属于增值税一般纳税人但选择按照简易办法征税的自来水公司购买的机器设备

13. 增值税纳税人年应税销售额超过(　　)万元的，除税法另有规定外，应当向其机构所在地主管税务机关办理一般纳税人登记。

A. 50　　B. 80　　C. 100　　D. 500

14. 甲广播影视公司为增值税一般纳税人，本年 5 月，提供广告设计服务取得不含增值税销售额 160 万元，提供广告发布服务取得不含增值税销售额 500 万元。当月接受餐饮服务，支付不含增值税价款 40 万元。甲广播影视公司本年 5 月应纳增值税税额为(　　)万元。

A. 30　　B. 39.6　　C. 25.72　　D. 37.2

15. 甲公司专门从事商业咨询服务，为增值税小规模纳税人。本年 9 月 15 日，向某一般纳税人企业提供咨询服务，取得含增值税销售额 6 万元；本年 9 月 25 日向小规模纳税人提供咨询服务，取得含增值税收入 3.6 万元。假设甲公司适用的增值税征收率为 3%，则该公司本年 9 月应纳增值税税额为(　　)万元。

A. 0.18　　B. 0.28　　C. 0.36　　D. 0.54

16. 自 2019 年 4 月 1 日起，纳税人购进用于生产销售或委托加工(　　)税率货物的农产品，按照 10%的扣除率计算进项税额。

A. 13%　　B. 6%　　C. 10%　　D. 9%

17. 甲公司是一家从事住宿和餐饮业的企业，为增值税一般纳税人。甲公司截止至 2019 年 3 月的增值税留抵税额为 50 万元，自 2019 年 4 月起满足增值税留抵退税条件，至 2022 年 6 月累计增量留抵税额为 30 万元。甲公司在 2022 年 7 月的申报期内计算的用于退还留抵税额的进项构成比例为 80%。则甲公司 2022 年 7 月的申报期内可以退还的增值税留抵税额为(　　)万元。

A. 16　　B. 24　　C. 40　　D. 64

18. 甲公司是一家自营出口的生产企业，为增值税一般纳税人。甲公司生产的货物适用的增值税征税率为 13%，退税率为 9%，本年 1 月购进原材料一批，取得的增值税专用发票注明金额 400 万元，税额 52 万元。本年 1 月内销货物取得不含税销售额 150 万元，出口货物取得销售额折合人民币 300 万元。下列关于甲公司当期“免、抵、退”税不得免征和抵扣税额的计

算中，正确的是（　　）。

A. 300×(13%－9%)＝12(万元)　　B. 400×(13%－9%)＝16(万元)

C. 300×9%＝27(万元)　　D. 150×(13%－9%)＝6(万元)

19. 甲公司是一家外贸企业，为增值税一般纳税人，本年1月从境内乙服装公司购进服装一批，增值税专用发票上注明金额100万元，税额13万元。甲公司当月将该批服装全部出口，离岸价格为160万元人民币。甲公司适用的增值税出口退税率为13%。下列关于甲公司本年1月出口应退税额的计算中，正确的是（　　）。

A. 160×13%＝20.8(万元)　　B. 100×13%＝13(万元)

C. (160－100)×13%＝7.8(万元)　　D. (160＋100)×13%＝33.8(万元)

20. 根据《中华人民共和国增值税法》的规定，适用简易计税方法计算缴纳增值税的征收率为（　　）。

A. 1%　　B. 2%　　C. 3%　　D. 5%

21. 根据《中华人民共和国增值税法》的规定，下列关于增值税纳税义务发生时间，不正确的是（　　）。

A. 发生应税交易，纳税义务发生时间为收讫销售款项或者取得销售款项索取凭据的当日；先开具发票的，为开具发票的当日

B. 发生视同应税交易，纳税义务发生时间为发生视同应税交易的当日

C. 进口货物，纳税义务发生时间为货物报关进口的当日

D. 增值税扣缴义务发生时间为纳税人增值税纳税义务发生的当日

二、多项选择题

1. 下列关于增值税纳税义务发生时间的说法中，正确的有（　　）。

A. 纳税人发生视同销售服务、无形资产或者不动产行为的，其增值税纳税义务发生时间为服务、无形资产转让完成的当天或者不动产权属变更的当天

B. 纳税人采取托收承付方式销售货物，其增值税纳税义务发生时间为发出货物并办妥托收手续的当天

C. 纳税人从事金融商品转让的，其增值税纳税义务发生时间为金融商品所有权转移的当天

D. 纳税人进口货物，其增值税纳税义务发生时间为报关进口的当天

2. 下列关于包装物的增值税处理方式中，正确的有（　　）。

A. 一般货物包装物押金一律在收取时作为价外费用并入销售额计征增值税

B. 随同货物销售而出租包装物的租金一律在收取时作为价外费用并入销售额计征增值税

C. 黄酒包装物押金一律在收取时作为价外费用并入销售额计征增值税

D. 葡萄酒包装物押金一律在收取时作为价外费用并入销售额计征增值税

3. 下列各项中，适用9%的增值税税率的有（　　）。

A. 销售农膜　　B. 销售花卉　　C. 销售电脑　　D. 提供邮政服务

4. 下列关于增值税纳税义务发生时间的表述中，正确的有（　　）。

A. 纳税人采取分期收款方式销售货物，其增值税纳税义务发生时间为书面合同约定的收款日期的当天；无书面合同的或者书面合同没有约定收款日期的，为货物发出的当天

B. 纳税人采取托收承付方式销售货物，其增值税纳税义务发生时间为办妥托收手续的

当天

C. 纳税人采取预收款方式租赁不动产，其增值税纳税义务发生时间为收到预收款的当天

D. 纳税人进口货物，其增值税纳税义务发生时间为报关进口的当天

5. 下列业务中，不属于增值税征税范围的有（　　）。

A. 被保险人获得的保险赔付

B. 房地产主管部门或者其指定机构、公积金管理中心、开发企业以及物业管理单位代收的住宅专项维修资金

C. 存款利息

D. 出租车公司向使用本公司自有出租车的出租车司机收取管理费用

6. 下列情形中，属于增值税一般纳税人销售货物不得开具增值税专用发票的有（　　）。

A. 向消费者个人销售货物

B. 金融商品转让

C. 批发避孕药品和用具

D. 销售自己使用过的属于《中华人民共和国增值税暂行条例》第十条规定，不得抵扣且未抵扣进项税额的固定资产

7. 纳税人发生的下列转让行为中，按照销售无形资产征收增值税的有（　　）。

A. 转让有价证券　　B. 转让采矿权

C. 转让商标使用权　　D. 转让非专利技术使用权

8. 下列各项中，免征增值税的有（　　）。

A. 个人转让著作权

B. 被保险人获得的保险赔付

C. 金融同业往来利息收入

D. 纳税人提供技术转让、技术开发和与之相关的技术咨询、技术服务

9. 增值税一般纳税人的下列各项业务中，如果取得了增值税专用发票，进项税额可以从销项税额中抵扣的有（　　）。

A. 购进年货发放给职工作为春节的福利

B. 购进一台机器设备用于应征增值税项目和免征增值税项目的生产

C. 购进实木地板用于职工宿舍的装修

D. 购进水果用于生产果汁

10. 下列各项中，按照9%税率征收增值税的有（　　）。

A. 销售房屋　　B. 销售报纸

C. 转让土地使用权　　D. 转让专利技术使用权

11. 增值税一般纳税人的下列各项业务中，如果取得了增值税专用发票，进项税额不得从销项税额中抵扣的有（　　）。

A. A公司因违法经营被强令销毁一批货物造成的损失

B. B公司用外购的机器设备作为出资投资给E公司

C. C公司用外购的水泥预制板建造库房

D. D公司将外购的房屋作为集体宿舍，以福利方式供员工居住

12. 增值税一般纳税人的下列各项业务中，如果取得了增值税专用发票，进项税额准予从

销项税额中抵扣的有(　　)。

A. 纳税人接受设计服务取得的增值税普通发票

B. 纳税人委托运输公司运输货物取得的增值税专用发票

C. 纳税人购入自用的应征消费税的小汽车取得的机动车辆销售统一发票

D. 纳税人进口货物取得的海关进口增值税专用缴款书

13. 下列增值税一般纳税人提供的应税服务中，可以选择使用简易计税方法的有(　　)。

A. 文化体育服务　B. 装卸搬运服务　C. 仓储服务　D. 收派服务

14. 下列关于增值税一般纳税人和小规模纳税人的说法中，正确的有(　　)。

A. 其他个人不得登记成为一般纳税人

B. 年应税销售额在500万元及以下的，不能登记成为一般纳税人

C. 年应税销售额超过500万元的纳税人，应当登记成为一般纳税人。

D. 小规模纳税人购买货物可以取得增值税专用发票，但不能抵扣进项税额

15. 下列关于增值税一般纳税人提供劳务派遣服务的增值税计算的说法中，正确的有(　　)。

A. 可以选择按照《财政部 国家税务总局关于全面推开营业税改征增值税试点的通知》(财税〔2016〕36号)的有关规定，以取得的全部价款和价外费用为销售额，按照一般计税方法计算缴纳增值税

B. 可以选择差额纳税，以取得的全部价款和价外费用，扣除代用工单位支付给劳务派遣员工的工资、福利和为其办理社会保险及住房公积金后的余额为销售额，按照简易计税方法依5%的征收率计算缴纳增值税

C. 可以选择按照《财政部 国家税务总局关于全面推开营业税改征增值税试点的通知》(财税〔2016〕36号)的有关规定，以取得的全部价款和价外费用为销售额，按照简易计税方法依5%的征收率计算缴纳增值税

D. 可以选择差额纳税，以取得的全部价款和价外费用，扣除代用工单位支付给劳务派遣员工的工资、福利和为其办理社会保险及住房公积金后的余额为销售额，按照一般计税方法计算缴纳增值税

16. 下列各项中，不缴纳增值税的有(　　)。

A. 提供建筑服务　B. 被保险人获得的保险赔付

C. 企业将自产的地板用于办公室装修　D. 受托加工产品

17. 下列说法中，正确的有(　　)。

A. 一般纳税人转让其2016年4月30日前取得的不动产，选择简易计税方法计税的，按照3%的征收率征收增值税

B. 一般纳税人出租其2016年4月30日前取得的不动产，选择简易计税方法计税的，按照3%的征收率征收增值税

C. 房地产开发企业(一般纳税人)销售自行开发的房地产老项目，选择简易计税方法计税的，按照5%的征收率征收增值税

D. 房地产开发企业(小规模纳税人)销售自行开发的房地产项目，按照5%的征收率征收增值税

18. 根据增值税法律制度的规定,小微企业和制造业等行业纳税人办理期末留抵退税,需同时符合的条件有(　　)。

A. 纳税信用等级为A级或者B级

B. 申请退税前36个月未发生骗取留抵退税、骗取出口退税或虚开增值税专用发票情形

C. 申请退税前36个月未因偷税被税务机关处罚两次及以上

D. 2019年4月1日起未享受即征即退、先征后返(退)政策

19. 甲公司进口小汽车应按照组成计税价格和规定税率计算增值税,下列各项中,应计入组成计税价格的有(　　)。

A. 关税计税价格　　B. 消费税　　C. 通关、商检费用　　D. 关税

20. 根据《中华人民共和国增值税法》的规定,下列关于小规模纳税人的说法中,正确的有(　　)。

A. 小规模纳税人,是指年应征增值税销售额未超过500万元的纳税人

B. 小规模纳税人会计核算健全,能够提供准确税务资料的,可以向主管税务机关办理登记,按照《中华人民共和国增值税法》规定的一般计税方法计算缴纳增值税

C. 根据国民经济和社会发展的需要,国务院可以对小规模纳税人的标准作出调整,报全国人民代表大会常务委员会备案

D. 小规模纳税人,是指年应征增值税销售额未超过1000万元的纳税人

21. 根据《中华人民共和国增值税法》的规定,属于在境内发生应税交易的情形有(　　)。

A. 销售货物的,货物的起运地或者所在地在境内

B. 销售或者租赁不动产、转让自然资源使用权的,不动产、自然资源所在地在境内

C. 销售金融商品的,金融商品在境内发行,或者销售方为境内单位和个人

D. 除上述第B、C项规定外,销售服务、无形资产的,服务、无形资产在境内消费,或者销售方为境内单位和个人

22. 根据《中华人民共和国增值税法》的规定,视同应税交易,应当依照本法规定缴纳增值税的情形有(　　)。

A. 单位和个体工商户将自产或者委托加工的货物用于集体福利或者个人消费

B. 单位和个体工商户无偿转让货物

C. 单位无偿转让无形资产、不动产或者金融商品

D. 自然人无偿转让货物

23. 根据《中华人民共和国增值税法》的规定,不属于应税交易,不征收增值税的情形有(　　)。

A. 员工为受雇单位或者雇主提供取得工资、薪金的服务

B. 收取行政事业性收费、政府性基金

C. 依照法律规定被征收、征用而取得补偿

D. 取得存款利息收入

24. 根据《中华人民共和国增值税法》的规定,下列进项税额不得从其销项税额中抵扣的有(　　)。

A. 适用简易计税方法计税项目对应的进项税额

B. 免征增值税项目对应的进项税额

C. 购进并直接用于旅客运输服务对应的进项税额

D. 购进并用于集体福利或者个人消费的货物、服务、无形资产、不动产对应的进项税额

25. 根据《中华人民共和国增值税法》的规定，下列各项中，免征增值税的有（　　）。

A. 农业生产者销售的自产农产品　　B. 个人销售的自己使用过的物品

C. 残疾人个人提供的服务　　D. 学校提供的学历教育服务

26. 根据《中华人民共和国增值税法》的规定，下列关于增值税计税期间的说法中，正确的有（　　）。

A. 不经常发生应税交易的纳税人，可以按次纳税

B. 纳税人以 1 个月或者 1 个季度为 1 个计税期间的，自期满之日起 15 日内申报纳税

C. 纳税人以 10 日或者 15 日为 1 个计税期间的，自次月 1 日起 15 日内申报纳税

D. 纳税人以 10 日或者 15 日为 1 个计税期间的，应当自期满之日起 10 日内预缴税款

27. 根据《中华人民共和国增值税法》的规定，下列关于增值税纳税地点的说法中，正确的有（　　）。

A. 无固定生产经营场所的纳税人，应当向其应税交易发生地主管税务机关申报纳税；未申报纳税的，由其机构所在地或者居住地主管税务机关补征税款

B. 自然人销售或者租赁不动产，转让自然资源使用权，提供建筑服务，应当向不动产所在地、自然资源所在地、建筑服务发生地主管税务机关申报纳税

C. 进口货物的纳税人，应当按照海关规定的地点申报纳税

D. 扣缴义务人，应当向其机构所在地或者居住地主管税务机关申报缴纳扣缴的税款；机构所在地或者居住地在境外的，应当向应税交易发生地主管税务机关申报缴纳扣缴的税款

三、判断题

1. 其他个人销售自己使用过的物品，按简易办法依照 3%征收率减按 2%征收增值税。（　）

2. 纳税人进口货物，应当自海关填发进口增值税专用缴款书之日起 14 日内缴纳税款。（　）

3. 纳税人在资产重组过程中，通过合并、分立、出售、置换等方式，将全部或者部分实物资产以及与其相关联的债权、负债和劳动力一并转让给其他单位和个人，不属于增值税的征税范围，其中涉及的货物转让，不征收增值税；但其中涉及的不动产、土地使用权转让行为征收增值税。（　）

4. 增值税纳税人兼营免税、减税项目的，应当分别核算免税、减税项目的销售额；未分别核算销售额的，由税务机关核定免税、减税额。（　）

5. 纳税人购进货物因管理不善被盗的，该购进货物的增值税进项税额不得从销项税额中抵扣。（　）

6. 纳税人销售旧货，按照简易办法依照 3%的征收率缴纳增值税。（　）

7. 根据增值税法律制度的规定，只要企业所有的经营行为中既涉及货物又涉及服务，就属于混合销售。（　）

8. 根据增值税法律制度的规定，纳税人发生应税行为适用免税、减税规定的，可以放弃免税、减税，依照税法规定缴纳增值税。放弃免税、减税后，48 个月内不得再申请免税、减税。（　）

9. 单位或者个体工商户聘用的员工为本单位或者雇主提供取得工资的服务，不征收增值税。 (　　)

10. 根据增值税法律制度的规定，纳税人兼营销售货物、加工修理修配劳务、服务、无形资产或者不动产，适用不同税率或者征收率的，应当分别核算适用不同税率或者征收率的销售额；未分别核算销售额的，由税务机关核定适用不同税率或者征收率的销售额。 (　　)

11. 转让建筑物时一并转让其所占土地的使用权的，应当对收取的销售额进行分割，属于转让建筑物对应的销售额按照销售不动产缴纳增值税，属于转让土地使用权对应的销售额按照销售无形资产缴纳增值税。 (　　)

12. 其他个人提供建筑服务，销售或者租赁不动产，转让自然资源使用权，应向居住地税务机关缴纳增值税。 (　　)

13. 提供交通运输、邮政、基础电信、建筑、租赁服务，销售不动产，转让土地使用权适用的增值税税率为9%。 (　　)

14. 根据增值税法律制度的规定，融资租赁服务属于金融服务。 (　　)

15. 提供增值电信服务、金融服务、现代服务（不含有形动产租赁和不动产租赁），生活服务、销售无形资产（不含转让土地使用权）适用的增值税税率为9%。 (　　)

16. 购进国内旅客运输服务、贷款服务，其进项税额不允许从销项税额中抵扣。 (　　)

17. 停车场提供的车辆停放服务，应当按照交通运输服务缴纳增值税。 (　　)

18. 资管产品运营过程中发生的增值税应税行为，以资管产品管理人为增值税纳税人。 (　　)

19. 提供社区养老、托育、家政等服务取得的收入，免征增值税。 (　　)

20. 根据增值税法律制度的规定，纳税人销售活动板房、机器设备、钢结构件等自产货物的同时提供建筑、安装服务，属于混合销售。 (　　)

21. 小规模纳税人，转让其取得的不动产，按照3%的征收率征收增值税。 (　　)

22. 纳税人提供劳务派遣服务，选择差额纳税的，按照3%的征收率征收增值税。 (　　)

23. 自2023年1月1日至2027年12月31日，《中华人民共和国增值税暂行条例实施细则》第九条所称的其他个人，采取一次性收取租金形式出租不动产取得的租金收入，可在对应的租赁期内平均分摊，分摊后的月租金收入未超过10万元的，免征增值税。 (　　)

24. 建筑企业一般纳税人提供建筑服务属于老项目的，可以选择简易办法依照5%的征收率征收增值税。 (　　)

25. 自2023年1月1日至2027年12月31日，按照现行规定应当预缴增值税税款的小规模纳税人，凡在预缴地实现的月销售额未超过10万元（以1个季度为1个纳税期的，季度销售额未超过30万元）的，当期无需预缴税款。 (　　)

26. 自2019年4月1日起，购进国内旅客运输服务，其进项税额允许从销项税额中抵扣。 (　　)

27. 将建筑物的广告位出租给其他单位用于发布广告，应按照“广告服务”计缴增值税。 (　　)

28. 自2023年1月1日至2027年12月31日，增值税小规模纳税人发生增值税应税销售行为，合计月销售额未超过10万元（以1个季度为1个纳税期的，季度销售额未超过30万元）的，免征增值税。 (　　)

29. 自 2019 年 4 月 1 日起，纳税人购进用于生产或者委托加工 13%税率货物的农产品，按照 12%的扣除率计算进项税额。（　　）

30. 自 2019 年 4 月 1 日起，停止执行不动产或者不动产在建工程分期抵扣进项税的政策，即纳税人取得不动产或者不动产在建工程的进项税额不再分 2 年抵扣。（　　）

31. 小规模纳税人（除其他个人外，下同）销售自己使用过的固定资产，减按 2%征收率征收增值税，可以放弃减免，依照 3%征收率缴纳增值税，并可以开具增值税专用发票。（　　）

32. 自 2021 年 10 月 1 日起，住房租赁企业中的增值税小规模纳税人向个人出租住房，按照 5%的征收率减按 3%计算缴纳增值税。（　　）

33. 纳税人无偿转让股票时，转出方以该股票的买入价为卖出价，按照"金融商品转让"计算缴纳增值税；在转入方将上述股票再转让时，以原转出方的卖出价为买入价，按照"金融商品转让"计算缴纳增值税。（　　）

34. 根据增值税法律制度的规定，航空运输企业的销售额，包括代收的民航发展基金（原机场建设费），但不包括代售其他航空运输企业客票而代收转付的价款。（　　）

35. 纳税人取得的财政补贴收入，与其销售货物、劳务、服务、无形资产、不动产的收入或者数量直接挂钩的，应按规定计算缴纳增值税。（　　）

36. 自 2023 年 1 月 1 日至 2027 年 12 月 31 日，增值税小规模纳税人适用 3%征收率的应税销售收入，减按 1%征收率征收增值税；适用 3%预征率的预缴增值税项目，减按 1%预征率预缴增值税。（　　）

37. 根据《中华人民共和国增值税法》的规定，销售货物、服务、无形资产、不动产，是指有偿转让货物、不动产的所有权，有偿提供服务，有偿转让无形资产的使用权。（　　）

38. 根据《中华人民共和国增值税法》的规定，纳税人发生一项应税交易涉及两个以上税率、征收率的，应当分别核算适用不同税率、征收率的销售额；未分别核算的，从高适用税率。（　　）

39. 根据《中华人民共和国增值税法》的规定，纳税人发生两项以上应税交易涉及不同税率、征收率的，应当分别核算适用不同税率、征收率的销售额；未分别核算的，从高适用税率。（　　）

40. 根据《中华人民共和国增值税法》的规定，当期进项税额大于当期销项税额的部分，纳税人可以按照国务院的规定选择结转下期继续抵扣，但不可以申请退还。（　　）

41. 根据《中华人民共和国增值税法》的规定，销售额，是指纳税人发生应税交易取得的与之相关的价款，包括货币和非货币形式的经济利益对应的全部价款，不包括按照一般计税方法计算的销项税额和按照简易计税方法计算的应纳税额。（　　）

42. 根据《中华人民共和国增值税法》的规定，增值税为价外税，应税交易的销售额不包括增值税税额。增值税税额，应当按照国务院的规定在交易凭证上单独列明。（　　）

43. 根据《中华人民共和国增值税法》的规定，进口货物，按照本法规定的组成计税价格乘以适用税率计算缴纳增值税。组成计税价格，为关税计税价格加上关税和消费税；国务院另有规定的，从其规定。（　　）

44. 根据《中华人民共和国增值税法》的规定，境外单位和个人在境内发生应税交易，以购买方为扣缴义务人；按照国务院的规定委托境内代理人申报缴纳税款的除外。扣缴义务人依照本法规定代扣代缴税款的，按照销售额乘以税率计算应扣缴税额。（　　）

45. 根据《中华人民共和国增值税法》的规定，纳税人兼营增值税优惠项目的，应当单独核算增值税优惠项目的销售额；未单独核算的项目，不得享受税收优惠。（　　）

46. 根据《中华人民共和国增值税法》的规定，纳税人可以放弃增值税优惠；放弃优惠的，在 36 个月内不得享受该项税收优惠。上述规定适用于一般纳税人和小规模纳税人。（　　）

47. 数电发票与纸质发票具有同等法律效力。（　　）

第三节　消费税法律制度

一、单项选择题

1. 下列各项中，应当以纳税人同类小汽车的最高销售价格作为计税依据计算缴纳消费税的是（　　）。

A. 将自产小汽车用于投资入股　　B. 将自产小汽车用于捐赠灾区
C. 将自产小汽车用于职工奖励　　D. 将自产小汽车用于管理部门

2. 纳税人委托加工收回的用于下列用途的应税消费品中，已纳消费税税款准予按规定抵扣的是（　　）。

A. 连续生产非应税消费品最终用于销售　　B. 发放给职工
C. 连续生产应税消费品最终用于销售　　D. 在建工程

3. 下列各项中，不需要征收消费税的是（　　）。

A. 委托加工生产涂料　　B. 零售金银首饰
C. 进口木制一次性筷子　　D. 批发烟丝

4. 下列各项中，应征收消费税的是（　　）。

A. 商场销售啤酒　　B. 商场销售卷烟
C. 商场销售高档化妆品　　D. 商场销售金银首饰

5. 本年 10 月，甲公司受托加工高档化妆品，收取不含增值税加工费 28 万元，委托方提供主要材料成本 112 万元。甲公司无同类高档化妆品销售价格。高档化妆品适用的消费税税率为 15%。甲公司当月受托加工业务应代收代缴消费税税额的下列计算中，正确的是（　　）。

A. 112×15%＝16.8（万元）
B. （112＋28）×15%＝21（万元）
C. 112÷（1－15%）×15%＝19.76（万元）
D. （112＋28）÷（1－15%）×15%＝24.71（万元）

6. 下列各项中，属于消费税征税范围的是（　　）。

A. 汽车轮胎　　B. 酒精
C. 体育上用的发令纸　　D. 超豪华小汽车

7. 企业发生的下列经营行为中，外购应税消费品已纳消费税税额不准从应纳消费税税额中扣除的是（　　）。

A. 以外购已税烟丝为原料生产的卷烟
B. 以外购已税小汽车改装生产的小汽车
C. 以外购已税鞭炮、焰火为原料生产的鞭炮、焰火
D. 以外购已税润滑油为原料生产的成品油

8. 甲公司是一家化妆品生产企业，属于增值税一般纳税人。甲公司本年 5 月销售高档化

妆品取得不含增值税销售额220万元，销售一般护肤护发产品取得不含增值税销售额160万元，将高档化妆品与一般护肤护发产品组成礼盒成套销售，取得不含增值税销售额100万元，高档化妆品适用的消费税税率为15%。则甲公司本年5月应纳消费税税额为(　　)万元。

A. 92　　B. 100　　C. 72　　D. 48

9. 烟草批发环节的消费税税率是(　　)。

A. 从价税税率为11%，并按0.005元/支加征从量税

B. 从价税税率为11%，并按0.003元/支加征从量税

C. 11%

D. 5%

10. 根据消费税法律制度的规定，下列表述中，不正确的是(　　)。

A. 白包卷烟不分征税类别一律按照56%卷烟税率征税，并按照定额每标准箱150元计算征税

B. 卷烟由于接装过滤嘴、改变包装或其他原因提高销售价格后，应按照新的销售价格确定征税类别和适用税率

C. 残次品卷烟不缴纳消费税

D. 委托加工的卷烟按照受托方同牌号规格卷烟的征税类别和适用税率征税；没有同牌号规格卷烟的，一律按照卷烟最高税率征税

二、多项选择题

1. 下列各项中，在批发环节征收消费税的有(　　)。

A. 卷烟　　B. 电子烟　　C. 金银首饰　　D. 超豪华小汽车

2. 下列业务中，应当征收消费税的有(　　)。

A. 甲日化厂将自产高档化妆品用于利润分配

B. 乙卷烟厂将自产烟丝连续生产卷烟

C. 丙电池厂将自产电池用于职工福利

D. 丁酒厂将自产白酒用于对外馈赠

3. 下列各项中，不属于消费税征税范围的有(　　)。

A. 高档化妆品与一般护肤护发产品组成的礼品套装

B. 调味料酒

C. 电动汽车

D. 体育上用的发令纸

4. 下列应税消费品中，实行从量定额计征消费税的有(　　)。

A. 汽油　　B. 涂料　　C. 黄酒　　D. 鞭炮、焰火

5. 下列各项中，实行从价计征消费税的有(　　)。

A. 高档手表　　B. 烟丝　　C. 啤酒　　D. 高尔夫球

6. 纳税人外购下列已税消费品生产应税消费品的，已纳消费税可以扣除的有(　　)。

A. 外购已税卷烟贴商标、包装生产出售的卷烟

B. 外购已税珠宝、玉石为原料生产的贵重首饰及珠宝、玉石

C. 外购已税汽车轮胎为原料生产的小汽车

D. 以外购已税木制一次性筷子为原料生产的木制一次性筷子

7. 下列情形中，应当以纳税人同类应税消费品的最高销售价格作为计税依据计算消费税的有（　　）。

A. 将自产卷烟用于抵偿债务　　B. 将自产小汽车用于投资入股

C. 将自产高档化妆品用于换取生产资料　　D. 将自产摩托车用于换取消费资料

三、判断题

1. 甲卷烟厂通过自设独立核算门市部销售自产卷烟，应当按照门市部对外销售额或销售数量计算征收消费税。（　　）

2. 对超豪华小汽车，在生产（进口）环节按现行税率征收消费税基础上，在零售环节加征消费税，税率为10%。（　　）

3. A市的M（企业）委托B市的N（个人）加工一批应税消费品，该批消费品应缴纳的消费税税款应由N向B市税务机关申报缴纳。（　　）

4. 纳税人将自产的高档化妆品A移送连续生产高档化妆品B，移送时应当缴纳消费税。（　　）

5. 对于购进中轻型商用客车整车改装生产的汽车，不征收消费税。（　　）

6. 纳税人销售的应税消费品，如因质量等原因由购买者退回时，经机构所在地或者居住地主管税务机关审核批准后，可退还已缴纳的消费税税款。（　　）

7. 电子烟消费税在生产和批发两个环节征收。（　　）

第四节　城市维护建设税、教育费附加和地方教育附加法律制度

一、单项选择题

1. 某镇甲企业本年10月被查补的增值税为70 000元、企业所得税30 000元，被加收滞纳金2 000元，被处罚款10 000元。甲企业应补缴城市维护建设税、教育费附加和地方教育附加为（　　）元。

A. (70 000＋2 000＋30 000)×(5%＋3%＋2%)＝10 200

B. (70 000＋2 000)×(5%＋3%＋2%)＝7 200

C. (70 000＋30 000)×(5%＋3%＋2%)＝10 000

D. 70 000×(5%＋3%＋2%)＝7 000

2. 本年1月甲公司向税务机关实际缴纳增值税70 000元、消费税50 000元；向海关缴纳进口环节增值税40 000元、消费税30 000元。甲公司适用的城市维护建设税税率为7%，下列关于甲公司本年1月应缴纳城市维护建设税税额的计算中，正确的是（　　）。

A. (70 000＋50 000＋40 000＋30 000)×7%＝13 300(元)

B. (70 000＋40 000)×7%＝7 700(元)

C. (50 000＋30 000)×7%＝5 600(元)

D. (70 000＋50 000)×7%＝8 400(元)

二、多项选择题

1. 下列关于城市维护建设税计税依据的说法中，正确的有（　　）。

A. 城市维护建设税的计税依据，是纳税人依法实际缴纳的增值税、消费税税额

B. 纳税人在被查补增值税和被处以罚款时，应同时对其偷（逃）漏的城市维护建设税进行补税、征收滞纳金和罚款

C. 纳税人因违反增值税、消费税有关规定而加收的滞纳金和罚款，应作为城市维护建设税的计税依据

D. 纳税人在被查补消费税和被处以罚款时，应同时对其城市维护建设税进行补税、征收滞纳金和罚款

2. 下列关于城市维护建设税的说法中，正确的有（　　）。

A. 由受托方代扣代缴、代收代缴增值税、消费税的单位和个人，其代扣代缴、代收代缴的城市维护建设税按受托方所在地适用税率执行

B. 流动经营等无固定纳税地点的单位和个人，在经营地缴纳增值税、消费税的，其城市维护建设税的缴纳按经营地适用税率执行

C. 对出口产品退还增值税、消费税的，应同时退还已缴纳的城市维护建设税

D. 对由于减免增值税、消费税而发生退税的，不予退还已征收的城市维护建设税

三、判断题

1. 对出口货物退还增值税、消费税的，应同时退还已缴纳的城市维护建设税。（　　）

2. 对进口货物或者境外单位和个人向境内销售劳务、服务、无形资产缴纳的增值税、消费税税额，不征收城市维护建设税。（　　）

3. 现行地方教育附加征收比率为2%。（　　）

第五节　车辆购置税法律制度

一、单项选择题

1. 下列各项中，不属于车辆购置税征税范围的是（　　）。

A. 排气量超过150毫升的摩托车　　B. 汽车

C. 汽车挂车　　D. 电动自行车

2. 甲汽车贸易公司本月进口11辆小汽车，海关审定的关税计税价格为60万元/辆，当月销售8辆，取得含税销售收入480万元；2辆企业自用，1辆用于抵偿债务。合同约定的含税价格为70万元。已知小汽车适用的关税税率为28%，消费税税率为9%，车辆购置税税率为10%。则甲公司应纳车辆购置税税额为（　　）万元。

A. 14.06　　B. 10.00

C. 16.88　　D. 19.10

3. 20×7年4月1日，张某购入一辆小汽车自用，20×7年5月30日，申报并缴纳车辆购置税6万元。由于车辆存在质量问题，20×8年4月30日，张某将该车退回经销商，则张某可

以申请退还的车辆购置税税额为(　　)万元。

A. 0　　B. 2　　C. 5　　D. 6

二、多项选择题

1. 下列关于车辆购置税的说法中,正确的有(　　)。

A. 车辆购置税的计税依据包括购买车辆所缴纳的增值税税款

B. 车辆购置税由税务机关征收

C. 纳税人应当在向公安机关车辆管理机构办理车辆登记注册前,缴纳车辆购置税

D. 纳税人购置应税车辆,应当向车辆登记地的主管税务机关申报缴纳车辆购置税

2. 下列各项中,属于车辆购置税纳税人的有(　　)。

A. 进口汽车并自用的外商投资企业

B. 购置汽车并用于销售的某经销商

C. 自产小汽车并自用的个人独资企业

D. 中奖获得小汽车并自用的个人

3. 下列各项中,免征车辆购置税的有(　　)。

A. 外国驻华使领馆、领事馆和国际组织驻华机构及其外交人员自用的车辆

B. 设有固定装置的非运输专用作业车辆

C. 城市公交企业购置的供董事长使用的小汽车

D. 悬挂应急救援专用号牌的国家综合性消防救援车辆

三、判断题

1. 根据车辆购置税法律制度的规定,自 2020 年 6 月 1 日起,纳税人购置应税车辆,以电子发票信息中的不含增值税价作为计税价格。纳税人依据相关规定提供其他有效价格凭证的情形除外。(　　)

2. 纳税人应当在公安机关车辆管理机构办理车辆登记注册后,缴纳车辆购置税。(　　)

3. 根据车辆购置税法律制度的规定,纳税人以受赠、获奖或者以其他方式取得并自用的应税车辆的计税价格,按照购置应税车辆时相关凭证载明的价格确定,不包括增值税税款。(　　)

第六节　关税法律制度

一、单项选择题

1. 下列各项中,不属于关税纳税人的是(　　)。

A. 外贸进出口公司

B. 工贸或农贸结合的进出口公司

C. 入境旅客随身携带的行李、物品的持有人

D. 出口货物的收货人

2. 原产于与中华人民共和国缔结或者共同参加含有相互给予最惠国待遇条款的国际条

约、协定的国家或者地区的进口货物，适用的关税税率是（ ）。

A. 协定税率　　B. 最惠国税率　　C. 普通税率　　D. 特惠税率

3. 下列各项中，免征关税的是（ ）。

A. 广告品和货样

B. 在海关放行后损毁或者灭失的货物、进境物品

C. 进出境运输工具装载的途中必需的燃料、物料和饮食用品

D. 外国企业无偿赠送的物资

4. 甲外贸公司进口一批货物，成交价格为60万元，货物运抵我国关境内输入地点起卸前的运输及其相关费用为2万元，保险费为4万元。该货物适用的关税税率为10%。下列关于甲公司应纳进口关税税额的计算中，正确的是（ ）。

A. 60×10%＝6（万元）　　B. （60＋2）×10%＝6.2（万元）

C. （60＋2＋4）×10%＝6.6（万元）　　D. （60＋4）×10%＝6.4（万元）

二、多项选择题

1. 下列关于关税减免税规定的表述中，正确的有（ ）。

A. 在海关放行前遭受损坏的货物、进境物品，免征关税

B. 国务院规定的免征额度内的一票货物，免征关税

C. 有商业价值的广告品和货样

D. 中华人民共和国缔结或者共同参加的国际条约、协定规定免征关税的货物、进境物品，免征关税

2. 下列各项中，属于关税纳税人的有（ ）。

A. 进境物品的携带人　　B. 进口货物的收货人

C. 进境物品的收件人　　D. 出口货物的发货人

3. 进口货物的计税价格以成交价格以及该货物运抵中华人民共和国境内输入地点起卸前的运输及其相关费用、保险费为基础确定。下列表述中，错误的有（ ）。

A. 由买方负担的购货佣金，应计入计税价格

B. 进口货物运抵中华人民共和国境内输入地点起卸后的运输及其相关费用、保险费，应计入计税价格

C. 进口关税及国内税收，应计入计税价格

D. 卖方直接或者间接从买方获得的该货物进口后转售、处置或者使用的收益，应计入计税价格

三、判断题

1. 进口货物运抵我国关境内输入地点起卸后的运输及其相关费用、保险费，应当计入关税计税价格。（ ）

2. 进出口货物的纳税人、扣缴义务人应当自完成申报之日起14日内缴纳税款；符合海关规定条件并提供担保的，可以于次月第3个工作日结束前汇总缴纳税款。（ ）

3. 原产于除适用最惠国税率、协定税率、特惠税率国家或者地区以外的国家或者地区的进口货物，以及原产地不明的进口货物，适用普通税率。（ ）

4. 出口货物的计税价格以该货物的成交价格以及该货物运至中华人民共和国境内输出地点装载前的运输及其相关费用、保险费为基础确定。 （　　）

分章训练题

一、单项选择题

1. 下列关于增值税纳税人的表述中，不正确的是（　　）。

A. 增值税小规模纳税人从一般纳税人购进货物可以取得增值税专用发票

B. 增值税一般纳税人资格实行登记制，登记事项由增值税纳税人向其主管税务机关办理

C. 应税行为年销售额超过小规模纳税人标准的其他个人，应当向主管税务机关办理一般纳税人登记

D. 自 2018 年 5 月 1 日起，增值税小规模纳税人标准为年应征增值税销售额 500 万元及以下

2. 本年 10 月，甲公司因管理不善导致库存本年 5 月外购的农产品毁损 30%，毁损的农产品总成本为 212 万元，其中含运费成本 12 万元，本年 5 月甲公司从乙公司购入农产品时取得乙公司开具的农产品销售发票和运输公司开具的运费的增值税专用发票且进项税额均已抵扣，则甲公司应转出的进项税额为（　　）万元。

A. 19.08　　B. 20.86　　C. 27.1　　D. 30.98

3. 下列销售行为中，不适用 9%增值税税率的是（　　）。

A. 食用植物油　　B. 暖气、热水　　C. 金融服务　　D. 养殖的水产品

4. 下列关于增值税纳税义务发生时间的表述中，不正确的是（　　）。

A. 先开具发票的，为开具发票的当天

B. 委托其他纳税人代销货物，为代销货物移送给受托方的当天

C. 采取托收承付和委托银行收款方式销售货物，为发出货物并办妥托收手续的当天

D. 采取预收货款方式销售货物的，为货物发出的当天，但生产销售生产工期超过 12 个月的大型机械设备、船舶、飞机等货物，为收到预收款或者书面合同约定的收款日期的当天

5. 甲食品厂为增值税一般纳税人，本年 7 月将本年 5 月从乙公司外购的副食品用于集体福利，该批外购副食品在本年 5 月购进时取得乙公司开具的副食品增值税专用发票和运输公司开具的运费增值税专用发票，并已经抵扣了进项税额，账面成本为 8 000 元（其中含运费 1 000 元），副食品适用的增值税税率为 13%，交通运输服务适用的增值税税率为 9%。则甲食品厂本年 7 月应转出进项税额为（　　）元。

A. 1 190　　B. 1 040　　C. 1 000　　D. 1 360

6. 甲公司为增值税一般纳税人，主营二手电脑交易，本年 5 月取得含税销售额 61.8 万元；除上述收入外，甲公司当月又将本企业于 2007 年 6 月购入自用的一辆货车和 2010 年 10 月购入自用的一辆货车分别以 3.09 万元和 11.3 万元的价格出售。当月甲公司可以抵扣的进项税额为 1 万元。甲公司当月应纳增值税税额为（　　）万元。

A. 1.56　　B. 2.56　　C. 3.26　　D. 4.26

7. 甲公司专门从事认证服务，为增值税一般纳税人，本年 10 月发生如下业务：本年 10 月 16 日，取得某项认证服务收入 53 万元，开具增值税专用发票，价税合计为 53 万元；本年 10 月 18 日，购进一台经营用设备，取得增值税专用发票，注明金额 10 万元，税额 1.3 万元；本年 10 月 20 日，接受乙公司广告服务，取得增值税专用发票，注明金额 2.5 万元，税额 0.15 万元。认证服务适用的增值税税率为 6%。则甲公司本年 10 月应纳增值税税额为（　　）万元。

A. 1.2　　B. 1.55　　C. 1.225　　D. 3

8. 下列各项中，免征增值税的是（　　）。

A. 农业生产者销售外购农产品　　B. 企业销售使用过的机器设备

C. 学生勤工俭学提供的服务　　D. 外国企业无偿援助的进口物资

9. 生产企业销售的下列货物中，应当缴纳消费税的是（　　）。

A. 调味料酒　　B. 电动汽车　　C. 涂料　　D. 太阳能电池

10. 本年 5 月，甲化妆品厂委托乙化妆品厂加工高档香水 5 吨，提供原料的成本为 60 000 元（不含增值税），一次性支付加工费 3 000 元（不含增值税）。甲化妆品厂同类产品销售价格为 120 000 元，高档香水适用的消费税税率为 15%。则甲化妆品厂加工该批香水应纳消费税税额为（　　）元。

A. 25 714.29　　B. 11 117.65　　C. 18 000　　D. 36 000

11. 建筑企业一般纳税人提供建筑服务属于老项目（《建筑工程施工许可证》注明的合同开工日期在 2016 年 4 月 30 日前）的，可以选择简易办法依照（　　）征收率计算缴纳增值税。

A. 3%　　B. 3%减按 2%　　C. 5%　　D. 5%减按 1.5%

12. 下列各项中，不属于税收法律关系主体的是（　　）。

A. 纳税人　　B. 人民政府　　C. 海关　　D. 税务机关

13. 某市甲企业本年 1 月销售应税货物缴纳增值税 20 万元、消费税 15 万元，出租房产缴纳增值税 5 万元、房产税 12 万元。甲企业适用的城市维护建设税税率为 7%。下列关于甲企业本年 1 月应缴纳城市维护建设税的计算中，正确的是（　　）。

A. (20＋15＋5＋12)×7%＝3.64(万元)　　B. (20＋15＋5)×7%＝2.8(万元)

C. (20＋10)×7%＝2.1(万元)　　D. 20×7%＝1.4(万元)

14. 甲公司本年 1 月购进 1 辆小汽车自用，取得的机动车销售发票上注明的价款为 20 万元，增值税税额为 2.6 万元。小汽车适用的车辆购置税的税率为 10%。甲公司应缴纳的车辆购置税为（　　）万元。

A. 2　　B. 2.1　　C. 2.26　　D. 2.6

15. 根据关税法律制度的规定，原产地不明的进口货物适用的关税税率是（　　）。

A. 协定税率　　B. 最惠国税率　　C. 普通税率　　D. 特惠税率

二、多项选择题

1. 下列各项中，应当征收增值税的有（　　）。

A. 纳税人取得的财政补贴收入，与其销售货物、劳务、服务、无形资产、不动产的收入或者数量直接挂钩

B. 商场销售移动电话

C. 啤酒批发公司批发啤酒的收入

D. 村民委员会、村民小组按照农村集体产权制度改革要求，将国有土地使用权、地上的建筑物及其附着物转移、变更到农村集体经济组织名下

2. 增值税一般纳税人外购货物取得了合法扣税凭证并已经抵扣进项税额，发生的下列情形中，需要做进项税额转出的有（　　）。

A. 因管理不善腐烂　　B. 用于个人消费

C. 用于生产免征增值税项目　　D. 用于对外投资

3. 下列各项中，属于增值税兼营行为的有（　　）。

A. 某百货商店在提供商品的同时又提供运输服务

B. 某家具专卖店既销售家具，又提供室内设计服务

C. 某酒店既提供房间住宿服务，其内设超市又销售洗漱用品

D. 某餐饮公司提供餐饮服务的同时又销售烟酒

4. 下列各项中，属于不征收增值税项目的有（　　）。

A. 存款利息

B. 被保险人获得的保险赔付

C. 根据国家指令无偿提供的铁路运输服务、航空运输服务，属于用于公益事业的服务

D. 房地产主管部门或者其指定机构、公积金管理中心、开发企业以及物业管理单位代收的住宅专项维修资金

5. 一般纳税人提供（　　）服务，实际税负超过3%的部分实行增值税即征即退政策。

A. 管道运输　　B. 不动产融资租赁

C. 有形动产融资租赁　　D. 有形动产融资性售后回租

6. 出租车公司发生的下列业务中，按照交通运输服务缴纳增值税的有（　　）。

A. 向使用本公司自有出租车的出租车司机收取的管理费

B. 出租闲置车辆收取的租赁费

C. 湿租业务

D. 出租车身广告位收取的租赁费

7. 根据增值税法律制度的规定，下列各项中，属于交通运输服务税目的有（　　）。

A. 水路运输　　B. 管道运输

C. 航空运输的干租　　D. 远洋运输的程租、期租

8. 下列各项中，属于消费税征税范围的有（　　）。

A. 造型玩具类焰火　　B. 汽缸容量为220毫升的摩托车

C. 燃料电池　　D. 未经涂饰的素板

9. 根据增值税法律制度的规定，下列各项中，属于混合销售的有（　　）。

A. 纳税人销售机器设备等自产货物的同时提供建筑服务

B. 纳税人销售钢结构件等自产货物的同时提供安装服务

C. 纳税人销售机器设备等外购货物的同时提供建筑服务

D. 纳税人销售钢结构件等外购货物的同时提供安装服务

10. 纳税人向税务机关实际缴纳的下列税款中，不作为城市维护建设税计税依据的有（　　）。

A. 车辆购置税　　B. 消费税　　C. 房产税　　D. 土地增值税

11. 下列各项中，属于车辆购置税征税范围的有(　　)。

A. 购买国产应税车辆并自用　　B. 受赠国产应税车辆并自用

C. 自产自用应税车辆　　D. 购入车辆待售

12. 甲公司为增值税一般纳税人，主要从事化妆品生产和销售业务。本年3月进口一批香水精，海关审定的成交价格为630万元，运抵我国关境内输入地点起卸前的运输费为60万元、包装费为33万元、保险费为12万元。则甲公司进口香水精的下列各项支出中，应计入进口货物关税计税价格的有(　　)。

A. 保险费12万元　　B. 包装费33万元

C. 运输费60万元　　D. 成交价格630万元

13. 下列各项中，免征关税的有(　　)。

A. 无商业价值的货样

B. 进出境运输工具装载的途中必需的饮食用品

C. 在海关放行后损毁或者灭失的货物

D. 国际组织无偿赠送的物资

三、判断题

1. 单位或者个体工商户聘用的员工为本单位或者雇主提供加工、修理修配劳务，不征收增值税。(　　)

2. 由于小规模纳税人实行简易征税，因此无论在任何时候都不能使用增值税专用发票。(　　)

3. 商贸企业直接进口的供残疾人专用的物品，免征增值税。(　　)

4. 增值税纳税人采取直接收款方式销售货物，不论货物是否发出，其增值税纳税义务发生时间均为收到销售款或者取得索取销售款凭据的当天。(　　)

5. 以1个季度为增值税纳税期限的规定适用于小规模纳税人、银行、财务公司、信托投资公司、信用社，以及财政部和国家税务总局规定的其他纳税人。(　　)

6. 根据增值税法律制度的规定，金融服务是指经营金融保险的业务活动，包括存款利息服务，直接收费金融服务、保险服务和金融商品转让。(　　)

7. 自2018年5月1日起，增值税小规模纳税人标准为年应征增值税销售额500万元及以下。(　　)

8. 小规模纳税人出租其取得的不动产(含个人出租住房)，按照5%的征收率征收增值税。(　　)

9. 根据增值税法律制度的规定，其他个人提供建筑服务，销售或者租赁不动产，转让自然资源使用权，应向建筑服务发生地、不动产所在地、自然资源所在地主管税务机关申报纳税。(　　)

10. 纳税人提供建筑服务采取预收款方式的，其增值税纳税义务发生时间为收到预收款的当天。(　　)

11. 自2020年5月1日至2027年12月31日，从事二手车经销业务的纳税人销售其收购的二手车，由原按照简易办法依3%征收率减按2%征收增值税，改为减按0.5%征收增值税，并按下列公式计算销售额：销售额＝含税销售额÷(1＋3%)。(　　)

12. 自2021年10月1日起，住房租赁企业中的增值税一般纳税人向个人出租住房取得的全部出租收入，可以选择适用简易计税方法，按照5%的征收率减按1.5%计算缴纳增值税，或适用一般计税方法计算缴纳增值税。 （ ）

13. 自2014年5月1日起，一般纳税人申请增值税专用发票最高开票限额不超过10万元的，主管税务机关不需要事前进行实地查验。 （ ）

14. 对于购进的中轻型商用客车整车改装生产的汽车，不征收消费税。 （ ）

15. 企业生产销售宝石坯，不缴纳消费税。 （ ）

16. 烟由于接装过滤嘴、改变包装或其他原因提高销售价格后，一律按卷烟最高税率征收消费税。 （ ）

17. 纳税人将自产自用的应税消费品，用于生产非应税消费品、在建工程、管理部门、非生产机构、提供劳务、馈赠、赞助、集资、广告、样品、职工福利、奖励等方面，于移送使用时缴纳消费税。 （ ）

18. 根据消费税法律制度的规定，卷烟、白酒和小汽车的计税价格由省、自治区和直辖市税务局核定，送国家税务总局备案。 （ ）

19. 烟草批发企业将卷烟销售给其他烟草批发企业的，应缴纳消费税。 （ ）

20. 对增值税、消费税实行先征后返、先征后退、即征即退办法的，除另有规定外，对随增值税、消费税附征的城市维护建设税，一律不予退(返)还。 （ ）

21. 车辆购置税的纳税义务发生时间为纳税人购置应税车辆的当日。纳税人应当自纳税义务发生之日起15日内申报缴纳车辆购置税。 （ ）

22. 原产于中华人民共和国给予特殊关税优惠安排的国家或者地区且符合国家原产地管理规定的进口货物，适用特惠税率。 （ ）

四、不定项选择题

1. 甲公司为增值税一般纳税人，主要生产和销售电视机。本年5月有关经济业务如下：

① 购进一批原材料，取得增值税专用发票上注明的税额为39 000元；支付运输费用，取得增值税专用发票上注明的税额为180元。

② 购进包装物，取得的增值税普通发票上注明的税额为3 900元。

③ 销售M型电视机1 000台，含增值税销售单价2 260元/台；另收取优质费45 200元、包装物租金56 500元。

④ 采取以旧换新方式向消费者个人销售M型电视机30台，旧电视机作价226元/台。

⑤ 向优秀职工发放M型电视机10台，生产成本1 755元/台。

已知：电视机适用的增值税税率为13%，上期留抵增值税税额52 000元，本年5月取得的增值税专用发票已通过税务机关认证。

要求：根据上述资料，分析回答下列问题。

(1) 甲公司下列增值税进项税额中，准予抵扣的是( )。

A. 上期留抵的增值税税额52 000元 B. 购进包装物的进项税额3 900元

C. 购进原材料的进项税额39 000元 D. 支付运输费用的进项税额180元

(2) 关于甲公司当月销售M型电视机的增值税销项税额，下列计算中，正确的是( )。

A. [1 000×2 260+45 200÷(1+13%)]×13%=299 000(元)

B. (1 000×2 260+45 200+56 500)×13%=307 021(元)

C. 1 000×2 260×13%=293 800(元)

D. (1 000×2 260+45 200+56 500)÷(1+13%)×13%=271 700(元)

(3) 关于甲公司当月以旧换新方式销售M型电视机的增值税销项税额,下列计算中,正确的是(　　)。

A. 30×2 260×13%=8 814(元)

B. 30×(2 260−226)÷(1+13%)×13%=7 020(元)

C. 30×(2 260−226)×13%=7 932.6(元)

D. 30×2 260÷(1+13%)×13%=7 800(元)

(4) 关于甲公司当月向优秀职工发放M型电视机的增值税销项税额,下列计算中,正确的是(　　)。

A. 10×1 755÷(1+13%)×13%=2 019.03(元)

B. 10×2 260×13%=2 938(元)

C. 10×2 260÷(1+13%)×13%=2 600(元)

D. 10×1 755×13%=2 281.5(元)

2. 甲公司为增值税一般纳税人,本年10月份发生以下业务:

① 本年10月10日,与乙公司签订销售合同,合同约定采取托收承付方式办理结算,本年10月20日发出货物,本年10月25日去银行办妥托收手续。直到本年11月10日才取得不含增值税的销售额10万元。

② 本年10月,生产新产品60件,每件成本价0.02万元,无同类产品市场价格,全部对外捐赠给消费者。

③ 本年10月,购进烟叶,收购价款16万元,并开具了收购发票,价外补贴为收购价款的10%。本年10月领用该批烟叶全部用于生产增值税税率为13%的产品。

④ 本年10月月末,进行库存盘点时发现,当月因管理不善造成原材料被盗,该批原材料账面价值为2万元;因自然灾害造成货物损失,账面成本为4万元。上述原材料和货物的相关进项税额已于上月抵扣。

已知:原材料适用的增值税税率为13%;生产的新产品不属于应税消费品,成本利润率为10%,适用的增值税税率为13%。烟叶税税率为20%①。

要求:根据上述资料,分析回答下列问题。

(1) 下列关于托收承付方式销售货物的增值税纳税义务发生时间中,符合法律规定的是(　　)。

A. 本年10月10日　　　　B. 本年10月20日

C. 本年10月25日　　　　D. 本年11月10日

(2) 关于甲公司将新产品对外捐赠给消费者的增值税销项税额,下列计算中,正确的是(　　)。

A. 无须计算销项税额

B. 60×0.02×13%=0.156(万元)

---

① “烟叶税”的内容在《2025年度初级会计专业技术资格考试大纲》中已经删除,本教材仍保留。

C. 60×0.02×(1+10%)×13%=0.171 6(万元)

D. 60×0.02×(1+10%)÷(1+13%)×13%=0.151 9(万元)

(3) 关于甲公司购进烟叶准予抵扣的进项税额，下列计算中，正确的是(　　)。

A. 16×9%=1.44(万元)

B. 16×(1+10%)×(1+20%)×9%=1.900 8(万元)

C. 16×(1+10%)×10%=1.76(万元)

D. 16×(1+10%)×(1+20%)×10%=2.112(万元)

(4) 关于甲公司当月进项税额转出，下列计算中，正确的是(　　)。

A. 无须进项税额转出，进项税额转出为0

B. 4×13%=0.52(万元)

C. 2×13%=0.26(万元)

D. (2+4)×13%=0.78(万元)

3. A公司属于增值税一般纳税人，具有交通运输业资质，本年5月发生下列业务：

① 向境内B公司提供货物运输服务，取得含增值税运费收入346.32万元；向境内C公司提供客运服务，取得含增值税运费收入31.08万元。

② 提供国际运输服务，取得不含增值税运费收入20万元。

③ 销售本公司使用过的客车，取得含增值税收入4.12万元，该客车在2008年4月购入，购入价为16万元。

④ 购买客车、货车用汽油，取得加油站开具的增值税专用发票，发票上注明税额26万元；购买客车、货车用柴油，取得加油站开具的增值税普通发票，发票上注明的价税合计额为9.04万元。

已知：交通运输服务适用的增值税税率为9%，本年5月取得的增值税专用发票均已通过税务机关认证。

要求：根据上述资料，分析回答下列问题：

(1) 下列关于A公司本年5月的销项税额的计算中，正确的是(　　)。

A. (346.32+31.08)÷(1+13%)×13%=43.42(万元)

B. (346.32+31.08)÷(1+13%)×13%+20×13%=46.02(万元)

C. (346.32+31.08)÷(1+9%)×9%+20×9%=32.96(万元)

D. (346.32+31.08)÷(1+9%)×9%=31.16(万元)

(2) A公司销售自己使用过的客车应纳增值税税额为(　　)。

A. 4 400元　　B. 6 800元　　C. 800元　　D. 1 200元

(3) A公司本年5月应纳增值税为(　　)。

A. 2.31万元　　B. 5.24万元　　C. 4.32万元　　D. 5.84万元

(4) 下列各项中，正确的有(　　)。

A. 一般纳税人销售自己使用过的固定资产，均应按照简易办法依照3%的征收率减按2%征收

B. 提供国际运输服务适用零税率的规定

C. 一般纳税人向小规模纳税人提供运输服务可以开具增值税专用发票

D. 纳税人兼营销售货物、加工修理修配劳务、服务、无形资产或者不动产，适用不同税率

或者征收率的，应当分别核算适用不同税率或者征收率的销售额；未分别核算销售额的，从高适用税率或者征收率

4. A公司为增值税一般纳税人，主要从事高档化妆品生产和销售业务。本年5月有关经营情况如下：

① 进口一批高档香水精，海关审定的货价200万元，运抵我国关境内输入地点起卸前的运输费20万元、包装费8万元、保险费3万元。

② 接受B公司委托加工一批高档口红，取得不含增值税加工费20万元，B公司提供原材料成本70万元，该批高档口红无同类产品销售价格。

③ 销售一批高档香水，取得不含增值税价款580万元，另收取包装费2.26万元。

已知：以上化妆品均为高档化妆品。高档化妆品适用的消费税税率为15%，关税税率为10%，增值税税率为13%。

要求：根据上述资料，分别回答下列问题。

(1) A公司进口高档香水精的下列各项支出中，应计入进口货物关税计税价格的有（　　）。

A. 运输费20万元　B. 包装费8万元　C. 保险费3万元　D. 货价200万元

(2) 下列关于A公司进口香水精应缴纳消费税税额的计算中，正确的是（　　）。

A. (200+20)×(1+10%)×15%=36.3(万元)

B. (200+8+3)×(1+10%)×15%=34.82(万元)

C. (200+8+20+3)×(1+10%)÷(1−15%)×15%=44.84(万元)

D. (8+20+3)×(1+10%)÷(1−15%)×15%=6.02(万元)

(3) 下列关于A公司受托加工高档口红应代收代缴消费税税额的计算中，正确的是（　　）。

A. (70+20)÷(1−15%)×15%=15.88(万元)

B. (70+20)×15%=13.5(万元)

C. [70÷(1−15%)+20]×15%=15.35(万元)

D. [70+20÷(1−15%)]×15%=14.03(万元)

(4) 下列关于A公司销售香水应缴纳消费税税额的计算中，正确的是（　　）。

A. 580÷(1+13%)×15%=76.99(万元)

B. [580+2.26÷(1+13%)]×15%=87.3(万元)

C. (580+2.26)×15%=87.34(万元)

D. 580×15%=87(万元)

5. A企业为增值税一般纳税人，主要从事小汽车的制造和销售业务。本年5月有关业务如下：

① 销售1辆定制小汽车取得含增值税收入11 300元，另收取手续费2 260元。

② 将20辆小汽车对外投资，小汽车生产成本8万元/辆，A企业同类小汽车不含增值税最高销售价格12万元/辆，不含增值税平均销售价格11万元/辆，不含增值税最低销售价格为10万元/辆。

③ 采取预收款方式销售给4S店一批小汽车，当月5日签订合同，当月10日收到预收款，当月15日发出小汽车，当月20日开具发票。

④ 生产中轻型商用客车310辆，其中300辆用于销售，2辆用于奖励，3辆用于馈赠，5辆用于赞助。

已知，小汽车适用的增值税税率为13%，消费税税率为5%。

要求：根据上述资料，分别回答下列问题。

(1) 下列关于A企业销售定制小汽车应纳消费税的计算中，正确的是(　　)。

A. 11 300×5%=565(元)

B. (11 300+2 260)÷(1+13%)×5%=600(元)

C. 11 300÷(1+13%)×5%=500(元)

D. (11 300+2 260)×5%=678(元)

(2) 下列关于A企业以小汽车投资应缴纳消费税税额的计算中，正确的是(　　)。

A. 20×11×5%=11(万元)　　B. 20×12×5%=12(万元)

C. 20×8×5%=8(万元)　　D. 20×10×5%=10(万元)

(3) A企业采用预收款方式销售小汽车，消费税的纳税义务发生时间是(　　)。

A. 5月5日　　B. 5月10日　　C. 5月15日　　D. 5月20日

(4) A企业的下列行为中，应缴纳消费税的有(　　)。

A. 300辆用于销售　　B. 2辆用于奖励　　C. 5辆用于赞助　　D. 3辆用于馈赠

6. 甲公司为增值税一般纳税人，专门从事建筑、装饰材料生产和销售业务。本年7月发生如下业务：

① 购进原材料，取得的增值税专用发票上注明的税额为26万元；支付运费，取得的增值税专用发票上注明的税额为0.54万元。

② 仓库因保管员管理不善丢失一批上月购进的零配件，账面成本为21.06万元(含运费成本0.46万元)，购进零配件和支付运费的进项税额上月均已抵扣。

③ 销售装修板材取得含税收入452万元，另收取包装费4.52万元。

④ 销售2009年1月1日前购进的一台机器设备，售价0.412万元。

⑤ 购进办公设备，取得的增值税专用发票上注明的税额为5.2万元。

要求：根据上述资料，分别回答下列问题。

(1) 下列关于甲公司销售装修板材增值税销项税额的计算中，正确的是(　　)。

A. 452÷(1+13%)×13%=52(万元)

B. [452+4.52÷(1+13%)]×13%=59.28(万元)

C. (452+4.52)÷(1+13%)×13%=52.52(万元)

D. 452×13%=58.76(万元)

(2) 下列关于当月丢失零配件增值税进项税额转出的计算中，正确的是(　　)。

A. 21.06÷(1+13%)×13%+0.46×9%=2.464 2(万元)

B. 21.06÷(1+13%)×13%=2.422 8(万元)

C. (21.06−0.46)×13%=2.678(万元)

D. (21.06−0.46)×13%+0.46×9%=2.719 4(万元)

(3) 下列进项税额中，准予从销项税额直接抵扣的为(　　)。

A. 支付运费取得的增值税进项税额0.54万元

B. 购进原材料的增值税进项税额26万元

C. 丢失上月购入的零配件已经抵扣的进项税额

D. 购进办公设备的进项税额 5.2 万元

(4) 下列关于销售已使用过的机器设备应纳增值税税额的计算中,正确的是(　　)。

A. 0.412×13%=0.053 6(万元)

B. 0.412÷(1+3%)×3%=0.012(万元)

C. 0.412÷(1+3%)×2%=0.008(万元)

D. 0.412÷(1+13%)×13%=0.047 4(万元)

第四章答案

第五章 所得税法律制度

考情整体分析

本章为本书的重点，主要介绍企业所得税法律制度、个人所得税法律制度。本章涉及的题型包括单项选择题、多项选择题、判断题、不定项选择题。本章知识点很多，在考试中所占的分值很大，一般为 18～22 分。类似于上一章，在学习本章时，应当投入更多的精力，在熟记相关知识点的基础上，通过多做题来巩固所学知识。

考情变化分析

（1）增加“企业所得税税收优惠”中“税额抵免”的相关内容。

（2）删除“海南自由贸易港企业所得税税收优惠”。

（3）删除“企业重组业务企业所得税处理”的相关内容。

（4）增加“个人取得上市公司股息红利所得的征税规定”的相关内容。

（5）增加“个人所得税税收优惠”中“电脑彩票的税收优惠”；删除个别“个人所得税税收优惠”。

考纲知识体系

<table>
<tr><td rowspan="2">所得税法律制度</td><td>一、企业所得税法律制度</td><td>（1）企业所得税纳税人（★★★）
（2）企业所得税征税对象（★★★★）
（3）企业所得税税率（★★）
（4）企业所得税应纳税所得额的计算（★★★★★）
（5）资产的税务处理（★★★★）
（6）企业所得税应纳税额的计算（★★★★★）
（7）企业所得税税收优惠（★★★）
（8）企业所得税特别纳税调整（★★）
（9）企业所得税征收管理（★★）</td></tr>
<tr><td>二、个人所得税法律制度</td><td>（1）个人所得税纳税人及其纳税义务（★★★）
（2）个人所得税应税所得项目（★★★★）
（3）个人所得税税率（★★）
（4）个人所得税应纳税所得额的确定及应纳税额的计算（★★★★★）
（5）个人所得税税收优惠（★★★）
（6）个人所得税征收管理（★★）</td></tr>
</table>

分节训练题

第一节 企业所得税法律制度

一、单项选择题

1. 根据企业所得税法律制度的规定，下列关于确认收入实现时间的表述中，正确的是（ ）。

A. 股息、红利等权益性投资收益，按照合同约定的被投资方应付股息、红利的日期确认收入的实现

B. 接受捐赠收入，按照合同约定的捐赠日期确认收入的实现

C. 特许权使用费收入，按照合同约定的特许权使用人应付特许权使用费的日期确认收入的实现

D. 采取产品分成方式取得收入的，按照合同约定的分成日期确认收入的实现

2. 甲企业为小型微利企业，本年经纳税调整后的应纳税所得额为 80 万元，该企业本年应缴纳的企业所得税税额为（ ）万元。

A. 1　　B. 2　　C. 4　　D. 16

3. 甲公司本年度实现利润总额 200 万元，直接向受灾地区群众捐款 24 万元，通过公益性社会团体向贫困地区捐款 16 万元（属于首次公益性捐赠）。甲公司在计算本年度应纳税所得额时，准予扣除的捐赠额为（ ）万元。

A. 14.4　　B. 40　　C. 24　　D. 16

4. 下列支出中，在计算企业所得税应纳税所得额时，允许按照税法规定的标准扣除的是（ ）。

A. 企业拨缴的工会经费　　B. 税收滞纳金

C. 未经核定的准备金支出　　D. 非广告性质的赞助支出

5. 下列关于非居民企业的应纳税所得额确定的说法中，不正确的是（ ）。

A. 转让财产所得，以收入全额为应纳税所得额

B. 股息、红利等权益性投资收益，以收入全额为应纳税所得额

C. 租金，以收入全额为应纳税所得额

D. 特许权使用费所得，以收入全额为应纳税所得额

6. 甲公司本年年中开始筹建，当年未取得收入，筹办期间发生业务招待费 400 万元、广告费用 400 万元、业务宣传费 40 万元。上述支出可计入企业筹办费并在税前扣除的金额为（ ）万元。

A. 400　　B. 680　　C. 840　　D. 1 000

7. 甲企业为创业投资企业，20×6 年 7 月 1 日，该企业以股权投资方式向境内未上市的某中小高新技术企业投资 300 万元。20×8 年该企业利润总额 750 万元，适用的企业所得税税率为 25%，假定无其他纳税调整事项。甲企业 20×8 年应纳企业所得税税额为（ ）万元。

A. 75　　B. 112.5　　C. 135　　D. 187.5

8. 甲居民企业本年境内应纳税所得额为360万元，境外分公司应纳税所得额100万元，在境外实际缴纳企业所得税20万元。当年甲企业汇总纳税时，应在我国缴纳企业所得税税额(　　)万元。

A. 100　　B. 85　　C. 95　　D. 105

9. 自2021年1月1日至2030年12月31日，对设在西部地区的鼓励类产业企业减按(　　)的税率征收企业所得税。

A. 25%　　B. 20%　　C. 15%　　D. 10%

10. 下列关于企业所得税收入的表述中，不正确的是(　　)。

A. 安装费应根据安装完工进度确认收入。安装工作是商品销售附带条件的，安装费在确认商品销售实现时确认收入

B. 销售商品涉及商业折扣的，应当按照扣除商业折扣后的金额确定销售商品收入金额

C. 销售商品涉及现金折扣的，应当按照扣除现金折扣后的金额确定销售商品收入金额

D. 销售商品以旧换新的，销售商品应当按照销售商品收入确认条件确认收入，回收的商品作为购进商品处理

11. 根据企业所得税法律制度的规定，企业与其关联方之间的业务往来，不符合独立交易原则的，税务机关按照没有关联关系的交易各方进行相同或者类似业务往来取得的净利润水平确定利润的方法进行调整，该方法为(　　)。

A. 可比非受控价格法　　B. 再销售价格法

C. 交易净利润法　　D. 成本加成法

12. 根据企业所得税法律制度的规定，企业与其关联方之间的业务往来，不符合独立交易原则，或者企业实施其他不具有合理商业目的安排的，税务机关有权在该业务发生的纳税年度起(　　)年内进行纳税调整。

A. 3　　B. 5　　C. 10　　D. 15

13. 根据企业所得税法律制度的规定，股权收购若享受特殊性税务处理需要收购企业购买的股权不低于被收购企业全部股权的50%，且收购企业在该股权收购发生时的股权支付金额不低于其交易支付总额的(　　)。①

A. 50%　　B. 75%　　C. 80%　　D. 85%

14. 下列有关企业合并的说法中，符合企业所得税特殊性税务处理规定的是(　　)。②

A. 被合并企业可要求合并企业支付其合并资产总额85%的货币资金

B. 被合并企业未超过法定弥补期限的亏损额，不得结转到合并企业进行弥补

C. 被合并企业合并前的相关所得税事项由合并企业承继

D. 被合并企业股东取得合并企业股权的计税基础以公允价值确定

15. 自2024年1月1日起至2027年12月31日止，对符合条件的从事污染防治的第三方企业减按(　　)的税率征收企业所得税。

A. 5%　　B. 10%　　C. 15%　　D. 20%

---

① 该内容在《2025年度初级会计专业技术资格考试大纲》中已经删除，本教材仍保留。

② 该内容在《2025年度初级会计专业技术资格考试大纲》中已经删除，本教材仍保留。

二、多项选择题

1. 甲企业为一家机械制造企业。本年甲企业取得销售收入 5 000 万元，当年发生的与生产经营相关的业务招待费 40 万元，上年因超支未能在计算应纳税所得额时扣除的与生产经营相关的业务招待费支出 2.5 万元；当年发生的与生产经营相关的广告费和业务宣传费 300 万元，上年因超支未能在计算应纳税所得额时扣除的符合条件的广告费和业务宣传费 100 万元。甲企业在计算当年应纳税所得额时，下列关于业务招待费、广告费和业务宣传费准予扣除数额的表述中，正确的有(　　)。

A. 业务招待费准予扣除的数额为 24 万元

B. 业务招待费准予扣除的数额为 25 万元

C. 广告费和业务宣传费准予扣除的数额为 400 万元

D. 广告费和业务宣传费准予扣除的数额为 750 万元

2. 根据企业所得税法律制度的规定，下列各项中，属于企业不征税收入的有(　　)。

A. 财政拨款

B. 依法收取并纳入财政管理的行政事业性收费、政府性基金

C. 在中国境内设立机构、场所的非居民企业从居民企业取得与该机构、场所有实际联系的股息、红利等权益性投资收益

D. 国债利息收入

3. 根据企业所得税法律制度的规定，企业的固定资产符合法定情形，确需要加速折旧的，可以采用的方法有(　　)。

A. 工作量法

B. 年数总和法

C. 双倍余额递减法

D. 缩短折旧年限法，但最低折旧年限不得低于法定折旧年限的 50%

4. A 企业为增值税一般纳税人，本年发生财务费用 80 万元，其中：支付银行借款利息 27 万元；支付因向某商场借款 500 万元而发生的利息 35 万元；支付因向职工(非股东、无关联关系)借款 250 万元而发生的利息 18 万元，A 企业与职工签订了借款合同，所借款项真实、合法、有效。同期银行贷款年利率为 6.1%。关于 A 企业发生的财务费用，下列说法中，正确的有(　　)。

A. 支付的银行借款利息可以全额在企业所得税税前扣除

B. 支付的向某商场借款的利息在企业所得税税前不得扣除

C. A 企业发生的财务费用应调增的应纳税所得额为 7.25 万元

D. 支付的向职工借款的利息在企业所得税税前不得扣除

5. 下列各项中，在计算企业所得税应纳税所得额时不得扣除的有(　　)。

A. 企业之间支付的管理费

B. 企业内营业机构之间支付的租金

C. 非银行企业内营业机构之间支付的利息

D. 企业内营业机构之间支付的特许权使用费

6. 下列非居民企业收入中，应全额计入企业所得税应纳税所得额的有(　　)。

A. 股息、红利等权益性投资收益

B. 股票转让收入

C. 特许权使用费收入

D. 租金收入

7. 根据企业所得税法律制度的规定，下列关于收入确认的表述中，正确的有（　　）。

A. 企业将货物、财产、劳务用于捐赠、偿债、赞助、集资、广告、样品、职工福利或者利润分配等用途取得的收入，应当按照公允价值确定收入额

B. 以分期收款方式销售货物的，按照合同约定的收款日期确认收入的实现

C. 接受捐赠收入，按照承诺捐赠资产的日期确定收入

D. 采取产品分成方式取得收入的，按照企业分得产品的日期确认收入的实现，其收入额按照产品的公允价值确定

8. 下列关于企业所得税税收优惠的说法中，正确的有（　　）。

A. 创业投资企业采取股权投资方式投资于未上市的中小高新技术企业 2 年以上的，可按其投资额的 70% 在股权持有满 2 年的当年抵扣该创业投资企业的应纳税所得额

B. 创业投资企业采取股权投资方式投资于未上市的中小高新技术企业 2 年以上的，可按其投资额的 10% 在股权持有满 2 年的当年抵扣该创业投资企业的应纳税额

C. 企业购置并实际使用规定的环境保护、节能节水、安全生产等专用设备的，该专用设备的投资额的 70% 可以从企业当年的应纳税所得额中抵免

D. 企业购置并实际使用规定的环境保护、节能节水、安全生产等专用设备的，该专用设备的投资额的 10% 可以从企业当年的应纳税额中抵免

9. 甲企业 20×8 年利润总额为 4 000 万元，工资薪金支出为 3 000 万元，下列支出中，允许在计算 20×8 年企业所得税应纳税所得额时全额扣除的有（　　）。

A. 职工福利费支出 320 万元

B. 20×8 年首次发生公益性捐赠支出 400 万元

C. 20×8 年 7 月至 20×9 年 6 月期间的厂房租金支出 100 万元

D. 职工教育经费支出 250 万元

10. 下列关于企业所得税纳税地点的表述中，正确的有（　　）。

A. 居民企业以企业登记注册地为纳税地点；但登记注册地在境外的，以实际管理机构所在地为纳税地点

B. 非居民企业在中国设立机构、场所的，均以机构、场所所在地为纳税地点

C. 非居民企业在中国境内设立两个机构、场所的，应当分别缴纳企业所得税

D. 非居民企业在中国未设立机构、场所的，以扣缴义务人所在地为纳税地点

11. 下列各项中，不得计算折旧或摊销费用在税前扣除的有（　　）。

A. 单独估价作为固定资产入账的土地

B. 已足额提取折旧的固定资产的改建支出

C. 固定资产的大修理支出

D. 与经营活动无关的固定资产

12. 下列关于企业所得税税收优惠的说法中，正确的有（　　）。

A. 自 2020 年 1 月 1 日起，国家鼓励的集成电路线宽小于 28 纳米（含），且经营期在 15 年

以上的集成电路生产企业或项目，第1年至第10年免征企业所得税

B. 国家鼓励的集成电路线宽小于65纳米(含)，且经营期在15年以上的集成电路生产企业或项目，第1年至第5年免征企业所得税，第6年至第10年按照25%的法定税率减半征收企业所得税

C. 国家鼓励的集成电路线宽小于130纳米(含)，且经营期在10年以上的集成电路生产企业或项目，第1年至第2年免征企业所得税，第3年至第5年按照25%的法定税率减半征收企业所得税

D. 对于按照集成电路生产企业享受税收优惠政策的，优惠期自项目取得第1笔生产经营收入所属纳税年度起计算；对于按照集成电路生产项目享受税收优惠政策的，优惠期自获利年度起计算，集成电路生产项目需单独进行会计核算、计算所得，并合理分摊期间费用

13. 根据企业所得税法律制度的规定，下列企业之间构成关联方的有(　　)。

A. 甲企业资金使用情况直接由乙企业控制

B. 丙企业购销业务由丁企业间接控制

C. 同为A企业直接控制的B企业和C企业

D. D企业的经营业务间接由E企业控制

14. 根据企业所得税法律制度的规定，下列关于企业资产收购重组的一般性税务处理的表述中，正确的有(　　)。[①]

A. 被收购方应确认资产的转让所得或损失

B. 收购方取得资产的计税基础应以公允价值为基础确定

C. 被收购企业的相关所得税事项原则上保持不变

D. 受让方取得转让企业资产的计税基础以被转让资产的原有计税基础确定

三、判断题

1. 根据企业所得税法律制度的规定，企业职工因公出差乘坐交通工具发生的人身意外保险费支出，不允许在计算应纳税所得额时扣除。(　　)

2. 自2021年1月1日起，企业或个人通过公益性群众团体用于符合法律规定的公益慈善事业捐赠支出，准予按税法规定在计算应纳税所得额时扣除。(　　)

3. 根据企业所得税法律制度的规定，除另有规定外，应当作为长期待摊费用的支出，自支出发生月份的当月起，分期摊销，摊销年限不得低于5年。(　　)

4. 非居民企业未在中国境内设立机构的，仅就来源于中国境内的所得缴纳企业所得税。(　　)

5. 企业在汇总计算缴纳企业所得税时，其境外营业机构的亏损可以抵减境内营业机构的盈利。(　　)

6. 纳税人应当自年度终了后5个月内向税务机关报送年度企业所得税纳税申报表，并汇算清缴，结清应缴应退税款。(　　)

7. 根据企业所得税法律制度的规定，企业以买一赠一的方式组合销售本企业商品的，不

---

① 该内容在《2025年度初级会计专业技术资格考试大纲》中已经删除，本教材仍保留。

属于捐赠，应按各项商品的公允价值确认各项商品的销售收入。（　）

8. 企业从事的符合条件的环境保护项目取得的所得，自项目开始盈利所属纳税年度起，第 1 年至第 3 年免征企业所得税，第 4 年至第 6 年减半征收企业所得税。（　）

9. 企业的不征税收入用于支出所形成的费用或者财产，准予在计算应纳税所得额时扣除。（　）

10. 根据企业所得税法律制度的规定，企业开展研发活动中实际发生的研发费用，未形成无形资产计入当期损益的，在按规定据实扣除的基础上，自 2023 年 1 月 1 日起，再按照实际发生额的 75%在税前加计扣除；形成无形资产的，自 2023 年 1 月 1 日起，按照无形资产成本的 175%在税前摊销。（　）

11. 有限合伙制创业投资企业采取股权投资方式投资于未上市的中小高新技术企业满 2 年(24 个月)的，其法人合伙人可按照对未上市中小高新技术企业投资额的 70%抵扣该法人合伙人从该有限合伙制创业投资企业分得的应纳税所得额，当年不足抵扣的，可以在以后纳税年度结转抵扣。（　）

12. 企业参加雇主责任险、公众责任险等责任保险，按照规定缴纳的保险费，准予在企业所得税税前扣除。（　）

13. 根据企业所得税法律制度的规定，自 2018 年 1 月 1 日起，当年具备高新技术企业或科技型中小企业资格的企业，其具备资格年度之前 5 个年度发生的尚未弥补完的亏损，准予结转以后年度弥补，最长结转年限由 5 年延长至 10 年。（　）

14. 自 2018 年 1 月 1 日起，对经认定的技术先进型服务企业(服务贸易类)，减按 10%的税率征收企业所得税。（　）

15. 企业在 2018 年 1 月 1 日至 2027 年 12 月 31 日期间新购进(包括自行建造)的设备、器具，单位价值不超过 500 万元的，允许一次性计入当期成本费用在计算应纳税所得额时扣除，不再分年度计算折旧。（　）

16. 企业在非货币性资产捐赠过程中发生的运费、保险费、人工费用等相关支出，凡纳入国家机关、公益性社会组织开具的公益捐赠票据记载的数额中的，作为公益性捐赠专出按照规定在税前扣除；上述费用未纳入公益性捐赠票据记载的数额中的，作为企业相关费用按照规定在税前扣除。（　）

17. 国家鼓励的集成电路设计、装备、材料、封装、测试企业和软件企业，自获利年度起，第 1 年至第 2 年免征企业所得税，第 3 年至第 5 年按照 25%的法定税率减半征收企业所得税。（　）

18. 国家鼓励的重点集成电路设计企业和软件企业，自获利年度起，第 1 年至第 5 年免征企业所得税，接续年度减按 15%的税率征收企业所得税。（　）

19. 自 2022 年 1 月 1 日起，对非营利性科研机构、高等学校接收企业、个人和其他组织机构基础研究资金收入，免征企业所得税。（　）

20. 对小型微利企业减按 25%计算应纳税所得额，按 20%的税率缴纳企业所得税。该政策延续执行至 2027 年 12 月 31 日。（　）

21. 自 2022 年 1 月 1 日起，对企业出资给非营利性科学技术研究开发机构、高等学校和政府性自然科学基金用于基础研究的支出，在计算应纳税所得额时可按实际发生额在税前扣除，并可按 150%在税前加计扣除。（　）

22. 根据企业所得税法律制度的规定，企业与其关联方之间的业务往来，即使符合独立交易原则的，税务机关也有权按照合理方法调整。（　　）

23. 税务机关对关联交易进行调整，对补税税额按国务院规定加收的利息可以在企业所得税税前扣除。（　　）

24. 根据企业所得税法律制度的规定，当企业分立事项采取一般性税务处理方法时，分立企业接受资产的计税基础是被分立资产的账面价值。（　　）

25. 2027 年 12 月 31 日前，对中国保险保障基金有限责任公司根据《保险保障基金管理办法》取得的接受捐赠收入，免征企业所得税。（　　）

26. 2027 年 12 月 31 日前，对金融机构农户小额贷款的利息收入，在计算应纳税所得额时，按 70%计入收入总额。（　　）

27. 2027 年 12 月 31 日前，对保险公司为种植业、养殖业提供保险业务取得的保费收入，在计算应纳税所得额时，按 90%计入收入总额。（　　）

28. 2027 年 12 月 31 日前，对经省级地方金融监督管理部门批准成立的小额贷款公司取得的农户小额贷款利息收入，在计算应纳税所得额时，按 90%计入收入总额。（　　）

29. 企业在 2024 年 1 月 1 日至 2027 年 12 月 31 日期间发生的节能节水、环境保护和安全生产专用设备数字化、智能化改造投入，不超过该专用设备购置时原计税基础 50%的部分，可按照 10%比例抵免企业当年应纳税额。（　　）

第二节　个人所得税法律制度

一、单项选择题

1. 下列各项中，应列入工资、薪金所得项目计算缴纳个人所得税的是（　　）。

A. 独生子女补贴　　B. 托儿补助费　　C. 全年一次性奖金　　D. 差旅费津贴

2. 中国居民个人刘某本年 1 月取得全年一次性奖金 33 000 元。已知，按月换算后的综合所得税率表应纳税所得额 0～3 000 元，适用的个人所得税税率为 3%；3 000～12 000 元，适用的个人所得税税率为 10%，速算扣除数 210。刘某取得全年一次性奖金，选择不并入当年综合所得计算纳税。刘某本年全年一次性奖金应纳个人所得税税额为（　　）元。

A. 2 040　　B. 990　　C. 1 250　　D. 3 635

3. 某外籍专家汤姆符合非居民个人的条件，本年 5 月在我国境内公司工作，月工资为 27 900 元人民币。则本年 5 月汤姆计算应缴纳个人所得税的应纳税所得额为（　　）元。

A. 4 320　　B. 22 900　　C. 23 100　　D. 27 900

4. 下列各项中，应当缴纳个人所得税的是（　　）。

A. 个人取得单张发票奖金所得 1 200 元

B. 个人取得国家发行的金融债券利息收入 11 000 元

C. 通信企业对个人购买手机赠话费，个人取得的 1 000 元话费所得

D. 个人独资企业从事种植业取得的所得 80 000 元

5. 下列关于个人所得税各项所得的货币单位与外币折算的说法中，不正确的是（　　）。

A. 各项所得的计算，以人民币为单位

B. 所得为人民币以外货币的，按照办理纳税申报或扣缴申报的上一月最后一日人民币汇率中间价，折合成人民币计算应纳税所得额

C. 年度终了后办理汇算清缴的，对已经按月、按季或者按次预缴税款的人民币以外货币所得，不再重新折算

D. 年度终了后办理汇算清缴的，对应当补缴税款的所得部分，按照办理汇算清缴的上一月最后一日人民币汇率中间价，折合成人民币计算应纳税所得额

6. 张某以 200 万元(不含增值税)的价格出售普通住宅一套，该住宅系 3 年前以 80 万元的价格购买，交易过程中张某支付相关税费等共计 16 万元，并取得发票等合法票据。则张某应纳个人所得税税额为(　　)万元。

A. 0　　B. 28　　C. 32　　D. 20.8

7. 王某于本年 12 月取得国债利息收入 3 000 元，从非上市公司取得股息 6 000 元。本月王某利息、股息收入应纳个人所得税税额为(　　)。

A. (3 000+6 000)×20%=1 800(元)

B. 6 000×20%=1 200(元)

C. 6 000×(1−20%)×20%=960(元)

D. (3 000+6 000)×(1−20%)×20%=1 440(元)

8. 根据个人所得税法律制度的规定，下列各项中，不属于工资、薪金性质的补贴、津贴的是(　　)。

A. 岗位津贴　　B. 学历补贴　　C. 工龄补贴　　D. 差旅费津贴

9. 甲个体工商户本年的营业收入为 1 000 万元，销售成本 400 万元；实际支出广告费和业务宣传费为 200 万元，在计算本年的应纳税所得额时，允许扣除的广告费和业务宣传费为(　　)万元。

A. 80　　B. 150　　C. 180　　D. 200

10. 个人与用人单位解除劳动关系取得一次性补偿收入(包括用人单位发放的经济补偿金、生活补助费和其他补助费)，在当地上年职工平均工资(　　)倍数额以内的部分，免征个人所得税。

A. 1　　B. 2　　C. 3　　D. 5

11. 下列所得中，应按特许权使用费所得缴纳个人所得税的是(　　)。

A. 房屋使用权转让所得　　B. 运输工具使用权转让所得

C. 提供著作权使用权所得　　D. 生产设备使用权转让所得

12. 在中国境内无住所的个人，在一个纳税年度内在中国境内居住累计不超过(　　)天的，其来源于中国境内的所得，由境外雇主支付并且不由该雇主在中国境内的机构、场所负担的部分，免予缴纳个人所得税。

A. 30　　B. 60　　C. 90　　D. 183

13. 钱某本年 1 月，将其持有的有价证券以 24 000 元的价格转让，该有价证券购入时的买价为 15 000 元，另外买入时缴纳的有关费用 1 500 元，并都有合法的发票等凭证。则钱某转让有价证券应纳个人所得税税额为(　　)元。

A. 0　　B. 1 200　　C. 1 500　　D. 1 800

14. 居民个人李某本年 3 月取得一项特许权使用费收入 2 800 元，4 月取得另一项特许权使用费收入 4 200 元。李某应由支付所得的单位预扣预缴个人所得税共为(　　)元。

A. 1 080　　B. 1 072　　C. 1 120　　D. 1 240

15. 对扣缴义务人按照所扣缴的个人所得税税款，税务机关应付给(　　)的手续费。

A. 1%　　B. 2%　　C. 3%　　D. 5%

二、多项选择题

1. 下列各项说法中，错误的有(　　)。

A. 对职工个人以股份形式取得的仅作为分红依据，不拥有所有权的企业量化资产，按照“利息、股息、红利所得”项目征收个人所得税

B. 对职工个人以股份形式取得的拥有所有权的企业量化资产，按照“利息、股息、红利所得”项目征收个人所得税

C. 对职工个人以股份形式取得的企业量化资产参与企业分配而获得的股息、红利，不征收个人所得税

D. 个人从公开发行和转让市场取得的上市公司股票，持股期限超过 1 年的，股息红利所得暂免征收个人所得税

2. 下列个人从用人单位取得的一次性收入中，应当缴纳个人所得税的有(　　)。

A. 内部退养的人员从原任职单位取得的一次性收入

B. 提前退休人员取得的按照统一标准支付的一次性补贴

C. 个人从用人单位取得的全年一次性奖金

D. 个人因与用人单位解除劳动关系取得的一次性补偿收入，金额低于当地上年职工平均工资 3 倍

3. 下列关于子女教育个人所得税专项附加扣除的说法中，正确的有(　　)

A. 自 2023 年 1 月 1 日起，纳税人的子女接受全日制学历教育的相关支出，按照每个子女每月 1 000 元的标准定额扣除

B. 自 2023 年 1 月 1 日起，纳税人的子女接受全日制学历教育的相关支出，按照每个子女每月 2 000 元的标准定额扣除

C. 父母可以选择由其中一方按扣除标准的 100%扣除，也可以选择由双方分别按扣除标准的 50%扣除，具体扣除方式在一个纳税年度内不能变更

D. 父母只能选择由双方分别按扣除标准的 50%扣除

4. 根据个人所得税法律制度的规定，下列所得中，适用比例税率的有(　　)。

A. 经营所得　　B. 居民个人的综合所得

C. 偶然所得　　D. 财产转让所得

5. 个人所得税纳税人应当依法办理纳税申报的情形有(　　)。

A. 取得财产租赁所得需要办理汇算清缴

B. 非居民个人在中国境内从两处以上取得工资、薪金所得

C. 取得财产转让所得需要办理汇算清缴

D. 取得应税所得，扣缴义务人未扣缴税款

6. 自 2019 年 1 月 1 日起，居民个人的综合所得，以每一纳税年度的收入额减除费用 60 000 元以及专项扣除、专项附加扣除和依法确定的其他扣除后的余额，为应纳税所得额。专

项扣除，包括（　　）。

A. 居民个人按照国家规定的范围和标准缴纳的基本养老保险

B. 居民个人按照国家规定的范围和标准缴纳的基本医疗保险

C. 居民个人按照国家规定的范围和标准缴纳的失业保险

D. 居民个人所在单位为其按照国家规定的范围和标准缴纳的住房公积金

7. 下列关于企业向个人赠送礼品的情形中，不征收个人所得税的有（　　）。

A. 企业通过价格折让方式向个人销售商品

B. 企业在向个人销售商品（产品）和提供服务的同时给予赠品

C. 企业对累积消费达到一定额度的顾客，给予额外抽奖机会，个人获奖所得

D. 企业对累积消费达到一定额度的个人按消费积分反馈礼品

8. 下列个人所得中，应按"劳务报酬所得"项目征收个人所得税的有（　　）。

A. 某公司高管从甲大学取得的管理咨询费

B. 某大学教授从乙企业取得的培训费

C. 某编剧从丙电视剧制作单位取得的剧本使用费

D. 某设计院设计师从丁建筑公司取得的建筑设计费

9. 下列关于偶然所得个人所得税的计算公式中，表示正确的有（　　）。

A. 应纳税所得额＝每次收入

B. 应纳税所得额＝每次收入－800

C. 应纳税额＝应纳税所得额×(1－20%)

D. 应纳税额＝应纳税所得额×20%

10. 下列关于住房贷款利息个人所得税专项附加扣除的说法中，正确的有（　　）。

A. 纳税人本人或者配偶单独或者共同使用商业银行或者住房公积金个人住房贷款为本人或者其配偶购买中国境内住房，发生的首套住房贷款利息支出，在实际发生贷款利息的年度，按照每月1 000元的标准定额扣除，扣除期限最长不超过240个月

B. 纳税人可以多次享受首套住房贷款的利息扣除

C. 首套住房贷款是指购买住房享受首套住房贷款利率的住房贷款

D. 经夫妻双方约定，可以选择由其中一方扣除，也可以由夫妻双方分别按扣除标准的50%扣除，具体扣除方式在一个纳税年度内不能变更

11. 根据个人所得税法律制度的规定，下列各项中，属于来源于中国境外的所得的有（　　）。

A. 因任职、受雇、履约等在中国境外提供劳务取得的所得

B. 许可各种特许权在中国境外使用而取得的所得

C. 从中国境外企业、其他组织以及非居民个人取得的利息、股息、红利所得

D. 将财产出租给承租人在中国境外使用而取得的所得

12. 根据个人所得税法律制度的规定，下列各项中，属于专项附加扣除的有（　　）。

A. 子女教育支出　　B. 3岁以下婴幼儿照护支出

C. 大病医疗支出　　D. 继续教育支出

13. 下列关于全国中小企业股份转让系统挂牌公司股票的个人所得税政策的说法中，正确的有（　　）。

A. 自 2024 年 7 月 1 日起至 2027 年 12 月 31 日，个人持有全国中小企业股份转让系统挂牌公司的股票，持股期限在 1 个月以内(含 1 个月)的，其股息红利所得全额计入应纳税所得额

B. 自 2024 年 7 月 1 日起至 2027 年 12 月 31 日，个人持有全国中小企业股份转让系统挂牌公司的股票，持股期限在 1 个月以上至 1 年(含 1 年)的，其股息红利所得暂减按 50%计入应纳税所得额

C. 自 2024 年 7 月 1 日起至 2027 年 12 月 31 日，个人持有全国中小企业股份转让系统挂牌公司的股票，持股期限在 1 个月以内(含 1 个月)的，其股息红利所得暂减按 50%计入应纳税所得额

D. 自 2024 年 7 月 1 日起至 2027 年 12 月 31 日，个人持有全国中小企业股份转让系统挂牌公司的股票，持股期限在 1 个月以上至 1 年(含 1 年)的，其股息红利所得暂减按 25%计入应纳税所得额

14. 下列关于创投企业对其个人合伙人来源于创投企业的所得计算个人所得税应纳税额的说法中，正确的有(　　)。

A. 2027 年 12 月 31 日前，创投企业可以选择按单一投资基金核算或者按创投企业年度所得整体核算两种方式之一，对其个人合伙人来源于创投企业的所得计算个人所得税应纳税额

B. 2027 年 12 月 31 日前，创投企业选择按单一投资基金核算的，其个人合伙人从该基金应分得的股权转让所得和股息红利所得，按照 20%税率计算缴纳个人所得税

C. 2027 年 12 月 31 日前，创投企业选择按年度所得整体核算的，其个人合伙人应从创投企业取得的所得，按照“经营所得”项目、5%～35%的超额累进税率计算缴纳个人所得税

D. 2027 年 12 月 31 日前，创投企业无论选择按单一投资基金核算，还是无论按创投企业年度所得整体核算，其个人合伙人应从创投企业取得的所得，均按照“经营所得”项目、5%～35%的超额累进税率计算缴纳个人所得税

15. 下列关于个人养老金递延纳税优惠政策的说法中，正确的有(　　)。

A. 在缴费环节，个人向个人养老金资金账户的缴费，按照 12 000 元/年的限额标准，在综合所得或经营所得中据实扣除

B. 在投资环节，计入个人养老金资金账户的投资收益按照利息、股息、红利所得计算缴纳个人所得税

C. 在领取环节，个人领取的个人养老金，不并入综合所得，单独按照 3%的税率计算缴纳个人所得税，其缴纳的税款计入“工资、薪金所得”项目

D. 在领取环节，个人领取的个人养老金，并入综合所得计算缴纳个人所得税

三、判断题

1. 居民个人从中国境外取得的所得，可以从其应纳税额中抵免已在境外缴纳的个人所得税税额，但抵免额不得超过该纳税人境外所得依照我国个人所得税法规定计算的应纳税额。(　　)

2. 居民个人取得劳务报酬所得、稿酬所得、特许权使用费所得，应当在汇算清缴时向税务

机关提供有关信息，减除专项附加扣除。（　）

3. 扣缴义务人每月或者每次预扣、代扣的税款，应当在次月15日内缴入国库，并向税务机关报送扣缴个人所得税申报表。（　）

4. 个人将其所得对教育、扶贫、济困等公益慈善事业进行捐赠，捐赠额未超过纳税人申报的应纳税所得额12%的部分，可以从其应纳税所得额中扣除。（　）

5. 对职工个人以股份形式取得的仅作为分红依据，不拥有所有权的企业量化资产，按照工资薪金所得征收个人所得税。（　）

6. 徐某在一次有奖购物抽奖中，因购买了价值5 000元的电视机而抽中特别奖金1 200元。徐某应缴纳个人所得税税额为240元。（　）

7. 宋律师以个人名义聘请助理李某为辅助其工作，每月支付李某工资1万元。李某每月取得的工资收入应当按"工资、薪金所得"缴纳个人所得税。（　）

8. 转让土地使用权所得一律按"财产转让所得"征收个人所得税。（　）

9. 个人通过非营利性的社会团体和政府部门向福利性、非营利性老年服务机构捐赠，符合相关条件的，准予在缴纳个人所得税税前全额扣除。（　）

10. 对个人购买符合规定的商业健康保险产品的支出，允许在当年（月）计算应纳税所得额时予以税前扣除，扣除限额为2 400元/年（200元/月）。（　）

11. 自2022年1月1日起，持有股权、股票、合伙企业财产份额等权益性投资的个人独资企业、合伙企业，一律适用核定征收方式计征个人所得税。（　）

12. 自2022年1月1日起，对法律援助人员按照《中华人民共和国法律援助法》规定获得的法律援助补贴，免征个人所得税。（　）

13. 对于纳税人赡养1位及以上被赡养人的赡养支出，纳税人为独生子女的，按照每月2 000元的标准定额扣除，自2023年1月1日起，该标准提高到每月3 000元。（　）

14. 自2023年1月1日起，纳税人照护3岁以下婴幼儿子女的相关支出，按照每个婴幼儿每月3 000元的标准定额扣除。（　）

15. 自2023年1月1日至2027年12月31日，对个体工商户年应纳税所得额不超过300万元的部分，减半征收个人所得税。（　）

16. 自2024年1月1日起至2027年12月31日，境内上市公司（股票在上海证券交易所、深圳证券交易所、北京证券交易所上市交易的股份有限公司）授予个人的股票期权、限制性股票和股权奖励，经向主管税务机关备案，个人可自股票期权行权、限制性股票解禁或取得股权奖励之日起，在不超过36个月的期限内缴纳个人所得税。纳税人在此期间内离职的，应在离职前缴清全部税款。（　）

17. 自2024年9月1日起，彩票机构负责代扣代缴个人所得税，为电脑彩票一次中奖收入超过5 000元至10 000元（含）的个人办理免税申报，为电脑彩票和即开型彩票一次中奖收入超过10 000元的个人办理纳税申报。（　）

18. 对个人投资者持有2024—2027年发行的铁路债券取得的利息收入，减按50%计入应纳税所得额计算征收个人所得税。（　）

19. 2027年12月31日前，对内地个人投资者通过沪港通、深港通投资香港联交所上市股票取得的转让差价所得和通过基金互认买卖香港基金份额取得的转让差价所得，继续暂免征收个人所得税。（　）

分章训练题

一、单项选择题

1. 根据企业所得税法律制度的规定，在计算企业应纳税所得额时，除国务院财政、税务主管部门另有规定外，有关费用支出不超过规定比例的准予扣除，超过部分，准予在以后纳税年度结转扣除。下列各项中，属于该有关费用的是（　　）。

A. 职工教育经费　　B. 职工福利费　　C. 业务招待费　　D. 工会会费

2. 下列固定资产中，在计算企业所得税应纳税所得额时准予扣除折旧费的是（　　）。

A. 以经营租赁方式租入的固定资产　　B. 未投入使用的房屋

C. 与经营活动无关的固定资产　　D. 未投入使用的机器设备

3. 根据企业所得税法律制度的规定，下列固定资产中，不得计算折旧在税前扣除的是（　　）。

A. 接受投资的机器设备　　B. 未投入使用的房屋、建筑物

C. 单独估价作为固定资产入账的土地　　D. 接受捐赠的机器设备

4. 我国甲企业本年度国内应纳税所得额为 400 万元，适用的企业所得税税率为 25%，该企业分别在 A、B 两国取得所得（我国与 A、B 两国已经缔结避免双重征税协定），在 A 国分支机构的应纳税所得额为 120 万元，A 国的企业所得税税率为 20%；从 B 国的分支机构分回国内的利润为 42 万元，B 国的企业所得税税率为 30%。假设三国应纳税所得额确定方法一致，甲企业选择“分国（地区）不分项”的方法来计算其来源于境外的应纳税所得额。则甲企业国外所得在国内应补缴的企业所得税税额为（　　）万元。

A. 20　　B. 33.5　　C. 6　　D. 4

5. 根据企业所得税法律制度的规定，下列关于所得来源地判断的表述中，不正确的是（　　）。

A. 不动产转让所得，按照不动产所在地确定

B. 股息、红利等权益性投资所得，按照分配所得的企业所在地确定

C. 租金、利息、特许权使用费所得，按照负担、支付所得的企业所在地确定

D. 动产转让所得，按照转让动产所在地确定

6. A 创业投资企业，本年从其直接投资的企业分回股息收益 750 万元，转让股权取得收入 1 000 万元，转让专利权取得收入 500 万元，发生业务招待费 30 万元。A 创业投资企业本年度发生的业务招待费在计算应纳税所得额时准予扣除（　　）万元。

A. 18　　B. 3.75　　C. 8.75　　D. 11.25

7. 根据企业所得税法律制度的规定，县级以上人民政府将国有资产无偿划入企业，凡指定专门用途并按规定进行管理的，企业可以作为不征税收入进行税务处理。其中，该资产属于非货币性资产的，应按政府确定的（　　）计算不征税收入。

A. 接收价值　　B. 公允价值　　C. 成本价值　　D. 市场价值

8. 甲股份公司投资人赵某本年 3 月从该公司借款 5 万元用于购买汽车，并将汽车所有权登记至自己名下，到年底仍未归还借款。则赵某借用的该款项应按（　　）项目计征个人所得税。

A. 工资、薪金所得　　B. 劳务报酬所得

C. 利息、股息、红利所得　　D. 经营所得

9. 王某本年3月购买福利彩票获奖15 000元，领奖时王某支出交通费400元、食宿费600元。在颁奖现场王某直接向某大学图书馆捐款2 000元。王某的中奖收入应纳个人所得税税额为(　　)元。

A. 0　　B. 3 000　　C. 2 600　　D. 2 800

10. 下列各项中，不属于免征个人所得税的是(　　)。

A. 国家发行的金融债券利息收入

B. 县人民政府为教师王某颁发的教育奖金

C. 对外籍个人取得的探亲费

D. 个人取得的拆迁补偿款

二、多项选择题

1. 下列资产中，不得计算折旧在企业所得税税前扣除的有(　　)。

A. 未投入使用的生产设备　　B. 未投入使用的建筑物

C. 以经营租赁方式租出的固定资产　　D. 以融资租赁方式租出的固定资产

2. 企业缴纳的下列保险费用中，准予在企业所得税税前扣除的有(　　)。

A. 为高空作业人员支付的人身安全商业保险费用

B. 为企业高管支付的人身安全商业保险费用

C. 为企业职工支付的基本养老保险费用

D. 企业职工因公出差乘坐交通工具发生的人身意外保险费支出

3. 甲公司本年度支出合理工资薪金总额4 000万元，为职工缴纳补充养老保险费320万元、补充医疗保险费120万元。对于甲公司计算本年度应纳税所得额时准予扣除的补充养老保险费、补充医疗保险费，下列计算中，正确的有(　　)。

A. 准予扣除的补充医疗保险费＝4 000×5％＝200(万元)

B. 准予扣除的补充养老保险费＝4 000×5％＝200(万元)

C. 准予扣除的补充养老、补充医疗保险费合计额＝200＋120＝320(万元)

D. 准予扣除的补充养老、补充医疗保险费合计额＝4 000×5％＝200(万元)

4. 下列关于企业所得税纳税期限的表述中，正确的有(　　)。

A. 企业在一个纳税年度中间开业，或者终止经营活动，使该纳税年度的实际经营期不足12个月的，应当以其实际经营期为1个纳税年度

B. 企业依法清算时，应当以清算期间作为1个纳税年度

C. 企业在年度中间终止经营活动的，应当自实际经营终止之日起90日内，向税务机关办理当期企业所得税汇算清缴

D. 企业应当自年度终了之日起3个月内，向税务机关报送年度企业所得税纳税申报表，并汇算清缴，结清应缴应退税款

5. 企业从事下列项目的所得，免征企业所得税的有(　　)。

A. 内陆养殖　　B. 蔬菜、谷物、薯类、油料、豆类的种植

C. 林木的培育和种植　　D. 农产品初加工

6. A企业是我国的居民企业，其取得的下列收入中，属于企业所得税免税收入的有（　　）。

A. 国债利息收入

B. 依法收取并纳入财政管理的行政事业性收费、政府性基金

C. 符合条件的居民企业之间的股息、红利等投资收益

D. 接受捐赠收入

7. 下列各项中，可以免征或暂免征收个人所得税的有（　　）。

A. 张某取得退休工资3 000元

B. 李某取得境内上市公司股票转让所得50 000元

C. 王某取得救济金20 000元

D. 赵某举报税务违法行为获得奖金10 000元

8. 下列关于企业所得税不征税收入的说法中，正确的有（　　）。

A. 县级以上人民政府将国有资产无偿划入企业，凡指定专门用途并按规定进行管理的，可作为企业所得税不征税收入

B. 2018年9月20日起，对全国社会保障基金理事会及基本养老保险基金投资管理机构在国务院批准的投资范围内，运用养老基金投资取得的归属于养老基金的投资收入，作为企业所得税不征税收入

C. 2018年9月10日起，对全国社会保障基金取得的直接股权投资收益、股权投资基金收益，作为企业所得税不征税收入

D. 在中国境内设立机构、场所的非居民企业从居民企业取得与该机构、场所有实际联系的股息、红利等权益性投资收益为企业所得税不征税收入

9. 下列关于经营性文化事业单位转制为企业的企业所得税税收优惠的说法中，正确的有（　　）。

A. 经营性文化事业单位转制为企业，自转制注册之日起5年内免征企业所得税。该税收政策执行至2027年12月31日

B. 企业在2027年12月31日享受上述税收政策不满5年的，可继续享受至5年期满为止

C. 经营性文化事业单位转制为企业，自转制注册之日起10年内免征企业所得税。该税收政策执行至2027年12月31日

D. 企业在2027年12月31日享受上述税收政策不满10年的，可继续享受至10年期满为止

10. 下列关于企业所得税税收优惠的说法中，正确的有（　　）。

A. 对企业取得的2012年及以后年度发行的地方政府债券利息收入，免征企业所得税

B. 企业开展研发活动中实际发生的研发费用，未形成无形资产计入当期损益的，在按规定据实扣除的基础上，自2023年1月1日起，再按照实际发生额的100%在税前加计扣除；形成无形资产的，自2023年1月1日起，按照无形资产成本的200%在税前摊销

C. 自2021年1月1日至2027年12月31日，对符合条件的生产和装配伤残人员专门用品，且在民政部发布的《中国伤残人员专门用品目录》范围之内的居民企业，免征企业所得税

D. 对企业投资者持有2024～2027年发行的铁路债券取得的利息收入，减半征收企业所得税

11. 根据个人所得税法律制度的规定，对于居民个人和非居民个人的界定，下列说法中，正确的有（　　）。

A. 在中国境内有住所，或者无住所而一个纳税年度内在中国境内居住累计满 183 天的个人，为居民个人

B. 在中国境内无住所又不居住，或者无住所而一个纳税年度内在中国境内居住累计不满 183 天的个人，为非居民个人

C. 无住所个人一个纳税年度内在中国境内累计居住天数，按照个人在中国境内累计停留的天数计算

D. 在中国境内停留的当天满 12 小时的，计入中国境内居住天数，在中国境内停留的当天不足 12 小时的，不计入中国境内居住天数

12. 根据个人所得税法律制度的规定，下列说法中，正确的有（　　）。

A. 保险营销员、证券经纪人取得的佣金收入，属于劳务报酬所得，以不含增值税的收入减除 20%的费用后的余额为收入额，收入额减去展业成本以及附加税费后，并入当年综合所得，计算缴纳个人所得税

B. 保险营销员、证券经纪人展业成本按照收入额的 40%计算

C. 扣缴义务人向保险营销员、证券经纪人支付佣金收入时，应按照《个人所得税扣缴申报管理办法（试行）》（国家税务总局公告 2018 年第 61 号）规定的累计预扣法计算预扣税款

D. 扣缴义务人向保险营销员、证券经纪人支付佣金收入时，不采用累计预扣法计算预扣税款

13. 根据个人所得税法律制度的规定，下列说法中，正确的有（　　）。

A. 个人在上海证券交易所、深圳证券交易所转让从上市公司公开发行和转让市场取得的上市公司股票所得，免征个人所得税

B. 自 2018 年 11 月 1 日（含）起，对个人转让全国中小企业股份转让系统（新三板）挂牌公司原始股取得的所得，暂免征收个人所得税

C. 企业依照国家有关法律规定宣告破产，企业职工从该破产企业取得的一次性安置费收入，免征个人所得税

D. 自 2024 年 7 月 1 日起至 2027 年 12 月 31 日，个人持有全国中小企业股份转让系统挂牌公司的股票，持股期限超过 1 年的，对股息红利所得暂免征收个人所得税

14. 自 2020 年 1 月 1 日至 2024 年 12 月 31 日，对海南自由贸易港实行的企业所得税优惠政策（自 2025 年 1 月 1 日至 2027 年 12 月 31 日，该政策继续执行）包括（　　）。[①]

A. 对注册在海南自由贸易港并实质性运营的鼓励类产业企业，减按 15%的税率征收企业所得税

B. 对总机构设在海南自由贸易港的符合条件的企业，仅就其设在海南自由贸易港的总机构和分支机构的所得，适用 15%的企业所得税税率

C. 对总机构设在海南自由贸易港以外的企业，仅就其设在海南自由贸易港内的符合条件的分支机构的所得，适用 15%的企业所得税税率

---

① 该内容在《2025 年度初级会计专业技术资格考试大纲》中已经删除，本教材仍保留。

D. 对在海南自由贸易港设立的旅游业、现代服务业、高新技术产业企业新增境外直接投资取得的所得，适用15%的企业所得税税率

三、判断题

1. 企业为在本企业任职或者受雇的全体员工支付的补充养老保险费、补充医疗保险费，分别在不超过职工工资总额3%标准内的部分，在计算应纳税所得额时准予扣除。　（　　）

2. 在中国境内未设立机构、场所的，或者虽设立机构、场所但取得的所得与其所设机构、场所没有实际联系的非居民企业，就其取得的来源于中国境内的所得应缴纳的企业所得税，实行源泉扣缴，以支付人为扣缴义务人。　（　　）

3. 企业在汇总计算缴纳企业所得税时，其境外营业机构的亏损可以抵减境内营业机构的盈利。　（　　）

4. 企业当年发生以及以前年度结转的公益性捐赠支出，不超过年度应纳税所得额12%的部分，准予扣除；超过应纳税所得额总额12%的部分，准予结转以后3年内在计算应纳税所得额时扣除。　（　　）

5. 个人独资企业向其从业人员实际支付的合理的工资、薪金支出，允许在个人所得税税前据实扣除。　（　　）

6. 根据个人所得税法律制度的规定，在中国境内无住所又不居住，或者无住所而一个纳税年度内在中国境内居住累计不满90天的个人，为非居民个人。　（　　）

7. 根据个人所得税法律制度的规定，单位统一为员工购买符合规定的商业健康保险产品的支出，应分别计入员工个人工资薪金，视同个人购买，允许在当年(月)计算应纳税所得额时予以税前扣除，扣除限额为2 400元/年(200元/月)。　（　　）

8. 教师自行举办学习班、培训班等取得的收入，可能属于“劳务报酬所得”，也可能属于“经营所得”。　（　　）

9. 居民个人从中国境外取得的所得，可以从其应纳税额中抵免已在境外缴纳的个人所得税税额，但抵免额不得超过该纳税人境外所得依照我国个人所得税法规定计算的应纳税额。　（　　）

10. 县级以上人民政府将国有资产无偿划入企业，凡指定专门用途并按规定进行管理的，企业可作为企业所得税免税收入进行企业所得税处理。　（　　）

11. 根据企业所得税法律制度的规定，2019年1月1日起，保险企业发生与其经营活动有关的手续费及佣金支出，不超过当年全部保费收入扣除退保金等后余额的15%(含本数)的部分，在计算应纳税所得额时准予扣除；超过部分，允许结转以后年度扣除。　（　　）

12. 国有企业(包括国有独资、全资和国有资本绝对控股、相对控股企业)纳入管理费用的党组织工作经费，实际支出不超过职工年度工资薪金总额1%的部分，可以据实在企业所得税税前扣除。　（　　）

13. 自2019年6月1日起至2025年12月31日，社区提供养老、托育、家政等服务的机构，提供社区养老、托育、家政服务取得的收入，在计算应纳税所得额时，减按70%计入收入总额。社区包括城市社区和农村社区。　（　　）

14. 对个人转让新三板挂牌公司原始股取得的所得，按照“财产转让所得”，适用20%的比例税率征收个人所得税。　（　　）

15. 个人为单位或他人提供担保获得收入，按照“偶然所得”项目计算缴纳个人所得税。（　　）

16. 房屋产权所有人将房屋产权无偿赠与他人的，受赠人因无偿受赠房屋取得的受赠收入，按照“偶然所得”项目计算缴纳个人所得税。（　　）

17. 非居民个人的工资、薪金所得，劳务报酬所得，稿酬所得，特许权使用费所得的个人所得税应当在取得的当月缴纳，并需要汇算清缴。（　　）

18. 2027 年 12 月 31 日前，居民个人取得股票期权、股票增值权、限制性股票、股权奖励等股权激励，符合规定的相关条件的，不并入当年综合所得，全额单独适用综合所得税率表，计算缴纳个人所得税。（　　）

19. 居民个人对外提供咨询服务，取得劳务报酬所得时，可以向扣缴义务人提供专项附加扣除有关信息，由扣缴义务人扣缴税款时减除专项附加扣除。（　　）

四、不定项选择题

1. A 公司为居民企业，本年有关经营情况如下：

① 产品销售收入 3 000 万元，出租闲置厂房租金收入 200 万元，取得企业债券利息收入 20 万元，接受 B 企业捐赠原材料 8 万元(接受的捐赠已计入营业外收入)。

② 缴纳增值税 250 万元、消费税 60 万元、城市维护建设税 21.7 万元、教育费附加 9.3 万元、地方教育附加 6.2 万元。

③ 发生业务招待费支出 50 万元，广告费支出 600 万元，业务宣传费支出 70 万元。

④ 实际发生的合理的工资薪金支出 180 万元，职工福利费 26 万元，职工教育经费 2 万元，拨缴工会经费 4 万元。

已知：在计算企业所得税应纳税所得额时，准予扣除的广告费和业务宣传费不超过当年销售收入的 15%，业务招待费按照发生额的 60%扣除，但最高不得超过当年销售收入的 5‰，准予扣除的职工福利费、职工教育经费、工会经费分别为不超过工资薪金总额的 14%、8% 和 2%。

要求：根据上述材料，分别回答下列问题。

(1) A 公司在计算本年度企业所得税应纳税所得额时，下列收入中，应计入收入总额的有(　　)。

A. 产品销售收入 3 000 万元　　B. 出租厂房租金收入 200 万元

C. 企业债券利息收入 20 万元　　D. 接受捐赠收入 8 万元

(2) A 公司在计算本年度企业所得税应纳税所得额时，下列各项中，准予扣除的有(　　)。

A. 城市维护建设税 21.7 万元

B. 教育费附加 9.3 万元、地方教育附加 6.2 万元

C. 消费税 60 万元

D. 增值税 250 万元

(3) A 公司在计算本年度企业所得税应纳税所得额时，下列表述中，正确的有(　　)。

A. 业务招待费税前扣除限额为 50 万元

B. 业务招待费税前扣除限额为 16 万元

C. 广告费和业务宣传费税前扣除限额为 670 万元

D. 广告费和业务宣传费税前扣除限额为 480 万元

(4) A 公司本年实际发生的工资薪金、职工福利费、职工教育经费和工会经费支出，可以在企业所得税税前全额扣除的是(　　)。

A. 工资薪金 180 万元　　B. 职工福利费 26 万元

C. 工会经费 4 万元　　D. 职工教育经费 2 万元

2. A 公司为居民企业，本年度有关经济业务如下：

① 取得咨询服务收入 1 200 万元、国债利息收入 12 万元、银行存款利息收入 4 万元，违约金收入 0.2 万元。

② 支付职工困难补助 2 万元、职工交通补贴 2.1 万元、职工浴室工作人员工资 12 万元，缴纳生产工人补充医疗保险费 30 万元。

③ 新技术研究开发费用 30 万元，已计入管理费用。

④ 支付税收滞纳金 2 万元，直接向灾区捐款 5 万元，向街道办赞助支出 3 万元。

⑤ 当年向投资者分配利润 80 万元。

要求：根据上述资料，分别回答下列问题。

(1) A 公司下列收入中，在计算本年度企业所得税应纳税所得额时，应计入收入总额的有(　　)。

A. 国债利息收入 12 万元　　B. 银行存款利息收入 4 万元

C. 违约金收入 0.2 万元　　D. 咨询服务收入 1 200 万元

(2) A 公司下列支出中，在计算本年度企业所得税应纳税所得额时，不准扣除的有(　　)。

A. 街道办赞助支出 3 万元　　B. 税收滞纳金 2 万元

C. 直接向灾区捐款 5 万元　　D. 向投资者分配利润 80 万元

(3) A 公司在计算本年度企业所得税应纳税所得额时，准予扣除的新技术研究开发费用总额的下列计算中，正确的是(　　)。

A. 30×50%＝15(万元)　　B. 30×(1＋100%)＝60(万元)

C. 30×(1＋50%)＝45(万元)　　D. 30×100%＝30(万元)

(4) 下列各项中，属于职工福利费范畴的有(　　)。

A. 职工困难补助 2 万元　　B. 职工交通补贴 2.1 万元

C. 生产工人补充医疗保险费 30 万元　　D. 职工浴室工作人员工资 12 万元

3. A 公司为居民企业，本年有关收支情况如下：

① 取得产品销售收入 3 000 万元、转让非专利技术所有权收入 30 万元、国债利息收入 10 万元、资产溢余收入 1 万元。

② 支付罚金、罚款和被没收财物的损失 2 万元、银行加息 8 万元，向投资者支付股息 16 万元，向关联企业支付管理费 12 万元。

③ 发生业务招待费 40 万元，其他可在企业所得税税前扣除的成本、费用、税金合计 1 800 万元。

已知：在计算企业所得税应纳税所得额时，业务招待费支出按发生额的 60%扣除，但最高不得超过当年销售(营业)收入的 5‰。

要求：根据上述资料，分别回答下列问题。

(1) A 公司下列收入中，应计入企业所得税应纳税所得额的有(　　)。

A. 转让非专利技术所有权收入 30 万元　　B. 产品销售收入 3 000 万元

C. 国债利息收入 10 万元　　D. 资产溢余收入 1 万元

(2) A 公司下列支出中，在计算本年度企业所得税应纳税所得额时，不得扣除的有(　　)。

A. 罚金、罚款和被没收财物的损失 2 万元

B. 向关联企业支付的管理费 12 万元

C. 银行加息 8 万元

D. 向投资者支付的股息 16 万元

(3) A 公司在计算本年度企业所得税应纳税所得额时，允许扣除的业务招待费为(　　)。

A. 15 万元　　B. 15.21 万元　　C. 40 万元　　D. 24 万元

(4) A 公司本年度企业所得税应纳税所得额为(　　)。

A. 1 216 万元　　B. 1 183 万元　　C. 1 199 万元　　D. 1 208 万元

4. A 企业是一家国家重点扶持的环保高新技术企业，属于居民企业，主要从事节能减排技术改造，本年经营情况如下：

① 全年产品销售收入 4 200 万元。

② 全年实际发生合理工资 260 万元、职工福利费 40 万元，职工教育经费 6.5 万元、工会经费 6 万元、按照规定缴纳的基本社会保险和住房公积金 59 万元。

③ 全年实际发生业务招待费 31 万元、新技术研究开发费用 500 万元。

④ 当年闲置厂房计提折旧 18 万元，未投入使用的机器设备计提折旧 20 万元。

⑤ 当年直接向贫困地区捐赠 30 万元。

⑥发生非广告性质的赞助支出 16 万元。

⑦购入轿车支付价款 30 万元。

要求：根据上述资料，分析回答下列问题。

(1) 计算企业所得税应纳税所得额时，业务招待费准予扣除(　　)万元。

A. 18.6　　B. 21　　C. 25　　D. 31

(2) 下列各项中，准予在税前扣除的有(　　)。

A. 职工福利费 36.4 万元　　B. 职工教育经费 6.5 万元

C. 基本社会保险费和住房公积金 59 万元　　D. 工会经费 5.2 万元

(3) 下列关于企业所得税税前扣除项目的表述中，正确的有(　　)。

A. 闲置厂房计提折旧 18 万元可以扣除

B. 发生的非广告性质的赞助支出 16 万元不得扣除

C. 未投入使用的机器设备计提 20 万元折旧不得税前扣除

D. 直接向贫困地区捐赠 30 万元，准予在利润总额 12%以内扣除

(4) 下列税收优惠中，A 企业适用的有(　　)。

A. 新技术研发费用可以加计扣除 1 000 万元

B. 享受三免三减半优惠政策

C. 按 15%的税率征收企业所得税

D. 购入轿车 30 万元可以享受税额抵免

5. 程某为我国居民个人，就职于我国境内 A 公司，本年有关收入情况如下：

① 每月取得税前工资、薪金收入 10 000 元。

② 2 月，为我国境内 B 公司提供技术服务，取得税前收入 23 600 元。另外程某自己承担交通费 200 元、餐费 180 元、资料费 80 元、通信费 40 元。

③ 6 月，在我国境内 C 杂志社的某刊物发表论文取得税前稿酬收入 2 500 元。

④ 9 月，取得税前体育彩票中奖收入 8 000 元。

⑤ 取得县级人民政府颁发的技术方面的奖金 5 000 元。

⑥取得国家发行的金融债券利息 1 000 元。

⑦在二级市场买卖股票取得转让所得 60 000 元。

另外，程某本年专项扣除、专项附加扣除和依法确定的其他扣除共计 40 000 元。A 公司、B 公司、C 杂志社已经为程某代扣代缴个人所得税 1 000 元。

要求：根据上述资料，分别回答下列问题。

(1) 程某本年综合所得应缴纳个人所得税税额为(　　)元。

A. 1 468　　B. 1 508　　C. 1 368　　D. 1 608

(2) 程某本年综合所得汇算清缴个人所得税时，应(　　)。

A. 补税 468 元　　B. 补税 508 元　　C. 退税 368 元　　D. 退税 608 元

(3) 程某本年综合所得汇算清缴的时限是(　　)。

A. 次年 3 月 1 日至 5 月 31 日内　　B. 次年 3 月 1 日至 6 月 30 日内

C. 次年 3 月 31 日前　　D. 次年 6 月 30 日前

(4) 程某的下列行为中，免征个人所得税的是(　　)。

A. 体育彩票中奖 8 000 元

B. 县级人民政府颁发的技术方面的奖金 5 000 元

C. 取得国家发行的金融债券利息 1 000 元

D. 在二级市场买卖股票取得转让所得 60 000 元

6. 钱某为我国居民个人，在国内 A 公司担任工程师，本年 12 月的收入和支出情况如下：

① 基本工资为 6 600 元，全勤奖为 1 800 元，岗位津贴为 600 元，差旅费津贴为 700 元。

② 获得省级人民政府颁发的科技进步奖 7 600 元。

③ 企业债务利息 4 200 元，1 年期储蓄存款利息 600 元。

④ 拍卖自己的文字作品手稿原件，取得收入 4 万元。

⑤ 拍卖祖传名家名画一幅，取得收入 10 万元。

⑥举报某企业违法排污，获得环保部门奖励 3 800 元。

⑦被本地电视台聘为兼职顾问，取得顾问费 4.8 万元。

要求：根据上述资料，回答下列问题。

(1) 钱某下列收入中，免予或者暂免征收个人所得税的是(　　)。

A. 企业债券利息 4 200 元　　B. 科技进步奖 7 600 元

C. 储蓄存款利息 600 元　　D. 举报违法奖励 3 800 元

(2) 钱某下列工资、薪金所得项目中，应计算缴纳个人所得税的是(　　)。

A. 基本工资 6 600 元　　B. 全勤奖 1 800 元

C. 差旅费津贴 700 元　　D. 岗位津贴 600 元

(3) 下列关于钱某通过拍卖取得的收入的说法中,正确的是(　　)。

A. 钱某拍卖自己的文字作品手稿原件取得的收入,应按“特许权使用费所得”项目计征个人所得税

B. 钱某拍卖自己的文字作品手稿原件取得的收入,应按“财产转让所得”项目计征个人所得税

C. 钱某拍卖祖传名家名画取得的收入,应按“财产转让所得”项目计征个人所得税

D. 钱某拍卖祖传名家名画取得的收入,应按“特许权使用费所得”项目计征个人所得税

(4) 钱某取得的顾问费应按(　　)项目计算缴纳个人所得税。

A. 偶然所得　　B. 劳务报酬所得

C. 稿酬所得　　D. 工资、薪金所得

7. 何某为我国居民个人,本年 10 月取得如下收入:

① 出租住房,取得当月租金收入 3 100 元,发生相关税费 158 元、修缮费 1 800 元。

② 取得福利彩票中奖所得 20 000 元。

③ 转让境内 A 股股票,取得转让收入 80 000 元;取得 A 股股息收入 800 元(持股已经 3 年)。

④ 何某的汽车被盗,获得保险赔款 150 000 元。

⑤ 取得国家发行金融债券利息收入 800 元。

已知:个人出租住房适用的个人所得税税率为 10%。

要求:根据上述资料,回答下列问题。

(1) 关于何某取得的保险赔款和国家发行的金融债券利息收入,下列说法正确的是(　　)。

A. 保险赔款是免税收入

B. 保险赔款属于不征税收入

C. 国家发行的金融债券利息收入是不征税收入

D. 国家发行的金融债券利息收入是免税收入

(2) 关于何某出租住房取得的 10 月份租金收入应缴纳的个人所得税,下列计算正确的是(　　)。

A. 3 100×10%=310(元)

B. (3 100−158−800)×10%=214.2(元)

C. (3 100−158−800−1 800)×10%=34.2(元)

D. (3 100−158−800−800)×10%=134.2(元)

(3) 关于何某福利彩票中奖所得应缴纳的个人所得税税额,下列计算正确的是(　　)。

A. 20 000×20%=4 000(元)

B. (20 000−800)×20%=3 840(元)

C. 20 000×(1−20%)×20%=3 200(元)

D. 20 000×70%×(1−20%)×20%=2 240(元)

第五章答案

(4) 下列说法中,正确的有(　　)。

A. 何某转让 A 股股票取得的收入不缴纳个人所得税

B. 何某转让 A 股股票取得的收入应当缴纳个人所得税

C. 何某取得的 A 股股息收入不缴纳个人所得税

D. 何某取得的 A 股股息收入应当缴纳个人所得税

第六章 财产和行为税法律制度

考情整体分析

本章为本书的较为重要的一章，主要介绍房产税法律制度、契税法律制度、土地增值税法律制度、城镇土地使用税法律制度、耕地占用税法律制度、车船税法律制度、资源税法律制度、环境保护税法律制度、印花税法律制度。本章涉及的题型包括单项选择题、多项选择题、判断题、不定项选择题。本章知识点很多，在考试中所占的分值较大，一般为 9～11 分。在学习本章时，建议对各个税种进行对比学习，比较它们的纳税人、征收范围、计税依据、税率、计算方法、税收优惠、纳税义务发生时间、纳税期限和纳税地点之间区别。

考情变化分析

（1）删除“房产税税收优惠”中“经财政部批准免税的其他房产”的相关内容。

（2）调整“契税税收优惠”的相关内容；删除契税“部门之间的工作配合”“税务机关及其工作人员的保密义务”的相关内容。

（3）删除“土地增值税计税依据”中“房地产开发成本”的部分内容。

（4）删除“土地增值税税收优惠”中“普通标准住宅”“企业改制重组有关土地增值税政策”的相关内容。

（5）删除“城镇土地使用税税收优惠”的相关内容。

（6）删除“耕地占用税税收优惠”的相关内容。

（7）删除“耕地占用税征收管理”中“征收机关与部门配合”的相关内容。

（8）删除“车船税税收优惠”中“车船税其他税收优惠”的相关内容。

（9）调整“资源税税收优惠”的相关内容。

（10）精简“印花税税收优惠”中“临时性减免税优惠”的相关内容。

考纲知识体系

财产和行为税法律制度	一、房产税法律制度	（1）房产税纳税人（★★★） （2）房产税征税范围（★★★★） （3）房产税税率（★★） （4）房产税计税依据（★★★★） （5）房产税应纳税额的计算（★★★★★） （6）房产税税收优惠（★★★） （7）房产税征收管理（★★★）

续　表

财产和行为税法律制度	二、契税法律制度	(1) 契税纳税人(★★★) (2) 契税征税范围(★★★★) (3) 契税税率(★★) (4) 契税计税依据(★★★) (5) 契税应纳税额的计算(★★★★) (6) 契税税收优惠(★★★) (7) 契税征收管理(★★)
	三、土地增值税法律制度	(1) 土地增值税纳税人(★★★) (2) 土地增值税征税范围(★★★★) (3) 土地增值税税率(★★) (4) 土地增值税计税依据(★★★★★) (5) 土地增值税应纳税额的计算(★★★★★) (6) 土地增值税税收优惠(★★★) (7) 土地增值税征收管理(★★)
	四、城镇土地使用税法律制度	(1) 城镇土地使用税纳税人(★★★) (2) 城镇土地使用税征税范围(★★★★) (3) 城镇土地使用税税率(★★) (4) 城镇土地使用税计税依据(★★) (5) 城镇土地使用税应纳税额的计算(★★★★) (6) 城镇土地使用税税收优惠(★★★) (7) 城镇土地使用税征收管理(★★★)
	五、耕地占用税法律制度	(1) 耕地占用税纳税人(★★★) (2) 耕地占用税征税范围(★★★) (3) 耕地占用税税率(★★) (4) 耕地占用税计税依据(★★) (5) 耕地占用税应纳税额的计算(★★★★) (6) 耕地占用税税收优惠(★★★) (7) 耕地占用税征收管理(★★★)
	六、车船税法律制度	(1) 车船税纳税人(★★★) (2) 车船税征税范围(★★) (3) 车船税税目(★★★) (4) 车船税税率(★★) (5) 车船税计税依据(★★★) (6) 车船税应纳税额的计算(★★★★) (7) 车船税税收优惠(★★★★) (8) 车船税征收管理(★★★)
	七、资源税法律制度	(1) 资源税纳税人(★★★) (2) 资源税征税范围和税目(★★) (3) 资源税税率(★★) (4) 资源税计税依据(★★★) (5) 资源税应纳税额的计算(★★★★) (6) 资源税税收优惠(★★★) (7) 资源税征收管理(★★)

续　表

财产和行为税法律制度	八、环境保护税法律制度	(1) 环境保护税纳税人(★★★) (2) 环境保护税征税范围(★★★) (3) 环境保护税税率(★★) (4) 环境保护税计税依据(★★★) (5) 环境保护税应纳税额的计算(★★★★) (6) 环境保护税税收优惠(★★★★) (7) 环境保护税征收管理(★★)
	九、印花税法律制度	(1) 印花税纳税人(★★★) (2) 印花税征税范围(★★★★) (3) 印花税税率(★★) (4) 印花税计税依据(★★★★) (5) 印花税应纳税额的计算(★★★★) (6) 印花税税收优惠(★★★) (7) 印花税征收管理(★★★)

分节训练题

第一节　房产税法律制度

一、单项选择题

1. A公司拥有一栋办公楼，该办公楼原值为3 000万元，已计提折旧1 000万元，当地政府规定的扣除比例为20%。本年6月30日，A公司以每月30万元的价格将该办公楼出租，租期1年，本年共取得租金180万元(不含增值税)。A公司本年应纳房产税税额为(　　)万元。

A. 19.1　　B. 21.6　　C. 36　　D. 39.3

2. 下列各项中，不予免征房产税的是(　　)。

A. 军队自用的房产　　B. 公园中附设的照相馆

C. 个人所有的唯一普通居住用房　　D. 国家机关的职工食堂

二、多项选择题

1. 下列关于房产税的说法中，错误的有(　　　)。

A. 房产税的征税范围为城市、县城、建制镇、农村和工矿区的房屋

B. 独立于房屋之外的建筑物，如围墙、烟囱、水塔、菜窖、室外游泳池等不属于房产税的征税范围

C. 房产税在房产所在地缴纳

D. 从价计征的房产税，以房产原值为计税依据

2. 下列有关房产税计税依据的说法中，正确的有(　　　)。

A. 对以房产投资收取固定收入、不承担经营风险的,应以出租方取得的租金收入为计税依据计税

B. 融资租赁房屋的,以房产原值计税

C. 租入房产的,承租人以房产余值计税

D. 出租房产的,出租人以租金计税

3. 下列各项中,不符合房产税纳税义务发生时间规定的有(　　)。

A. 纳税人自行新建房屋用于生产经营,从建成之次月起,缴纳房产税

B. 纳税人将原有房产用于生产经营,从生产经营之次月起,缴纳房产税

C. 纳税人委托施工企业建设的房屋,从办理验收手续之月起,缴纳房产税

D. 纳税人因房产的实物或权利状态发生变化而依法终止房产税纳税义务的,其应纳税款的计算应截至房产的实物或权利状态发生变化的当月末

三、判断题

1. 张某拥有一套四合院,原一直用于居住,如果本年7月转为经营饭店,则张某应于本年8月起缴纳房产税。(　　)

2. 以房产投资联营,投资者参与投资利润分红、共担风险的,按照房产净值作为计税依据计征房产税。(　　)

3. 房地产开发企业建造的商品房在出售前已经使用或出租、出借的,不缴纳房产税。(　　)

4. 对个人出租住房,不区分用途,按4%的税率征收房产税。(　　)

5. 对企事业单位、社会团体以及其他组织按市场价格向个人出租用于居住的住房,减按4%的税率征收房产税。(　　)

6. 对廉租住房经营管理单位按照政府规定价格向规定保障对象出租廉租住房的租金收入,免征房产税。(　　)

第二节　契税法律制度

一、单项选择题

1. 下列关于契税征收管理的说法中,正确的是(　　)。

A. 纳税人应当在依法办理土地、房屋权属登记手续后申报缴纳契税

B. 企业发生契税纳税义务时,应向企业机构所在地税务机关缴纳契税

C. 契税的纳税义务发生时间是纳税人签订土地、房屋权属转移合同15日内,或者纳税人取得其他具有土地、房屋权属转移合同性质凭证15日内

D. 契税的纳税义务发生时间是纳税人签订土地、房屋权属转移合同的当日,或者纳税人取得其他具有土地、房屋权属转移合同性质凭证的当日

2. 方某向谢某借款160万元,后因方某无力用现金偿还,方某以一套价值180万元的房产抵偿所欠谢某债务,谢某取得该房产产权的同时支付方某差价款20万元。已知当地的契税税率为3%。下列表述中,正确的是(　　)。

A. 方某应缴纳契税 4.8 万元
B. 方某应缴纳契税 6 万元
C. 谢某应缴纳契税 0.6 万元
D. 谢某应缴纳契税 5.4 万元

二、多项选择题

1. 下列关于契税计税依据的表述中,符合法律制度规定的有(　　)。

A. 以划拨方式取得土地使用权,经批准转让房地产时应补缴的契税,以补缴的土地使用权出让费用或土地收益作为计税依据

B. 土地使用权出让、出售,房屋买卖,以市场价格作为计税依据

C. 土地使用权互换、房屋互换,以所互换的土地使用权、房屋价格的差额为计税依据

D. 土地使用权赠与、房屋赠与以及其他没有价格的转移土地、房屋权属行为,以税务机关参照土地使用权出售、房屋买卖的市场价格依法核定的价格作为计税依据

2. 下列各项中,可依法免征契税的有(　　)。

A. 某人民医院购买的大楼作为住院部

B. 徐某家为改善住房条件而新买的商品房

C. 李某承受一片荒山土地使用权,用于种植农作物

D. 某商业集团收购的房产作为超市

3. 下列关于契税的说法中,正确的有(　　)。

A. 因不可抗力灭失住房,重新承受住房权属的,免征契税

B. 婚姻关系存续期间夫妻之间变更土地、房屋权属的,免征契税

C. 土地、房屋被县级以上人民政府征用、占用后,重新承受土地、房屋权属的,免征契税

D. 法定继承人通过继承承受土地、房屋权属的,免征契税

4. 下列关于契税计税依据的说法中,正确的有(　　)。

A. 土地使用权及所附建筑物、构筑物等(包括在建的房屋、其他建筑物、构筑物和其他附着物)转让的,计税依据为承受方应交付的总价款

B. 土地使用权出让的,计税依据包括土地出让金、土地补偿费、安置补助费、地上附着物和青苗补偿费、征收补偿费、城市基础设施配套费、实物配建房屋等应交付的货币以及实物、其他经济利益对应的价款

C. 房屋附属设施(包括停车位、机动车库、非机动车库、顶层阁楼、储藏室及其他房屋附属设施)与房屋为同一不动产单元的,计税依据为转移合同确定的成交价格,并按当地确定的适用税率计税

D. 承受已装修房屋的,应将包括装修费用在内的费用计入承受方应交付的总价款

5. 自 2021 年 1 月 1 日至 2027 年 12 月 31 日,企业、事业单位改制重组执行的契税政策包括(　　)。

A. 事业单位按照国家有关规定改制为企业,原投资主体存续并在改制后企业中出资(股权、股份)比例超过 75%的,对改制后企业承受原事业单位土地、房屋权属,免征契税

B. 两个或两个以上的公司,依照法律规定、合同约定,合并为一个公司,且原投资主体存续的,对合并后公司承受原合并各方土地、房屋权属,免征契税

C. 经国务院批准实施债权转股权的企业,对债权转股权后新设立的公司承受原企业的土地、房屋权属,免征契税

D. 在股权(股份)转让中,单位、个人承受公司股权(股份),公司土地、房屋权属不发生转移,不征收契税

6. 下列关于契税征收管理的说法中,正确的有(　　)。

A. 契税申报以不动产单元为基本单位

B. 纳税人发生契税纳税义务时,应向土地、房屋所在地的税务征收机关申报纳税

C. 纳税人办理纳税事宜后,税务机关应当开具契税完税凭证

D. 在依法办理土地、房屋权属登记前,权属转移合同或权属转移合同性质凭证不生效、无效、被撤销或者被解除的,纳税人可以向税务机关申请退还已缴纳的税款,税务机关应当依法办理

7. 纳税人缴纳契税后可依照有关法律法规申请退税的情形有(　　)。

A. 因人民法院判决或者仲裁委员会裁决导致土地、房屋权属转移行为无效、被撤销或者被解除,且土地、房屋权属变更至原权利人

B. 在出让土地使用权交付时,因容积率调整或实际交付面积小于合同约定面积须退还土地出让价款

C. 在新建商品房交付时,因实际交付面积小于合同约定面积须返还房价款

D. 因人民法院判决或者仲裁委员会裁决导致土地、房屋权属转移行为无效、被撤销或者被解除,且土地、房屋权属未变更至原权利人的

三、判断题

1. 企业承受荒山土地使用权,用于渔业生产的,免征契税。(　　)

2. 契税的纳税义务发生时间是纳税人签订土地、房屋权属转移合同的次日,或者纳税人取得其他具有土地、房屋权属转移合同性质凭证的次日。(　　)

3. 赵某向于某借款 200 万元,到期赵某无力偿还,赵某以一套价值 200 万元的房产抵偿所欠于某的债务,则于某为契税的纳税人。(　　)

4. 因人民法院、仲裁委员会的生效法律文书或者监察机关出具的监察文书等发生土地、房屋权属转移的,其契税的纳税义务发生时间为法律文书等生效当日。(　　)

5. 夫妻因离婚分割共同财产发生土地、房屋权属变更的,应当缴纳契税。(　　)

6. 城镇职工按规定第一次购买公有住房的,免征契税。(　　)

第三节　土地增值税法律制度

一、单项选择题

1. 20×8 年 5 月,甲国有企业转让其在 20×5 年 5 月在市区购置的一栋办公楼,取得收入 7 200 万元,签订产权转移书据,支付相关税费 92 万元,20×5 年购买时支付价款 6 400 万元,办公楼经税务机关认定的重置成本价为 9 600 万元,成新为率 70%。甲企业在缴纳土地增值税时计算的增值额为(　　)万元。

A. 1 120　　B. 392　　C. 388　　D. 9 600

2. 纳税人应在转让房地产合同签订后(　　)日内,到房地产所在地主管税务机关办理土

地增值税的纳税申报。

A. 20　B. 15　C. 10　D. 7

3. A公司转让一幢位于市区的旧写字楼，原价800万元，取得土地使用权所支付的地价款及相关费用为200万元。经房地产评估机构评定其重置成本为1 000万元，成新度折扣率为七成，转让价格为1 500万元，支付相关税费50万元，A公司应纳土地增值税为(　　)万元。

A. 47.5　B. 100　C. 172.5　D. 232.5

4. 下列情形中，免征土地增值税的是(　　)。

A. 纳税人建造高级公寓出售，增值额未超过扣除项目金额20%

B. 因城市实施规划、国家建设的需要而搬迁，由纳税人自行转让原房地产

C. 企事业单位、社会团体以及其他组织转让旧房作为公共租赁住房房源且增值额未超过扣除项目金额25%的

D. 房屋抵债

二、多项选择题

1. 下列各项中，可以免征土地增值税的有(　　)。

A. 某工业企业以房地产作价入股投资非房地产开发企业

B. 某国家机关转让自用房产

C. 某酒店因城市实施规划、国家建设的需要而自行转让原房产

D. 某房地产开发公司以土地作价入股进行投资

2. 对于房地产开发企业，在计算土地增值税时，准予从房地产转让收入额减除的扣除项目金额有(　　)。

A. 纳税人在取得土地使用权时按国家统一规定缴纳的有关费用和税金

B. 房地产开发成本

C. 按规定计算的金额之和，加计20%的扣除

D. 实际发生的与房地产开发项目有关的销售费用、管理费用和财务费用

3. 下列各项中，主管税务机关可要求纳税人进行土地增值税清算的有(　　)。

A. 取得销售(预售)许可证满3年仍未销售完毕的

B. 纳税人申请注销税务登记但未办理土地增值税清算手续的

C. 整体转让未竣工决算房地产开发项目的

D. 已竣工验收的房地产开发项目，已转让的房地产建筑面积占整个项目可售建筑面积的比例在85%以上，或该比例虽未超过85%，但剩余的可售建筑面积已经出租或自用的

4. 下列情形中，纳税人应当进行土地增值税清算的有(　　)。

A. 取得销售(预售)许可证满3年仍未销售完毕的

B. 整体转让未竣工决算房地产开发项目的

C. 房地产开发项目全部竣工、完成销售的

D. 直接转让土地使用权的

三、判断题

1. 国有企业在清产核资时对房地产进行重新评估而产生的评估增值，需要缴纳土地增

值税。 ( )

2. 土地增值税的纳税人为自然人时，转让的房地产坐落地与其居住所在地不一致的，在办理过户手续所在地的税务机关申报纳税。 ( )

3. 对于一方出地，一方出资金，双方合作建房，建成后按比例分房自用的，暂免征收土地增值税；建成后转让的，也不征收土地增值税。 ( )

4. 纳税人建造普通标准住宅出售，增值额未超过扣除项目金额20%的，予以免征土地增值税；超过20%的，应按全部增值额缴纳土地增值税。 ( )

5. 自2008年11月1日起，对个人销售住房暂免征收土地增值税。 ( )

第四节　城镇土地使用税法律制度

一、单项选择题

1. 下列关于城镇土地使用税纳税义务发生时间的表述中，错误的是( )。

A. 纳税人新征用的非耕地，自批准征用次月缴纳

B. 纳税人新征用的耕地，自批准征用之日起缴纳

C. 纳税人以出让方式有偿取得土地使用权，合同约定交付土地时间的，自合同约定交付土地时间的次月起缴纳

D. 纳税人出租、出借房产，自交付出租、出借房产之次月起，缴纳城镇土地使用税

2. 本年6月18日，A公司与某房地产开发企业签订商品房购销合同，购入M市新建厂房一栋，本年7月18日，A公司取得房地产开发企业交付的厂房并于当月开始使用，本年8月18日，A公司按照合同约定付清了该厂房的全部价款。A公司该厂房应自本年( )开始缴纳城镇土地使用税。

A. 6月　　B. 7月　　C. 8月　　D. 9月

3. 甲企业本年年初实际占地面积为2 000平方米，本年4月底甲企业为扩大生产，根据有关部门的批准，新征用非耕地6 000平方米。甲企业所处地段适用年税额5元/平方米。甲企业本年应缴纳城镇土地使用税为( )万元。

A. 3　　B. 4　　C. 6　　D. 10

二、多项选择题

1. 下列各项中，属于城镇土地使用税的纳税人的有( )。

A. 拥有土地使用权的单位　　B. 出租土地使用权的个人

C. 承租土地使用权的单位　　D. 土地使用权共有各方

2. 下列关于城镇土地使用税税收优惠政策的表述中，正确的有( )。

A. 宗教寺庙、公园、名胜古迹自用的土地，免征城镇土地使用税

B. 房地产开发公司开发建造商品房的用地，一律不予免征城镇土地使用税

C. 经批准开山填海整治的土地和改造的废弃土地，从使用的月份起免缴城镇土地使用税5～10年

D. 对于盐矿的办公用地，免征城镇土地使用税

3. 下列各项中，属于城镇土地使用税征税对象的有（　　）。

A. 县政府所在地的国有土地　　B. 镇政府所在地所辖行政村的集体土地

C. 位于建制镇由私营企业占用的集体土地　　D. 位于工矿区内的集体土地

三、判断题

1. 对公安部门无偿使用铁路、民航等单位的土地，减半征收城镇土地使用税。（　　）

2. 纳税人新征用的非耕地，自批准征用当月起缴纳城镇土地使用税。（　　）

3. 供热企业向居民供热所使用的厂房和土地暂免征收房产税和城镇土地使用税。（　　）

4. 自 2019 年 1 月 1 日至 2027 年供暖期结束，对向居民供热收取采暖费的供热企业，为居民供热所使用的土地免征城镇土地使用税；对供热企业其他土地，应当按照规定征收城镇土地使用税。（　　）

5. 自 2020 年 1 月 1 日至 2027 年 12 月 31 日，对物流企业自有（包括自用和出租）或承租的大宗商品仓储设施用地，减按所属土地等级适用税额标准的 30%计征城镇土地使用税。（　　）

第五节　耕地占用税法律制度

一、单项选择题

1. 下列关于耕地占用税的说法中，不正确的是（　　）。

A. 学校占用耕地，免征耕地占用税

B. 铁路线路，可以减按每平方米 2 元的税额标准征收耕地占用税

C. 按规定免征或者减征耕地占用税后，纳税人改变原占地用途，不再属于免征或者减征耕地占用税的情形的，应当按照当地适用税额补缴耕地占用税

D. 农村居民在规定用地标准以内占用耕地新建自有住宅，免征耕地占用税

2. 根据耕地占用税法律制度的规定，下列情形中，不缴纳耕地占用税的是（　　）。

A. 占用市郊麦田建设铁路　　B. 占用市区工业土地建设商品房

C. 占用果园建设旅游度假村　　D. 占用牧草地建设工厂

3. 本年 1 月甲公司开发住宅社区，经批准共占用耕地 200 000 平方米，其中 1 000 平方米用于建造一所幼儿园，3 000 平方米用于建造一所学校。已知当地的耕地占用税税率为 20 元/平方米。下列关于甲公司应缴纳耕地占用税税额的计算中，正确的是（　　）。

A. 200 000×20＝4 000 000（元）

B. （200 000－1 000－3 000）×20＝3 920 000（元）

C. （200 000－3 000）×20＝3 940 000（元）

D. （200 000－1 000）×20＝3 980 000（元）

二、多项选择题

1. 下列占用耕地的行为中，不征或免征耕地占用税的有（　　）。

A. 占用耕地建造幼儿园

B. 占用耕地建设直接为农业生产服务的生产设施

C. 农村居民占用耕地建设自用住宅

D. 占用耕地建造学校

2. 甲公司经批准占用下列土地用于非农业建设，其中需要缴纳耕地占用税的有(　　)。

A. 桑园　　B. 鱼塘

C. 人工养护苇田　　D. 农田水利用地

3. 下列关于耕地占用税的说法中，正确的有(　　)。

A. 纳税人因建设项目施工或者地质勘查临时占用耕地，应当依照规定缴纳耕地占用税。纳税人在批准临时占用耕地期满之日起一年内依法复垦，恢复种植条件的，全额退还已经缴纳的耕地占用税

B. 因挖损、采矿塌陷、压占、污染等损毁耕地属于税法所称的非农业建设，应依照税法规定缴纳耕地占用税；自自然资源、农业农村等相关部门认定损毁耕地之日起5年内依法复垦或修复，恢复种植条件的，按规定办理退税

C. 纳税人改变原占地用途，不再属于免征或减征情形的，应自改变用途之日起30日内申报补缴税款，补缴税款按改变用途的实际占用耕地面积和改变用途时当地适用税额计算

D. 纳税人占地类型、占地面积和占地时间等纳税申报数据材料以自然资源等相关部门提供的相关材料为准；未提供相关材料或者材料信息不完整的，经主管税务机关提出申请，由自然资源等相关部门自收到申请之日起30日内出具认定意见

三、判断题

1. 耕地占用税的纳税人为在我国境内占用耕地建设建筑物、构筑物或者从事非农业建设的单位，不包括个人。(　　)

2. 纳税人因建设项目施工或者地质勘查临时占用耕地，应当依照规定缴纳耕地占用税。纳税人自批准临时占用耕地期满之日起一年内依法复垦，恢复种植条件的，全额退还已经缴纳的耕地占用税。(　　)

3. 纳税人改变占地用途，不再属于免征或减征情形的，应自改变用途之日起30日内申报补缴耕地占用税税款，补缴税款按改变用途的实际占用耕地面积和改变用途时当地适用税额计算。(　　)

第六节　车船税法律制度

一、单项选择题

1. 下列车辆中，免征车船税的是(　　)。

A. 纯电动乘用车　　B. 燃料电池乘用车　　C. 纯电动商用车　　D. 节约能源乘用车

2. 甲企业本年初拥有小轿车2辆；当年4月，1辆小轿车被盗，已按照规定办理退税。通过公安机关的侦查，9月被盗车辆失而复得，并取得公安机关的相关证明。当地小轿车车船税年税额为480元/辆。甲企业本年实际应纳车船税税额为(　　)元。

A. 432　　B. 658.24　　C. 760　　D. 970.56

3. 本年6月15日，甲公司购买6辆节约能源乘用车并自用。已知乘用车发动机汽缸容量排气量为1.6升，当地规定的车船税年基准税额为480元/辆。甲公司本年应纳车船税税额为(　　)元。

A. 1 080　　B. 460　　C. 840　　D. 1 920

二、多项选择题

1. 下列各项中，以“整备质量吨位数”为计税依据计征车船税的有(　　)。

A. 挂车　　B. 客车　　C. 客货两用车　　D. 三轮汽车

2. 下列各项中，属于车船税计税单位的有(　　)。

A. 每辆　　B. 艇身长度每米　　C. 净吨位每吨　　D. 整备质量每吨

3. 本年4月15日，张某购买小轿车3辆，但到当年12月31日也未到车辆管理部门登记。已知小轿车年单位税额380元。则下列说法中，正确的有(　　)。

A. 纳税人未按照规定到车船管理部门办理应税车船登记手续的，以车船购置发票所载开具时间的次月作为车船税的纳税义务发生时间

B. 纳税人未按照规定到车船管理部门办理应税车船登记手续的，以车船购置发票所载开具时间的当月作为车船税的纳税义务发生时间

C. 张某应纳车船税960元

D. 张某应纳车船税855元

4. 下列车船中，免征车船税的有(　　)。

A. 警用车船　　B. 挂车

C. 捕捞、养殖渔船　　D. 非机动驳船

5. 下列关于车船税的表述中，正确的有(　　)。

A. 已办理退税的被盗抢车船失而复得的，纳税人应当从公安机关出具相关证明的次月起计算缴纳车船税

B. 从事机动车第三者责任强制保险业务的保险机构为机动车车船税的扣缴义务人，应当在收取保险费时依法代收车船税，并出具代收税款凭证

C. 已缴纳车船税的车船在同一纳税年度内办理转让过户的，不另纳税，也不退税

D. 没有扣缴义务人的，纳税人应当向主管税务机关自行申报缴纳车船税

6. 下列关于车船税的说法中，正确的有(　　)。

A. 车船税的税目分为六大类，包括乘用车、商用车、挂车、其他车辆、摩托车和船舶

B. 挂车按照货车车船税税额的50%计算

C. 悬挂应急救援专用号牌的国家综合性消防救援车辆和国家综合性消防救援船舶免征车船税

D. 购置的新车船，购置当年的应纳车船税税额自纳税义务发生的次月起按月计算

三、判断题

1. 轮式专用机械车，以整备质量吨位数为车船税的计税依据。　(　　)

2. 车船税的纳税义务发生时间，为车船管理部门核发的车船登记证书或者行驶证书所记载日期的次月。　(　　)

第七节　资源税法律制度

一、单项选择题

1. 本年12月，甲油田生产原油200万吨，本月销售60万吨，不含增值税售价为18 000元/吨；另收购乙企业同品种的已税原油20万吨，收购价为9 000元/吨。已知该油田生产的原油适用的资源税税率为6%。下列关于甲油田本月应当缴纳资源税的计算中，正确的是（　　）。

A. 18 000×200×6%＝216 000（万元）

B. 18 000×60×6%＝64 800（万元）

C. 18 000×200×6%＋9 000×20×6%＝226 800（万元）

D. 18 000×60×6%＋9 000×20×6%＝75 600（万元）

2. 本年8月，甲企业开采砂石1 000吨，销售600吨。砂石适用的资源税单位税额为每吨5元。甲企业当月应纳资源税税额为（　　）元。

A. 3 000　　B. 6 720　　C. 4 000　　D. 14 000

3. 本年9月，甲煤矿销售自产原煤2 300吨，职工食堂领用自产原煤80吨，职工宿舍供暖领用自产原煤100吨，向乙公司移送自产原煤20吨抵偿之前所欠债务，原煤不含增值税单价500元/吨。已知该煤矿自产原煤适用的资源税税率为8%，甲煤矿本月应纳资源税税额为（　　）元。

A. 96 000　　B. 99 200　　C. 100 000　　D. 96 800

4. 下列关于资源税的表述中，不正确的是（　　）。

A. 纳税人开采或者生产不同税目应税产品的，应当分别核算不同税目应税产品的销售额或者销售数量；未分别核算或者不能准确提供不同税目应税产品的销售额或者销售数量的，从高适用税率

B. 纳税人开采或者生产应税产品自用的，视同销售，应当按规定缴纳资源税；但是，自用于连续生产应税产品的，不缴纳资源税

C. 纳税人自用应税产品的，纳税义务发生时间为移送应税产品的当日

D. 纳税人销售应税产品，纳税义务发生时间为移送应税产品的当日

5. 下列各项中，不属于资源税征税范围的是（　　）。

A. 柴油　　B. 天然气　　C. 煤　　D. 天然卤水

6. 下列关于资源税税收优惠的说法中，不正确的是（　　）。

A. 开采原油以及在油田范围内运输原油过程中用于加热的原油、天然气免征资源税

B. 低丰度油气田开采的原油、天然气，减征20%资源税

C. 纳税人开采或者生产应税产品过程中，因意外事故或者自然灾害等原因遭受重大损失的，可以直接免征资源税

D. 从衰竭期矿山开采的矿产品，减征30%资源税

7. 甲煤炭企业将外购的不含增值税价格为150万元原煤与自采的成本为250万元原煤混合洗选加工为选煤销售，选煤销售额为600万元。当地原煤适用的资源税税率为5%，选煤适

用的资源税税率为4%。则甲煤炭企业销售额选煤应当缴纳的资源税税额为(　　)万元。

A. 16.5　　B. 18　　C. 19.2　　D. 24

二、多项选择题

1. 下列关于资源税征收管理的表述中,正确的有(　　)。

A. 纳税人销售应税产品,纳税义务发生时间为收讫销售款或者取得索取销售款凭据的当日;自用应税产品的,纳税义务发生时间为移送应税产品的当日

B. 资源税由税务机关征收管理,海上开采的原油和天然气资源税由海洋石油税务管理机构征收管理

C. 纳税人应当在矿产品的开采地或者海盐的生产地缴纳资源税

D. 纳税人按月或者按季申报缴纳的,应当自月度或者季度终了之日起10日内,向税务机关办理纳税申报并缴纳税款;按次申报缴纳的,应当自纳税义务发生之日起10日内,向税务机关办理纳税申报并缴纳税款

2. 下列关于资源税优惠政策的说法中,不正确的有(　　)。

A. 煤炭开采企业因安全生产需要抽采的煤成(层)气,减征30%资源税

B. 稠油、高凝油减征30%资源税

C. 从深水油气田开采的原油、天然气,减征30%资源税

D. 从衰竭期矿山开采的矿产品,减征40%资源税

3. 下列单位和个人的生产经营行为中,应缴纳资源税的有(　　)。

A. 中外合作开采天然气　　B. 炼油企业进口原油

C. 国有企业开采有色金属原矿　　D. 个体工商户开采原煤

4. 下列关于资源税的说法中,正确的有(　　)。

A. 纳税人以自采原矿(经过采矿过程采出后未进行选矿或者加工的矿石)直接销售,或者自用于应当缴纳资源税情形的,按照原矿计征资源税

B. 纳税人以自采原矿洗选加工为选矿产品(通过破碎、切割、洗选、筛分、磨矿、分级、提纯、脱水、干燥等过程形成的产品,包括富集的精矿和研磨成粉、粒级成型、切割成型的原矿加工品)销售,按照选矿产品计征资源税,在原矿移送环节不缴纳资源税

C. 纳税人将选矿产品自用于应当缴纳资源税情形的,按照原矿产品计征资源税,在原矿移送环节缴纳资源税

D. 对于无法区分原生岩石矿种的粒级成型砂石颗粒,按照砂石税目征收资源税

三、判断题

1. 资源税按月或者按季申报缴纳;不能按固定期限计算缴纳的,可以按次申报缴纳。(　　)

2. 纳税人的资源税免税、减税项目,应当单独核算销售额或者销售数量;未单独核算或者不能准确提供销售额或者销售数量的,不予免税或者减税。(　　)

3. 按次申报缴纳资源税的,应当自纳税义务发生之日起10日内,向税务机关办理纳税申报并缴纳税款。(　　)

4. 纳税人以外购重晶石原矿与自采重晶石原矿混合为原矿销售的,在计算资源税应税产品销售额时,不得扣减外购重晶石原矿的购进金额。(　　)

第八节 环境保护税法律制度

一、单项选择题

1. 下列关于环境保护税的说法中，正确的是(　　)。

A. 企业事业单位和其他生产经营者向依法设立的污水集中处理、生活垃圾集中处理场所排放应税污染物的，应当缴纳环境保护税

B. 企业事业单位和其他生产经营者在符合国家和地方环境保护标准的设施、场所贮存或者处置固体废物的，应当缴纳环境保护税

C. 企业事业单位和其他生产经营者贮存或者处置固体废物不符合国家和地方环境保护标准的，应当缴纳环境保护税

D. 农业生产(不包括规模化养殖)排放应税污染物的，应当缴纳环境保护税

2. 环境保护税按月计算，按季申报缴纳。纳税人按季申报缴纳的，应当自季度终了之日起(　　)日内，向税务机关办理纳税申报并缴纳税款。

A. 30　　B. 15　　C. 10　　D. 7

3. 甲公司为一家隧道施工企业，本年6月夜间频繁爆破山体产生突发噪声，经检测设备测定，爆破所产生的等效声级超标分贝数为11分贝，峰值噪声超标分贝数为18分贝，当月超标17天。已知，工业噪声超标10～12分贝的，每月税额2 800元；超标16分贝以上的，每月税额11 200元。下列关于甲公司当期应缴纳环境保护税的计算中，正确的是(　　)。

A. 11 200元

B. (11 200+2 800)×50%=7 000(元)

C. 11 200+2 800=14 000(元)

D. 11 200÷30×17=6 346.67(元)

二、多项选择题

1. 下列污染物中，按照污染物排放量折合的污染当量数确定环境保护税计税依据的有(　　)。

A. 大气污染物　　B. 固体废物　　C. 水污染物　　D. 噪声

2. 下列各项中，属于环境保护税暂予免征项目的有(　　)。

A. 规模化养殖排放应税污染物

B. 船舶排放应税污染物

C. 铁路机车排放应税污染物

D. 纳税人综合利用的固体废物，符合国家和地方环境保护标准

三、判断题

1. 规模化养猪排放应税污染物的，暂予免征环境保护税。　(　　)

2. 环境保护税的纳税人应当向其机构所在地或居住地的税务机关申报缴纳环境保护税。
(　　)

第九节　印花税法律制度

一、单项选择题

1. A公司于本年5月成立，注册资本为600万元；建立资金账簿1本，其他营业账簿10本；当月与B公司签订买卖合同，商品售价为60万元，由A公司负责运输；与丙运输公司签订运输合同，运输合同中的运输费用为3.5万元。已知买卖合同适用的印花税税率为0.3‰，资金账簿按实收资本(股本)、资本公积合计金额的0.25‰贴花，运输合同适用的印花税税率为0.3‰。A公司应纳印花税税额为(　　)元。

A. 1 710.5　　B. 3 267.5　　C. 1 690.5　　D. 3 275

2. 甲公司从乙汽车运输公司租入3辆汽车，双方签订的合同规定，3辆汽车的总价值为4 800 000元，租期3个月，每月租金为86 000元，租金共计258 000元。则甲公司应纳印花税税额为(　　)元。

A. 4 800　　B. 1 200　　C. 258　　D. 64

3. 下列各项中，属于印花税纳税人的是(　　)。

A. 专利证的领受人

B. 承揽合同的受托人

C. 在我国境外书立，不在我国境内使用的合同使用人

D. 买卖合同的鉴定人

4. 下列关于印花税纳税人的表述中，不正确的是(　　)。

A. 书立应税凭证的纳税人，为对应税凭证有直接权利义务关系的单位和个人

B. 采用委托贷款方式书立的借款合同纳税人，为委托人、受托人和借款人

C. 按买卖合同或者产权转移书据税目缴纳印花税的拍卖成交确认书纳税人，为拍卖标的的产权人和买受人，不包括拍卖人

D. 在中华人民共和国境外书立在境内使用的应税凭证的单位和个人，应当依照《印花税法》规定缴纳印花税

5. 根据印花税法律制度的规定，若纳税人因应税凭证列明的增值税税款计算错误导致应税凭证的计税依据减少或者增加。下列说法中，不正确的是(　　)。

A. 纳税人应当按规定调整应税凭证列明的增值税税款，重新确定应税凭证计税依据

B. 已缴纳印花税的应税凭证，调整后计税依据增加的，纳税人应当就增加部分的金额补缴印花税

C. 已缴纳印花税的应税凭证，调整后计税依据减少的，纳税人可以就减少部分的金额向税务机关申请退还或者抵缴印花税

D. 已缴纳印花税的应税凭证，调整后计税依据减少的，纳税人不可以就减少部分的金额向税务机关申请退还或者抵缴印花税

6. 下列各项中，免征印花税的是(　　)。

A. 个人出租、承租商铺签订的租赁合同

B. 金融机构与中型企业签订的借款合同

C. 与高校学生签订的高校学生公寓租赁合同

D. 国际金融组织向中国提供普通贷款书立的借款合同

二、多项选择题

1. 下列各项中，属于印花税征税范围的有（　　）。

A. 股权转让书据　　B. 法律咨询服务合同

C. 技术合同　　D. 建设工程合同

2. 下列各项中，属于印花税纳税人的有（　　）。

A. 开立并使用资金账簿的单位和个人

B. 合同的双方当事人和证人

C. 产权转移书据的立据人

D. 采用委托贷款方式书立借款合同的受托人

3. 下列关于印花税的说法中，正确的有（　　）。

A. 未履行的应税合同、产权转移书据，已缴纳的印花税不予退还及抵缴税款

B. 农民销售自产农产品书立的买卖合同免征印花税

C. 抢险救灾物资运输，凡附有县级以上（含县级）人民政府抢险救灾物资运输证明文件的运费结算凭证，免纳印花税

D. 企业与主管部门签订的租赁承包经营合同，按财产租赁合同缴纳印花税

4. 下列合同中，属于印花税征税范围的有（　　）。

A. 电网与用户之间签订的供用电合同

B. 会计师事务所与客户之间签订的财务咨询合同

C. 研究院与企业之间签订的技术开发合同

D. 软件公司与用户之间签订的技术培训合同

5. 下列各项中，不应当征收印花税的有（　　）。

A. 审计咨询合同

B. A公司与B公司签订的货物运输合同

C. 银行同业拆借合同

D. 电网与电网之间（国家电网公司系统、南方电网公司系统内部各级电网互供电量除外）签订的购售电合同

6. 甲公司于20×7年以每套1 600万元的价格购入两套办公楼作为投资。20×8年将其中一套办公楼以2 000万元的价格转让给乙公司，从中获利400万元，甲公司出售办公楼的行为应缴纳的税种有（　　）。

A. 契税　　B. 印花税　　C. 企业所得税　　D. 土地增值税

7. 下列关于印花税纳税人的表述中，正确的有（　　）。

A. 产权转移书据以立据人为纳税人　　B. 资金账簿以立账簿人为纳税人

C. 合同的担保人为纳税人　　D. 仓储合同以合同当事人为纳税人

8. 在中华人民共和国境外书立在境内使用的应税凭证，应当按规定缴纳印花税，包括的情形有（　　）。

A. 应税凭证的标的为不动产的，该不动产在境内

B. 应税凭证的标的为股权的，该股权为中国居民企业的股权

C. 应税凭证的标的为动产或者商标专用权、著作权、专利权、专有技术使用权的，其销售方或者购买方在境内，但不包括境外单位或者个人向境内单位或者个人销售完全在境外使用的动产或者商标专用权、著作权、专利权、专有技术使用权

D. 应税凭证的标的为服务的，其提供方或者接受方在境内，包括境外单位或者个人向境内单位或者个人提供完全在境外发生的服务

9. 下列凭证中，不属于印花税征收范围的有（　　）。

A. 人民法院的生效法律文书，仲裁机构的仲裁文书，监察机关的监察文书

B. 县级以上人民政府及其所属部门按照行政管理权限征收、收回或者补偿安置房地产书立的合同、协议或者行政类文书

C. 总公司与分公司之间书立的作为执行计划使用的凭证

D. 分公司与分公司之间书立的作为执行计划使用的凭证

10. 下列关于印花税的说法中，正确的有（　　）。

A. 同一应税合同、应税产权转移书据中涉及两方以上纳税人，且未列明纳税人各自涉及金额的，以纳税人平均分摊的应税凭证所列金额（不包括列明的增值税税款）确定计税依据

B. 纳税人转让股权的印花税计税依据，按照产权转移书据所列的金额（包括列明的认缴后尚未实际出资权益部分）确定

C. 应税凭证金额为人民币以外的货币的，应当按照凭证书立当日的人民币汇率中间价折合人民币确定计税依据

D. 境内的货物多式联运，采用分程结算运费的，以全程运费作为运输合同的计税依据

11. 根据印花税法律制度的规定，若应税合同、应税产权转移书据所列的金额与实际结算金额不一致，则下列说法中，正确的有（　　）。

A. 不变更应税凭证所列金额的，以所列金额为计税依据

B. 变更应税凭证所列金额的，以变更后的所列金额为计税依据

C. 已缴纳印花税的应税凭证，变更后所列金额增加的，纳税人应当就增加部分的金额补缴印花税

D. 已缴纳印花税的应税凭证，变更后所列金额减少的，纳税人可以就减少部分的金额向税务机关申请退还或者抵缴印花税

12. 下列各项中，免征印花税的有（　　）。

A. 资产公司成立时设立的资金账簿

B. 个人出租、承租住房签订的租赁合同

C. 与高校学生签订的高校学生公寓租赁合同

D. 商品储备管理公司及其直属库资金账簿

三、判断题

1. 财产所有人将财产赠与政府、学校、社会福利机构及其他事业单位所立的书据，免征印花税。（　　）

2. 企业之间书立的确定买卖关系、明确买卖双方权利义务的订单、要货单等单据，且未另

外书立买卖合同的,应当按规定缴纳印花税。 (　　)

3. 未履行的应税合同、产权转移书据,已缴纳的印花税不予退还及抵缴税款。 (　　)

4. 纳税人多贴的印花税票,不予退税及抵缴税款。 (　　)

5. 自 2023 年 8 月 28 日起,证券交易印花税实施减半征收。 (　　)

6. 证券交易印花税按月解缴。 (　　)

分章训练题

一、单项选择题

1. 下列关于契税计税依据的说法中,不正确的是(　　)。

A. 契税计税依据不包括增值税

B. 土地使用权出售、房屋买卖,承受方计征契税的成交价格不含增值税;实际取得增值税普通发票的,成交价格按发票上注明的含税价格确定

C. 土地使用权互换、房屋互换,契税计税依据为不含增值税价格的差额

D. 税务机关核定的契税计税价格为不含增值税价格

2. 下列关于房产税的说法中,正确的是(　　)。

A. 产权属于国家所有的,免征房产税

B. 王某将个人拥有产权的房屋出典给李某,则王某为该房屋房产税的纳税人

C. 房地产开发企业建造的商品房,在出售前已使用的,不征收房产税

D. 应税单位和个人无租使用其他单位的房产,由使用人代为缴纳房产税

3. 甲企业本年度生产经营用房原值 22 000 万元;幼儿园用房原值 800 万元;出租房屋原值 1 200 万元,年租金 160 万元。已知房产原值减除比例为 30%;房产税税率从价计征的为 1.2%,从租计征的为 12%。下列关于甲企业当年应缴纳房产税税额的计算中,正确的是(　　)。

A. 22 000×(1－30%)×1.2%＝184.8(万元)

B. 22 000×(1－30%)×1.2%＋160×12%＝204(万元)

C. (22 000＋800)×(1－30%)×1.2%＋160×12%＝210.72(万元)

D. (22 000＋800＋1 200)×(1－30%)×1.2%＝201.6(万元)

4. 下列各项中,应征收契税的是(　　)。

A. 社会福利机构承受土地用于办公

B. 法定继承人承受房屋权属

C. 运动员因成绩优异获得政府奖励的住房

D. 承包者获得农村集体土地承包经营权

5. 下列各项中,属于契税征税范围的是(　　)。

A. 房屋出租　　B. 房屋典当　　C. 房屋互换　　D. 房屋抵押

6. 纳税人建造普通标准住宅出售,增值额未超过扣除项目金额(　　)的,免征土地增值税。

A. 3%　　B. 5%　　C. 15%　　D. 20%

7. 下列各项中，不属于土地增值税纳税人的是(　　)。

A. 出租办公楼的某外商独资房地产开发公司

B. 以房产抵债的某商业企业

C. 转让商业用房的个人

D. 转让国有土地使用权的某医院

8. 下列行为中，应当缴纳土地增值税的是(　　)。

A. 甲企业转让国有土地使用权给乙企业

B. 甲企业将自有厂房出租给乙企业

C. 甲企业将闲置房屋通过民政局捐赠给某学校

D. 某市政府出让国有土地使用权给乙房地产开发公司

9. 甲林场本年占地 19 200 平方米，其中办公楼占地 3 000 平方米，育林地占地 12 000 平方米，运材道占地 4 200 平方米。已知该林场所在地的城镇土地使用税税率为每平方米年税额 1.2 元。下列关于甲林场本年应纳城镇土地使用税税额的计算中，正确的是(　　)。

A. 19 200×1.2＝23 040(元)　　B. (3 000＋4 200)×1.2＝8 640(元)

C. (19 200－4 200)×1.2＝18 000(元)　　D. 3 000×1.2＝3 600(元)

10. 下列车辆在计算车船税时，按照货车税额的 50％计算的是(　　)。

A. 挂车　　B. 半挂牵引车　　C. 低速载货汽车　　D. 客货两用汽车

11. 甲公司本年 6 月与乙公司签订一份承揽合同，合同载明由甲公司提供原材料 400 万元，支付乙公司加工费 60 万元；又与丙保险公司签订了一份财产保险合同，保险金额 2 000 万元，支付保险费 2 万元。已知承揽合同适用的印花税税率为 0.3‰，财产保险合同适用的印花税税率为 1‰，则下列关于甲公司签订的上述两份合同应缴纳印花税税额的计算中，正确的是(　　)。

A. 400×0.3‰＋2×1‰＝0.122(万元)　　B. 400×0.3‰＋2 000×1‰＝2.12(万元)

C. 60×0.3‰＋2 000×1‰＝2.018(万元)　　D. 60×0.3‰＋2×1‰＝0.02(万元)

12. 印花税按季、按年或者按次计征。实行按季、按年计征的，纳税人应当自季度、年度终了之日起(　　)日内申报并缴纳税款。

A. 3　　B. 5　　C. 10　　D. 15

13. 下列各项中，不属于资源税征税范围的是(　　)。

A. 钠盐　　B. 天然气　　C. 柴油　　D. 石灰岩

14. 下列各项中，属于资源税纳税人的是(　　)。

A. 进口铝土矿的企业　　B. 销售切割好的砖石裸石的首饰店

C. 开采销售原油的油田　　D. 销售汽油的企业

15. 下列关于环境保护税征收管理的说法中，错误的是(　　)。

A. 环境保护税的纳税义务发生时间为纳税人排放应税污染物的当日

B. 环境保护税按月计算，按年申报缴纳

C. 不能按固定期限计算缴纳的，可以按次申报缴纳环境保护税

D. 纳税人应当向应税污染物排放地的税务机关申报缴纳环境保护税

16. 下列排放的污染物中，不属于环境保护税征税范围的是(　　)。

A. 粉煤灰　　B. 水污染物　　C. 汽车尾气　　D. 煤矸石

二、多项选择题

1. 下列情形中，纳税人应进行土地增值税清算的有(　　)。

A. 直接转让土地使用权的

B. 房地产开发项目全部竣工、完成销售的

C. 纳税人申请注销税务登记但未办理土地增值税清算手续的

D. 整体转让未竣工决算房地产开发项目的

2. 下列各项中，属于环境保护税暂予免征项目的有(　　)。

A. 民用航空器排放污染物

B. 农业生产中的大规模养殖活动，排放污染物

C. 纳税人综合利用固体废物，符合国家和地方环保标准

D. 非道路移动机械排放污染物

3. 下列各项中，应当缴纳印花税的有(　　)。

A. 开立并使用资金账簿以外的其他营业账簿

B. 书立产权转移书据

C. 书立租赁合同

D. 开立并使用资金账簿

4. 下列关于房产税的说法中，正确的有(　　)。

A. 老年服务机构自用的房产免征房产税

B. 军队自用的房产免征房产税

C. 宗教寺庙自用的房产免征房产税

D. 对个人拥有的用于出租的房产，免征房产税

5. 下列有关房产税计税依据的表述中，正确的有(　　)。

A. 以房屋为载体，不可随意移动的附属设备和配套设施，在会计上单独记账与核算的，可不计入房产原值

B. 纳税人对原有房屋进行改建、扩建的，要相应增加房屋的原值

C. 对附属设备和配套设施中易损坏、需要经常更换的零配件，更新后不再计入房产原值

D. 对更换房屋附属设备和配套设施的，在将其价值计入房产原值时，可扣减原来相应设备和设施的价值

6. 本年6月，钱某以160万元的价格购置了一套两室两厅住房，同时将其原有的一套一室一厅住房出售给于某，成交价格为50万元，以上价格均为不含增值税价格。已知当地的契税税率为3%。下列说法中，正确的有(　　)。

A. 钱某应缴纳契税1.5万元　　B. 于某应缴纳契税1.5万元

C. 钱某应缴纳契税4.8万元　　D. 于某不需要缴纳契税

7. 下列关于契税的说法中，正确的有(　　)。

A. 土地使用权出让应按规定征收契税

B. 房屋买卖应按规定征收契税

C. 土地使用权转让应按规定征收契税

D. 承包者获得农村集体土地承包经营权应按规定征收契税

8. 在计算土地增值税时，允许作为扣除项目的有（　　　）。

A. 取得土地使用权按照规定向政府缴纳的有关费用和税金

B. 取得土地所支付的地价款

C. 与转让房地产有关的企业所得税

D. 与转让房地产有关的增值税

9. 纳税人转让旧房，在计算土地增值额时，允许扣除的项目有（　　　）。

A. 取得土地使用权所支付的价款和按国家规定缴纳的有关费用

B. 当期发生的管理费用、财务费用和销售费用

C. 经税务机关确认的房屋及建筑物的评估价格

D. 转让环节缴纳的各项税金

10. 下列关于城镇土地使用税的说法中，正确的有（　　　）。

A. 老年服务机构自用的土地免征城镇土地使用税

B. 城镇土地使用税的计税依据是实际占用的土地面积

C. 公园、名胜古迹内的索道公司经营用地，免征城镇土地使用税

D. 纳税人占用耕地，已缴纳了耕地占用税的，从批准征用之日起满1年后征收城镇土地使用税

11. 下列关于车船税征收管理的表述中，正确的有（　　　）。

A. 车船税的纳税义务发生时间，为车船管理部门核发的车船登记证书或者行驶证书所载日期的次月

B. 车船税按年申报，分月计算，一次性缴纳

C. 车船税由税务机关负责征收

D. 已缴纳车船税的车船在同一纳税年度内办理转让过户的，不另纳税，也不退税

12. 下列车船中，免征车船税的有（　　　）。

A. 捕捞渔船　　B. 警用车船　　C. 新能源车船　　D. 载货汽车

13. 下列关于印花税征收管理的说法中，正确的有（　　　）。

A. 印花税纳税义务发生时间为纳税人书立应税凭证或者完成证券交易的当日

B. 证券交易印花税扣缴义务发生时间为证券交易完成的当日

C. 纳税人为单位的，应当向其机构所在地的主管税务机关申报缴纳印花税

D. 纳税人为个人的，应当向应税凭证书立地的主管税务机关申报缴纳印花税，不能向纳税人居住地的主管税务机关申报缴纳印花税

14. A建筑安装公司与B公司签订一份建设工程合同，合同注明承包金额为200万元；施工期间，A公司又将其中100万元的建筑安装工程分包给C公司，并签订了分包合同。已知建设工程合同适用的印花税税率为0.3‰。下列说法中，正确的有（　　　）。

A. A公司应纳印花税税额＝200×0.3‰＝0.06（万元）

B. B公司应纳印花税税额＝200×0.3‰＝0.06（万元）

C. C公司应纳印花税税额＝100×0.3‰＝0.03（万元）

D. A、B、C三个公司合计应纳印花税＝（200＋100）×0.3‰×2＝0.18（万元）

15. 下列税收法律制度中，采用定额税率计征税额的有（　　　）。

A. 城镇土地使用税　B. 耕地占用税　　C. 车辆购置税　　D. 车船税

三、判断题

1. 同一印花税应税凭证载有两个以上税目事项并分别列明金额的，按照各自适用的税目税率分别计算应纳税额；未分别列明金额的，从高适用税率。（　　）

2. 对于房产不在同一地方的纳税人，由纳税人自行选择向其中的一处税务机关申报缴纳房产税。（　　）

3. 对个人出租住房，不区分用途，按 4% 的税率征收房产税。（　　）

4. 纯电动乘用车和燃料电池乘用车不属于车船税征税范围，对其不征车船税。（　　）

5. 土地使用权互换、房屋互换，互换价格相等的，互换双方的契税计税依据为零；互换价格不相等的，以其差额为契税计税依据，由收取差额的一方缴纳契税。（　　）

6. 根据土地增值税法律制度的规定，纳税人转让旧房及建筑物，凡不能取得评估价格，但能提供购房发票的，可按购房发票所载金额并从购买年度起至转让年度止每年加计 5% 计算扣除项目金额；对于纳税人购房时缴纳的契税，凡能够提供契税完税凭证的，准予作为“与转让房地产有关的税金”予以扣除，但不作为加计 5% 的基数。（　　）

7. 已竣工验收的房地产开发项目，已转让的房地产建筑面积占整个项目可售建筑面积的比例在 85% 以上，或该比例虽未超过 85%，但剩余的可售建筑面积已经出租或自用的，纳税人应进行土地增值税的清算。（　　）

8. 城镇土地使用税以纳税人实际占用的土地面积为计税依据。（　　）

9. 纳税人开采或生产不同税目资源税应税产品，未分别核算不同税目应税产品的销售额的，从高适用税率。（　　）

10. 纳税人排放应税大气污染物或者水污染物的浓度值低于国家和地方规定的污染物排放标准 30% 的，减按 50% 征收环境保护税。（　　）

四、不定项选择题

1. 甲企业本年年初账面共有房产原值 8 000 万元，本年房产使用情况如下：

① 1 月 1 日，将一栋原值 1 600 万元的办公楼用于投资联营，收取固定收入，不承担联营风险，投资期为 5 年。已知甲企业当年取得固定收入 120 万元。

② 6 月 30 日，将原值 400 万元、占地面积 400 平方米的一栋写字楼出租给乙企业，7 月 1 日起计租，租期 1 年，每月租金收入 3 万元。

③ 其余房产为经营自用。

④ 本年年初委托施工单位修建仓库，8 月 22 日，办理验收手续，工程结算支出 100 万元，并按此成本计入固定资产。

已知：当地规定房产税计算余值的扣除比例为 20%。

要求：根据上述资料，分析回答下列问题。

(1) 业务①应纳房产税税额为（　　）万元。

A. 0　　B. 2.4　　C. 12　　D. 14.4

(2) 业务②出租业务应纳房产税税额为（　　）万元。

A. 2.16　　B. 3.84　　C. 3.96　　D. 5.28

(3) 该企业本年应缴纳的房产税税额共计（　　）万元。

A. 71.84　　B. 73.24　　C. 74　　D. 76.4

(4) 下列关于房产税的说法中,表述正确的是(　　)。

A. 房产税实行按年计算,分期缴纳的征收办法

B. 房产税以房产的计税价值或房产租金收入为计税依据

C. 对以房产投资联营、投资者参与投资利润分红、共担风险的,按房产余值计缴房产税

D. 对以房产投资联营,不担风险,只收取固定收入,按房产余值计缴房产税

2. 某市甲企业本年年初占地面积为 30 000 平方米;生产用房原值共计 1 000 万元,账面已计提折旧 100 万元。拥有小汽车 5 辆(其中 1 辆为节约能源乘用车),本年有关资料如下:

① 原值为 200 万元的厂房自本年年初因房屋大修导致连续停用 5 个月,6 月恢复使用。

② 6 月 15 日,经批准新征用一块耕地,面积为 800 平方米,6 月 20 日开始开发该耕地建造新办公楼。6 月 25 日,经批准新征用一块非耕地,面积为 1 200 平方米,7 月 5 日,甲企业将该土地用于开发建造新厂房。

③ 7 月 15 日,从汽车销售公司购买 3 辆载货汽车和 4 辆挂车,每辆载货汽车整备质量为 5 吨,每辆挂车整备质量为 4 吨,取得汽车销售公司开具的“机动车销售统一发票”,并于当月取得了车辆的所有权。8 月 20 日,甲企业将拥有的一辆小汽车过户转让。

已知:从价计征房产税税率为 1.2%,当地省政府规定计算房产余值的扣除比例为 20%。每辆小汽车适用的车船税年税额为 480 元,载货汽车适用的车船税年税额为 60 元/吨。当地的城镇土地使用税年税额为 2 元/平方米。当地的耕地占用税税率为 10 元/平方米。

要求:根据上述资料,分析回答下列问题。

(1) 根据房产税法律制度的规定,下列说法中正确的是(　　)。

A. 因房屋大修导致连续停用 5 个月的厂房,免征房产税

B. 因房屋大修导致连续停用 5 个月的厂房,应照章征收房产税

C. 甲企业本年共应缴纳房产税 9.6 万元

D. 甲企业本年共应缴纳房产税 8.64 万元

(2) 根据城镇土地使用税法律制度的规定,下列说法中正确的是(　　)。

A. 甲企业新征用的耕地,自本年 6 月起计算缴纳城镇土地使用税

B. 甲企业新征用的耕地,自次年 6 月起计算缴纳城镇土地使用税

C. 甲企业新征用的非耕地,自本年 7 月起计算缴纳城镇土地使用税

D. 甲企业新征用的非耕地,自次年 7 月起计算缴纳城镇土地使用税

(3) 下列关于甲企业本年应缴纳城镇土地使用税和耕地占用税的说法中,不正确的是(　　)。

A. 应纳耕地占用税=800×10=8 000(元)

B. 应纳城镇土地使用税=30 000×2+1 200×2×6÷12=61 200(元)

C. 对于新征用的耕地,可以在同一纳税年度内同时征收城镇土地使用税和耕地占用税

D. 对于新征用的耕地,不可以在同一纳税年度内同时征收城镇土地使用税和耕地占用税

(4) 根据车船税法律制度的规定,甲企业本年应纳车船税税额为(　　)元。

A. 3 040　　B. 3 260　　C. 2 800　　D. 2 850

3. 甲超市具体涉税情况如下:

① 甲超市 20×7 年实际占用的土地面积为 12 000 平方米,另外超市的停车场占地 300 平

方米。甲超市拥有房产原值1 680万元，该房产评估值为2 400万元。20×7年底，为扩大经营规模，经批准增加土地1 500平方米，扩建超市投资额预计168万元，于20×8年9月30日办理完工验收手续，从在建工程转入固定资产价值为180万元。

② 甲超市原有运输车辆3辆，整备质量为每辆4吨；20×8年1月又以14.4万元购入3辆运输卡车，整备质量均为每辆4吨。

③ 甲超市20×8年发生两笔互换房产业务，并已办理了相关手续。第一笔业务换出的房产价值300万元，换进的房产价值480万元，支付差价180万元；第二笔业务换出的房产价值360万元，换进的房产价值180万元，取得差价180万元。

已知：当地政府规定该地段城镇土地使用税年税额为5元/平方米；房产税扣除比率为20%；契税税率为3%；车船税按整备质量每吨60元计算。

要求：根据上述资料，分析回答下列问题。

(1) 甲超市20×8年应纳城镇土地使用税税额为(　　)元。

A. 61 500　　B. 67 500　　C. 69 000　　D. 79 500

(2) 甲超市20×8年应纳房产税税额为(　　)元。

A. 165 600　　B. 829.8　　C. 167 040　　D. 178 560

(3) 甲超市20×8年应纳车船税税额为(　　)元。

A. 288　　B. 1 128　　C. 1 440　　D. 1 200

(4) 甲超市20×8年应纳契税税额为(　　)元。

A. 54 000　　B. 55 200　　C. 7 000　　D. 108 000

第六章答案

第七章 税收征收管理法律制度

考情整体分析

本章为本书的非重点，主要介绍税收征收管理法概述、税务管理、税款征收、税务检查、税务行政复议、税收法律责任。本章涉及的题型包括单项选择题、多项选择题、判断题。本章在考试中所占的分值较少，一般为 7～9 分。在学习本章时，应在熟悉相关知识点的基础上，通过强化练习来巩固所学知识。

考情变化分析

（1）将章标题“税收征管法律制度”修改为“税收征收管理法律制度”。

（2）删除“税务管理”中“办理税务登记的程序”“外出经营报验登记”“发票开票程序”的相关内容；删除“清税证明的出具”“简并税费申报”的相关内容；调整“发票的种类”的相关内容。

（3）删除“税款征收”中“应纳税款的延期缴纳”“抵税财物的拍卖与变卖”“无欠税证明的开具”的相关内容。

（4）删除“税务检查”中“税收违法行为检举管理”的相关内容。

（5）删除“税收法律责任”中“税务行政处罚‘首违不罚’事项清单”的相关内容。

考纲知识体系

税收征收管理法律制度	一、税收征收管理法概述	（1）税收征收管理法的含义（★） （2）税收征收管理法的适用范围（★★） （3）税收征收管理法的适用对象（★★） （4）税收征纳主体的权利和义务（★★★）
	二、税务管理	（1）税务管理的含义（★） （2）税务登记管理（★★★★） （3）账簿和凭证管理（★★★★） （4）发票管理（★★★★） （5）纳税申报管理（★★★★）
	三、税款征收	（1）税款征收主体（★★） （2）税款征收方式（★★★） （3）应纳税额的核定和调整（★★★★） （4）应纳税款的缴纳（★★★★） （5）税款征收的保障措施（★★★★） （6）税款征收的其他规定（★★★★）

续　表

税收征收管理法律制度	四、税务检查	(1) 税务机关在税务检查中的职权和职责(★★★★) (2) 被检查人在税务检查中的义务(★★★) (3) 纳税信用管理(★★★★) (4) 税收违法行为检举管理(★★★) (5) 重大税收违法失信主体信息公布管理(★★★★)
	五、税务行政复议	(1) 税务行政复议的含义(★★) (2) 税务行政复议范围(★★★★) (3) 税务行政复议管辖(★★★★) (4) 税务行政复议申请与受理(★★★) (5) 税务行政复议审理和决定(★★★)
	六、税收法律责任	(1) 税务管理相对人实施税收违法行为的法律责任(★★★) (2) 税务行政主体实施税收违法行为的法律责任(★★★★)

第一节　税收征收管理法概述

一、单项选择题

1. 下列各项中，不属于纳税主体权利的是(　　)。

A. 对未出示税务检查证和税务检查通知书的拒绝接受检查

B. 选择纳税申报方式

C. 按期申报纳税

D. 索取有关税收凭证

2. 下列各项中，不属于税务机关权利的是(　　)。

A. 税收保全　　B. 为检举违反税法行为者保密

C. 参与起草税收法律法规草案　　D. 提出税收政策建议

3. 下列各项中，不属于税务机关权利的是(　　)。

A. 税收立法　　B. 税务管理　　C. 秉公执法　　D. 税款征收

4. 下列各项中，适用《中华人民共和国税收征收管理法》的是(　　)。

A. 车辆购置税　　B. 车船税　　C. 城市维护建设税　　D. 关税

二、多项选择题

1. 下列各项中，属于征税主体权利的有(　　　)。

A. 税收立法权　　B. 估税权

C. 代位权与撤销权　　D. 依法要求听证的权利

2. 下列各项中，不属于税务机关权利的有（　　）。

A. 委托代征权

B. 保守纳税人商业秘密

C. 申请延期缴纳税款权

D. 定期对纳税人欠缴税款情况予以公告的权利

3. 下列各项中，属于纳税主体义务的有（　　）。

A. 依法要求保密　　B. 接受税务检查

C. 代扣、代收税款　　D. 委托税务代理

4. 下列关于税收征收管理主体的说法中，正确的有（　　）。

A. 国务院税务主管部门主管全国税收征收管理工作

B. 税务机关依法执行职务，任何单位和个人不得阻挠

C. 稽查局专司偷税（逃税）、逃避追缴欠税、骗税、抗税案件的查处

D. 国务院应当明确划分税务局和稽查局的职责，避免职责交叉

三、判断题

1. 税收征收管理法属于税收实体法，它是以规定税收实体法中所确定的权利义务的履行程序为主要内容的法律规范。（　　）

2. 税款征收权是税务机关最基本、最主要的权利。（　　）

第二节　税务管理

一、单项选择题

1. 我国当前实施的登记制度改革为（　　）。

A. “三证合一、一照一码”　　B. “五证合一、一照一码”

C. “七证合一、一照一码”　　D. “多证合一、一照一码”

2. 根据税收征收管理法律制度的规定，下列关于发票开具和使用的表述中，正确的是（　　）。

A. 销售货物开具发票时，可按付款方要求变更品名和金额

B. 经单位财务负责人批准后，可以其他凭证代替发票使用

C. 拆本使用发票

D. 不得转借、转让、介绍他人转让发票、发票监制章和发票防伪专用品

3. 已开具的发票存根联，应当保存（　　）年。

A. 1　　B. 3　　C. 5　　D. 10

4. 从事生产、经营的纳税人应当自领取营业执照或者发生纳税义务之日起（　　）日内，按照国家有关规定设置账簿。

A. 5　　B. 10　　C. 15　　D. 30

5. 除另有规定外，从事生产、经营的纳税人的账簿、记账凭证、报表、完税凭证、发票、出口凭证以及其他有关涉税资料应当保存一定期限，该期限为（　　）年。

A. 5　　B. 10　　C. 15　　D. 20

6. 破产程序中如发生应税情形，应按规定申报纳税。下列各项中，正确的是（　　）。

A. 债权人委员会以企业名义办理纳税申报

B. 破产管理人以企业名义办理纳税申报

C. 破产清算组以企业名义办理纳税申报

D. 破产企业的主管部门以自己的名义办理纳税申报

二、多项选择题

1. 下列行为中，属于未按照规定使用发票的有（　　）。

A. 扩大发票使用范围　　B. 拆本使用发票

C. 以其他凭证代替发票使用　　D. 窃取、截留、篡改、出售、泄露发票数据

2. 下列关于发票开具和保管的表述中，符合法律规定的有（　　）。

A. 已经开具的发票存根联应当保存3年

B. 不得为他人开具与实际经营业务不符的发票

C. 取得发票时，不得要求变更品名和金额

D. 开具发票的单位和个人应当建立发票使用登记制度，配合税务机关进行身份验证，并定期向主管税务机关报告发票使用情况

3. 下列行为中，属于虚开发票行为的有（　　）。

A. 为他人、为自己开具与实际经营业务情况不符的发票

B. 让他人为自己开具与实际经营业务情况不符的发票

C. 介绍他人开具与实际经营业务情况不符的发票

D. 转借、转让、介绍他人转让发票

4. 下列各项中，属于纳税人、扣缴义务人纳税申报的内容的有（　　）。

A. 税种　　B. 适用税率或者单位税额

C. 应代扣代缴、代收代缴税款项目　　D. 应退税项目及税额、应减免税项目及税额

5. 下列关于纳税申报的表述中，正确的有（　　）。

A. 数据电文申报以税务机关计算机网络系统收到该数据电文的时间为申报日期

B. 邮寄申报以寄出的邮戳日期为实际申报日期

C. 实行定期定额缴纳税款的纳税人，可以实行简易申报、简并征期方式申报纳税

D. 纳税人在纳税期内没有应纳税款的，无需进行纳税申报

6. 下列各项中，属于纳税申报方式的有（　　）。

A. 邮寄申报　　B. 数据电文申报

C. 自行申报　　D. 简并征期

7. 下列各项中，属于纳税人注销税务登记的情形有（　　）。

A. 纳税人发生解散、破产、撤销以及其他情形，依法终止纳税义务

B. 纳税人被市场监管部门吊销营业执照

C. 纳税人被主管机关予以撤销登记

D. 实行定期定额征收方式的个体工商户需要停业

8. 下列关于发票联次的说法中，正确的有（　　）。

A. 发票的基本联次包括存根联、发票联、记账联

B. 存根联由收款方或开票方留存备查

C. 发票联由收款方或开票方作为记账原始凭证

D. 记账联由付款方或受票方作为付款原始凭证

三、判断题

1. 纳税人在停业期间不需要申报缴纳税款。（　　）

2. 纳税人已在市场监管部门办理变更登记的，应当自变更登记之日起 30 日内，向原税务登记机关申报办理变更税务登记。（　　）

3. 任何单位和个人不得转借、转让、代开发票。（　　）

4. 从事生产、经营的个人应办而未办营业执照，但发生纳税义务的，可以按规定申请办理临时税务登记。（　　）

5. 纳税人在减免税期间不需办理纳税申报。（　　）

6. 开具发票应当按照规定的时限、顺序、栏目，全部联次一次性如实开具，开具纸质发票应当加盖发票专用章。（　　）

7. 纳税人被市场监管部门吊销营业执照或者被其他机关予以撤销登记的，应当自营业执照被吊销或者被撤销登记之日起 15 日内，向原税务登记机关申报办理注销税务登记。（　　）

8. 纳税人负有纳税申报义务，但连续 3 个月所有税种均未进行纳税申报的，税收征管系统自动将其认定为非正常户，并停止其发票领购簿和发票的使用。（　　）

9. 已认定为非正常户的纳税人，就其逾期未申报行为接受处罚、缴纳罚款，并补办纳税申报的，纳税人需要在 15 日内向税务机关申请解除非正常状态。（　　）

10. 已办理税务登记的扣缴义务人应当自扣缴义务发生之日起 30 日内，向税务登记地税务机关申报办理扣缴税款登记。（　　）

11. 纳税人已在市场监管部门办理变更登记的，自 2023 年 4 月 1 日起，无须向税务机关报告登记变更信息；各省税务机关根据市场监管部门共享的变更登记信息，自动同步变更登记信息。（　　）

12. 电子发票与纸质发票的法律效力相同，任何单位和个人不得拒收。（　　）

13. 取得发票的主体在取得发票时，不得要求开票主体变更品名和金额，但可以要求开票主体变更涉及金额计算的单价和数量。（　　）

第三节　税 款 征 收

一、单项选择题

1. 税务机关采取税收保全和税收强制执行措施都需要经（　　）批准。

A. 本地税务局局长

B. 本地税务局副局长

C. 县级以上税务局（分局）局长

D. 本地县级以上人民政府

2. 下列各项中，属于税收保全措施的是（　　）。

A. 口头通知纳税人开户银行或者其他金融机构冻结纳税人的金额相当于应纳税款的存款

B. 扣押、查封纳税人的价值相当于应纳税款的商品、货物或者其他财产

C. 书面通知纳税人开户银行从其存款中扣缴税款

D. 拍卖所扣押、查封纳税人的价值相当于应纳税款的财产，以拍卖所得抵缴税款

3. 本年 8 月，甲公司应缴纳增值税税额为 120 000 元，城市维护建设税税额为 8 400 元。甲公司在规定期限内未进行纳税申报，税务机关责令其缴纳并加收滞纳金。本年 9 月 30 日，甲公司办理了申报缴纳手续。税务机关核定甲公司增值税和城市维护建设税均以 1 个月为一个纳税期。下列关于甲公司应缴纳的滞纳金的计算中，正确的是（　　）。

A. （120 000＋8 400）×0.5‰×30＝1 926（元）

B. 120 000×0.5‰×30＝1 800（元）

C. （120 000＋8 400）×0.5‰×15＝963（元）

D. 120 000×0.5‰×15＝900（元）

4. 下列各项中，不属于纳税担保范围的是（　　）。

A. 税款　　B. 罚款

C. 实现滞纳金的费用　　D. 实现税款的费用

5. 本年 3 月，甲餐饮中心取得餐饮收入 5 万元，该餐饮中心未在规定期限内办理纳税申报，经税务机关责令限期申报，逾期仍不申报。税务机关有权对该餐饮中心采取的税款征收措施是（　　）。

A. 采取税收保全措施　　B. 责令提供纳税担保

C. 核定其应纳税额　　D. 采取强制执行措施

6. 纳税人财务制度不健全，生产经营不固定，零星分散，流动性大的税源，适合采用的征收方式是（　　）。

A. 定期定额征收　　B. 查验征收　　C. 查定征收　　D. 查账征收

7. 对于生产经营规模较小、产品零星、税源分散、会计账册不健全，但能控制原材料或进销货的小型厂矿和作坊，采用的税款征收方式是（　　）。

A. 定期定额征收　　B. 查账征收　　C. 查验征收　　D. 查定征收

8. 下列各项中，适用委托征收的情形是（　　）。

A. 纳税人未按期纳税申报，逾期仍不申报的税收

B. 纳税人财务制度不健全，生产经营不固定，零星分散、流动性大的税源

C. 零星分散和异地缴纳的税收

D. 法律、行政法规规定适用代扣代缴的税收

9. 下列关于税款追征与退还的说法中，正确的是（　　）。

A. 纳税人多缴的税款，税务机关发现后，自发现之日起 10 日内办理退还手续

B. 纳税人多缴的税款，纳税人自结算税款之日起 5 年内发现的，可以向税务机关要求退还

C. 纳税人多缴的税款，纳税人自结算税款之日起 3 年内发现的，退税时应加算银行同期贷款利息

D. 由于税务机关适用法规错误导致纳税人少缴税款，税务机关可以在 3 年内补征税款和加收滞纳金

二、多项选择题

1. 下列关于纳税人欠税的税务处理的说法中，正确的有（　　）。

A. 税务机关依法对欠税企业行使代位权的，可免除欠税企业的尚未履行的纳税义务和应承担的法律责任

B. 抵押权人、质权人可以要求税务机关提供纳税人有关欠税的情况

C. 欠税 5 万元以上的纳税人在处分其不动产前，应当向税务机关报告

D. 税收优先于所有抵押权、质权执行

2. 下列各项中，属于纳税担保范围的有（　　）。

A. 应纳税款　　B. 税款滞纳金

C. 纳税人应受到的罚款　　D. 实现税款及滞纳金的费用

3. 下列各项中，属于税收强制执行的有（　　）。

A. 扣押、查封纳税人的价值相当于应纳税款的商品、货物或者其他财产

B. 书面通知纳税人开户银行冻结纳税人的金额相当于应纳税款的存款

C. 拍卖纳税人的价值相当于应纳税款的商品、货物或者其他财产

D. 书面通知纳税人开户银行从其存款中直接扣缴税款

4. 下列情形中，税务机关有权责令纳税人提供纳税担保的有（　　）。

A. 欠缴税款、滞纳金的纳税人或者其法定代表人需要出境的

B. 税务机关有根据认为纳税人有逃避纳税义务行为的

C. 纳税人同税务机关在纳税上发生争议而未缴清税款，需要申请行政复议的

D. 未按照规定的期限办理纳税申报，经税务机关责令限期申报，逾期仍不申报的

5. A 公司欠缴税款和滞纳金共计 20 万元，其法定代表人需出境进行业务谈判，则税务机关可以采取的税款征收措施有（　　）。

A. 阻止出境

B. 书面通知其开户银行或者其他金融机构从其存款中扣缴税款

C. 责令提供纳税担保

D. 书面通知甲公司开户银行冻结其相当于应纳税款的存款金额

6. 纳税担保方式主要有（　　）。

A. 纳税保证　　B. 纳税抵押　　C. 纳税质押　　D. 纳税留置

7. 下列关于纳税保证的说法中，正确的有（　　）。

A. 纳税保证须经税务机关认可，税务机关不认可的，保证不成立

B. 纳税保证为连带责任保证，纳税人和纳税保证人对所担保的税款及滞纳金承担连带责任

C. 纳税保证期间内税务机关未通知纳税保证人缴纳税款及滞纳金以承担担保责任的，纳税保证人免除担保责任

D. 纳税担保自税务机关在纳税担保书签字盖章之日起生效

三、判断题

1. 税务机关有权对个人及其所扶养家属维持生活必需的住房和用品采取强制执行措施。（　　）

2. 欠缴税款的纳税人或者其法定代表人在出境前未按规定结清应纳税款、滞纳金或者提供纳税担保的，税务机关可以通知出入境管理机关阻止其出境。（　　）

3. 纳税人未按照规定期限缴纳税款的，税务机关有权采取强制执行措施，扣押、查封、依法拍卖或者变卖其价值相当于应纳税款的商品、货物或者其他财产，以拍卖或者变卖所得抵缴税款。（　　）

4. 纳税担保的财产价值不足以抵缴税款、滞纳金的，税务机关应当向提供担保的纳税人或纳税担保人继续追缴。（　　）

5. 扣缴义务人依法履行代扣、代收税款义务时，纳税人不得拒绝；纳税人拒绝的，扣缴义务人应当及时报告税务机关处理。（　　）

6. 纳税人与其关联企业未按照独立企业之间的业务往来支付价款、费用的，税务机关自该业务往来发生的纳税年度起 3 年内进行调整；有特殊情况的，可以自该业务往来发生的纳税年度起 5 年内进行调整。（　　）

7. 纳税人因有特殊困难，不能按期缴纳税款的，经省、自治区、直辖市税务局批准，可以延期缴纳税款，但是最长不得超过 3 个月。（　　）

8. 税务机关应当自收到申请延期缴纳税款报告之日起 20 日内作出批准或者不予批准的决定；不予批准的，从缴纳税款期限届满之日起加收滞纳金。（　　）

9. 从事生产、经营的纳税人、扣缴义务人未按照规定的期限缴纳或者解缴税款的，纳税担保人未按照规定的期限缴纳所担保的税款的，由税务机关发出限期缴纳税款通知书，责令缴纳或者解缴税款的最长期限不得超过 15 日。（　　）

10. 税务机关应当自收到申请延期缴纳税款报告之日起 20 日内作出批准或者不予批准的决定；不予批准的，从不予批准之日起加收滞纳金。（　　）

11. 税务机关依法行使代位权、撤销权的，不免除欠缴税款的纳税人尚未履行的纳税义务和应承担的法律责任。（　　）

12. 在税款征收中，纳税人有合并、分立情形的应当向税务机关报告，并依法缴清税款。纳税人分立时未缴清税款的，纳税义务就此终结。（　　）

13. 税务机关依照法律、行政法规的规定征收税款，不得违反法律、行政法规的规定开征、停征、多征、少征、提前征收、延缓征收或者摊派税款。（　　）

14. 自 2020 年 3 月 1 日起，税务机关向纳税人提供无欠税证明开具服务。（　　）

第四节　税务检查

一、单项选择题

1. 下列各项中，不属于税务机关可以行使的税务检查职权的是（　　）。

A. 检查纳税人的账簿、记账凭证、报表和有关资料

B. 在邮局检查纳税人邮寄应纳税商品、货物或者其他财产的有关单据

C. 到纳税人的生活场所检查纳税人应纳税的商品、货物或者其他财产

D. 依法查询从事生产、经营的纳税人、扣缴义务人的银行存款账户

2. 根据纳税信用评级管理的规定，税务机关主动公开的是（　　）。

A. M级纳税人名单及相关信息　　B. A级纳税人名单及相关信息
C. B级纳税人名单及相关信息　　D. C级纳税人名单及相关信息

3. 税务机关对按规定确定的重大税收违法失信主体，纳入纳税信用评价范围的，按照纳税信用管理规定，将其纳税信用级别判为(　　)级。

A. B　　B. M　　C. C　　D. D

4. 重大税收违法失信主体信息自公布之日起满(　　)年的，税务机关在5日内停止信息公布。

A. 1　　B. 2　　C. 3　　D. 5

5. 纳税人、扣缴义务人或者其他涉税当事人欠缴应纳税款，采取转移或者隐匿财产的手段，妨碍税务机关追缴欠缴税款，欠缴税款金额(　　)万元以上的，属于重大税收违法失信主体。

A. 10　　B. 30　　C. 50　　D. 100

6. 下列各项中，不属于重大税收违法失信主体的是(　　)。

A. 骗取国家1万元的出口退税款
B. 纳税人进行虚假的纳税申报，不缴或者少缴应纳税款100万元以上，且任一年度不缴或者少缴应纳税款占当年各税种应纳税总额10%以上
C. 虚开金额为300万元的普通发票
D. 变造发票

7. 纳税信用信息采集工作由国家税务总局和省税务机关组织实施，按(　　)采集。

A. 周　　B. 月　　C. 季　　D. 年

二、多项选择题

1. 税务机关有权实施的税务检查措施包括(　　)。

A. 检查扣缴义务人代扣代缴、代收代缴税款账簿
B. 检查纳税人货物存放地的应纳税商品
C. 在调查税收违法案件时，经县以上税务局(分局)局长批准，查询案件涉嫌人员的储蓄存款
D. 检查纳税人托运、邮寄应纳税商品的单据、凭证

2. 下列关于税务检查的表述中，不正确的有(　　)。

A. 税务人员进行税务检查时，只需出示税务检查证即可
B. 税务机关调查税务违法案件时，对与案件有关的情况和资料，可以记录、录音、录像、照相和复制
C. 税务机关可以到纳税人的生活场所进行检查
D. 纳税人必须接受税务机关依法进行的税务检查，如实反映情况，提供有关资料，不得拒绝、隐瞒

3. 税收违法案件举报中心对接收的检举事项，不予受理的情形有(　　)。

A. 匿名检举的
B. 无法确定被检举对象
C. 检举事项已经或者依法应当通过诉讼、仲裁、行政复议以及其他法定途径解决的
D. 对已经查结的同一检举事项再次检举，没有提供新的有效线索的

4. 下列各项中，属于重大税收违法失信主体的有（　　）。

A. 具有偷税、逃避追缴欠税、骗取出口退税、抗税、虚开发票等行为，在稽查案件执行完毕前，不履行税收义务并脱离税务机关监管，经税务机关检查确认走逃(失联)的

B. 欠缴应纳税款，采取转移或者隐匿财产的手段，妨碍税务机关追缴欠缴的税款，欠缴税款金额100万元以上

C. 虚开增值税专用发票或者虚开用于骗取出口退税、抵扣税款的其他发票的

D. 虚开普通发票100份或者金额200万元以上

三、判断题

1. 税务机关调查税务违法案件时，对与案件有关的情况和资料，可以记录、录音、录像、照相和复制。（　　）

2. 税务机关派出的人员进行税务检查时，应当出示税务检查证和税务检查通知书。（　　）

3. 税收违法行为，是指涉嫌偷税(逃税)，逃避追缴欠税，骗税，虚开、伪造、变造发票，以及其他与逃避缴纳税款相关的税收违法行为。（　　）

4. 检举税收违法行为而产生的支出应当由税务机关承担。（　　）

5. 纳税信用级别设A、B、C、D、E五级。（　　）

第五节　税务行政复议

一、单项选择题

1. 下列关于税务行政复议管辖的说法中，不正确的是（　　）。

A. 对各级税务局的稽查局的具体行政行为不服的，向稽查局申请行政复议

B. 对计划单列市税务局的具体行政行为不服的，向国家税务总局申请行政复议

C. 对税务机关与其他行政机关以共同的名义作出的具体行政行为不服的，向其共同上一级行政机关申请行政复议

D. 对国家税务总局作出的具体行政行为不服的，向国家税务总局申请行政复议

2. 税务机关作出的下列行政行为中，纳税人认为侵犯其合法权益时，应当先申请行政复议，对行政复议决定不服的，再提起行政诉讼的是（　　）。

A. 罚款　　B. 停止发售发票　　C. 加收税款滞纳金　　D. 税收保全措施

3. 下列各项中，不属于税务机关作出的行政处罚行为的是（　　）。

A. 加收税款滞纳金　　B. 罚款

C. 没收非法财物和违法所得　　D. 停止出口退税权

4. 下列关于税务行政复议管辖的表述中，不正确的是（　　）。

A. 对被撤销的税务机关在撤销以前所作出的具体行政行为不服的，向继续行使其职权的税务机关的上一级税务机关申请行政复议

B. 对税务机关与其他行政机关共同作出的具体行政行为不服的，向其共同上一级行政机关申请行政复议

C. 对两个以上税务机关以共同的名义作出的具体行政行为不服的，向共同上一级税务机

关申请行政复议

D. 对计划单列市税务局的具体行政行为不服的，向计划单列市税务局申请行政复议

5. 纳税人对税务机关作出的下列具体行政行为不服时，可以选择申请行政复议或者直接提起行政诉讼的是（　　）。

A. 代开发票　B. 确认适用税率　C. 确认纳税地点　D. 加收税收滞纳金

6. 申请人可以在自知道或者应当知道税务机关作出具体行政行为之日起（　　）日内提出行政复议申请。因不可抗力或者其他正当理由耽误法定申请期限的，申请期限自障碍清除之日起继续计算。

A. 30　B. 60　C. 90　D. 120

7. 复议机关应当自受理申请之日起（　　）日内作出行政复议决定。情况复杂，不能在规定期限内作出行政复议决定的，经复议机关负责人批准，可以适当延期，并书面告知当事人；但延期不得超过（　　）日。

A. 15；10　B. 30；20　C. 60；30　D. 90；60

二、多项选择题

1. 申请人对税务机关作出的下列具体行政行为中，可以申请行政复议，也可以直接向人民法院提起行政诉讼的有（　　）。

A. 税务机关通知出入境管理机关阻止出境行为

B. 确认税款征收方式

C. 税收强制执行措施

D. 不依法确认纳税担保行为

2. 税务机关作出的下列行政行为中，纳税人不服时可以选择申请税务行政复议或者直接提起行政诉讼的有（　　）。

A. 罚款　B. 确认抵扣税款

C. 征收税款　D. 税务机关不依法进行行政赔偿

3. 下列关于税务行政复议的听证的说法中，正确的有（　　）。

A. 审理重大、疑难、复杂的案件可以组织听证

B. 复议机构认为有必要听证，复议机构可以组织听证

C. 申请人请求听证的，复议机构可以组织听证

D. 听证由1名行政复议人员任主持人，2名以上行政复议人员任听证员，1名记录员制作听证笔录

4. 申请人认为税务机关的具体行政行为所依据的规定性文件（不含规章）不合法，对具体行政行为申请行政复议时，可以一并向复议机关提出对该规范性文件的附带审查申请。这些规定性文件包括（　　）。

A. 国家税务总局和国务院其他部门的规范性文件

B. 其他各级税务机关的规范性文件

C. 地方各级人民政府的规范性文件

D. 地方人民政府工作部门的规范性文件

5. 行政复议期间具体行政行为不停止执行。但有下列（　　）情形之一的，行政复议

期间具体行政行为应当停止执行。

A. 被申请人认为需要停止执行的

B. 行政复议机关认为需要停止执行的

C. 申请人、第三人申请停止执行，行政复议机关认为其要求合理，决定停止执行的

D. 法律、法规、规章规定停止执行的

三、判断题

1. 纳税人对税务所(分局)、各级税务局的稽查局的具体行政行为不服的，可以选择向其所属税务局或者上一级税务机关申请行政复议。 (　　)

2. 对国家税务总局的具体行政行为不服的，向国务院申请行政复议。 (　　)

3. 申请人向复议机关申请行政复议，复议机关已经受理的，在法定行政复议期限内申请人不得向人民法院提起行政诉讼；申请人向人民法院提起行政诉讼，人民法院已经依法受理的，不得申请行政复议。 (　　)

4. 申请人在行政复议决定作出以前撤回行政复议申请的，经行政复议机构同意，可以撤回。申请人撤回行政复议申请的，可以再以同一事实和理由提出行政复议申请。 (　　)

5. 申请人对复议范围内征税行为不服的，应当先向复议机关申请行政复议，对行政复议决定不服的，可以再向人民法院提起行政诉讼。 (　　)

6. 申请人对复议范围中税务机关作出的征税行为以外的其他具体行政行为不服的，可以申请行政复议，也可以直接向人民法院提起行政诉讼。 (　　)

7. 申请人向复议机关申请行政复议，复议机关已经受理的，在法定行政复议期限内申请人可以同时向人民法院提起行政诉讼；申请人向人民法院提起行政诉讼，人民法院已经依法受理的，可以同时申请行政复议。 (　　)

8. 行政复议申请的审查期限届满，复议机关未作出不予受理决定的，审查期限届满之日起视为受理。 (　　)

9. 复议机关审理税务行政复议案件，应当由 3 名以上行政复议工作人员参加。行政复议工作人员应当具备与履行行政复议职责相适应的品行、专业知识和业务能力。 (　　)

10. 行政复议机关审查被申请人的具体行政行为时，认为其依据不合法，本机关有权处理的，应当在 15 日内依法处理；无权处理的，应当在 5 个工作日内按照法定程序逐级转送有权处理的国家机关依法处理。 (　　)

11. 行政复议决定书一经送达，即发生法律效力。 (　　)

第六节　税收法律责任

一、单项选择题

1. 甲公司因偷税涉嫌犯罪，有权判定该纳税人应承担刑事责任的机关是(　　)。

A. 国家税务总局　　B. 省级税务局　　C. 人民政府　　D. 人民法院

2. 下列说法中，正确的是(　　)。

A. 纳税人采取欺骗、隐瞒手段进行虚假纳税申报或者不申报，逃避缴纳税款的行为，属于

欠税

B. 有逃税行为,经税务机关依法下达追缴通知后,补缴应纳税款,缴纳滞纳金,已受行政处罚的,不予追究刑事责任;但是,3 年内因逃避缴纳税款受过刑事处罚或者被税务机关给予两次以上行政处罚的除外

C. 纳税人以假报出口手段骗取国家出口退税款的行为,属于偷税

D. 纳税人以暴力、威胁办法拒不缴纳税款的行为,属于抗税

二、多项选择题

1. 纳税人、扣缴义务人发生的下列行为中,税务机关责令改正,可以处 1 万元以下罚款;情节严重的,处 1 万元以上 5 万元以下罚款的有(　　)。

A. 提供虚假资料,不如实反映情况,或者拒绝提供有关资料的

B. 转移、隐匿、销毁有关资料的

C. 拒绝或者阻止税务机关记录、录音、录像、照相和复印与案件有关的情况和资料的

D. 逃避、拒绝或者以其他方式阻挠税务机关检查的

2. 税务机关到车站、码头、机场、邮政企业及其分支机构检查纳税人有关情况,有关单位拒绝的,税务机关应采取的措施有(　　)。

A. 责令改正

B. 没收其经营所得

C. 情节严重的,处 1 万元以上 5 万元以下的罚款

D. 可以处 1 万元以下罚款

3. 下列各项中,属于税务行政处罚"首违不罚"事项清单内容的有(　　)。[①]

A. 纳税人使用非税控电子器具开具发票,未按照《中华人民共和国税收征收管理法》及实施细则、《中华人民共和国发票管理办法》等有关规定将非税控电子器具使用的软件程序说明资料报主管税务机关备案且没有违法所得

B. 纳税人未按照《中华人民共和国税收征收管理法》及实施细则、《中华人民共和国发票管理办法》等有关规定加盖发票专用章且没有违法所得

C. 纳税人未按照《中华人民共和国税收征收管理法》及实施细则、《中华人民共和国发票管理办法》等有关规定缴销发票且没有违法所得

D. 纳税人未按照《中华人民共和国税收征收管理法》及实施细则等有关规定的期限办理纳税申报和报送纳税资料

三、判断题

1. 歌星杨某欠缴个人所得税 1 500 万元,并采取转移财产的手段,妨害税务机关追缴欠税,该行为属于偷税行为。　(　　)

2. 纳税人以假报出口或者其他欺骗手段,骗取国家出口退税款的行为属于偷税行为。　(　　)

3. 为纳税人、扣缴义务人非法提供银行账户、发票、证明或者其他方便,导致未缴、少缴税

① 该内容在《2025 年度初级会计专业技术资格考试大纲》中已经删除,本教材仍保留。

款的，税务机关除没收其违法所得外，可处以罚款。 （ ）

4. 纳税人、扣缴义务人编造虚假计税依据的，由税务机关责令限期改正，并处10万元以下的罚款。 （ ）

5. 扣缴义务人应扣未扣、应收而不收税款的，由税务机关向纳税人追缴税款，对扣缴义务人处应扣未扣、应收未收税款50%以上5倍以下的罚款。 （ ）

6. 对当事人首次发生税务行政处罚“首违不罚”事项清单中所列事项且危害后果轻微的，必须在税务机关发现前主动改正，才不予行政处罚。 （ ）

分章训练题

一、单项选择题

1. 扣缴义务人应扣未扣、应收而不收税款的，由税务机关向纳税人追缴税款，对扣缴义务人处以应扣未扣、应收未收税款（ ）的罚款。

A. 1倍以上3倍以下　　B. 1倍以上5倍以下

C. 50%以上3倍以下　　D. 50%以上5倍以下

2. 为纳税人、扣缴义务人非法提供银行账户、发票、证明或者其他方便，骗取国家出口退税款的，税务机关除没收其违法所得外，可以处未缴、少缴或者骗取的税款（ ）的罚款。

A. 1倍以下　　B. 3倍以下

C. 50%以上1倍以下　　D. 50%以上3倍以下

3. 完税凭证及其他有关涉税凭证应当保存（ ）年。

A. 30　　B. 20　　C. 15　　D. 10

4. 下列关于纳税申报方式的表述中，不正确的是（ ）。

A. 自行申报是纳税人、扣缴义务人自己直接到报税大厅办理纳税申报手续

B. 实行定期定额缴纳税款的纳税人，可以实行简易申报、简并征期等方式申报纳税

C. 采取数据电文方式办理纳税申报的，其申报日期以纳税人发出该数据电文的时间为准

D. 邮寄申报以邮政部门收据作为申报凭证

5. 纳税人有骗税行为，由税务机关追缴其骗取的退税款，并处骗取税款（ ）的罚款。

A. 50%以上5倍以下　　B. 1倍以上5倍以下

C. 10倍　　D. 10倍以上15倍以下

6. 甲公司为大型国有企业，财务会计制度健全，能够如实核算和提供生产经营情况，并能正确计算应纳税款和如实履行纳税义务，其适用的税款征收方式是（ ）。

A. 查验征收　　B. 查定征收　　C. 查账征收　　D. 定期定额征收

7. 下列个人财产中，不适用税收保全措施的是（ ）。

A. 机动车辆　　B. 金银首饰

C. 维持生活必需的住房　　D. 古玩字画

8. 下列各项中，不属于税务机关可以行使的税务检查职权的是（ ）。

A. 向扣缴义务人询问与代扣代缴有关的问题

B. 在邮电局检查扣缴义务人邮寄物品的单据和往来函电

C. 到纳税人的生活场所检查纳税人应纳税的商品、货物或其他财产

D. 依法查询从事生产、经营的纳税人、扣缴义务人的银行存款账户

9. 纳税保证人应当自收到税务机关的纳税通知书之日起(　　)日内履行保证责任，缴纳税款及滞纳金。

A. 5　　B. 10　　C. 15　　D. 30

二、多项选择题

1. 下列税种中，适用《中华人民共和国税收征收管理法》的有(　　)。

A. 个人所得税　　B. 企业所得税　　C. 增值税　　D. 关税

2. 下列各项中，属于纳税人义务的有(　　)。

A. 保密义务　　B. 接受税务检查

C. 按规定设置账簿　　D. 如实办理纳税申报登记

3. 任何单位和个人不得有虚开发票的行为，下列属于虚开发票行为的有(　　)。

A. A公司向B公司销售产品一批，售价50万元，给予20%的商业折扣，应B公司要求A公司按100万元开具了增值税专用发票

B. A公司购入一批食品进行业务招待使用，要求对方按办公用品项目开具了发票

C. A公司销售的一批商品因质量不合格被退回，A公司按规定给对方开具了红字增值税专用发票

D. A公司从农民手中收购粮食一批，收购价款100万元，因税法规定其中9万元可以作为进项税额抵扣，因此A公司按91万元开具了农产品收购发票

4. 使用发票，不得有(　　)等行为。

A. 拆本使用发票　　B. 转借、转让发票

C. 扩大发票使用范围　　D. 窃取、截留、篡改、出售、泄露发票数据

5. 下列情形中，可由付款方向收款方开具发票的有(　　)。

A. 付款金额超过10万元时　　B. 收购单位支付个人款项时

C. 扣缴义务人支付个人款项时　　D. 付款方为事业单位时

6. 下列关于税务检查的表述中，不正确的有(　　)。

A. 税务机关有权到车站检查纳税人托运的应纳税商品

B. 税务机关在调查税收违法案件时，经县以上税务局(分局)局长批准，可以查询案件涉嫌人员的储蓄存款

C. 税务机关调查税务违法案件时，对与案件有关的情况和资料，可以记录、录音、录像、照相，但不得复制

D. 税务机关对从事生产、经营的纳税人以前纳税期的纳税情况依法进行税务检查时，发现纳税人有逃避纳税义务行为，并有明显的转移、隐匿其应纳税的商品、货物以及其他财产或者应纳税的收入的迹象的，经县以上税务局(分局)局长批准，可以采取税收保全措施和强制执行措施

7. 某纺织企业对税务机关作出的逾期不缴纳罚款加处罚款的决定不服，拟申请行政复议。下列表述中，不正确的有(　　)。

A. 该纺织企业可以向作出行政处罚决定的税务机关的上一级税务机关申请行政复议

B. 该纺织企业应当向作出行政处罚决定的税务机关申请行政复议

C. 该纺织企业在申请行政复议前应当先缴纳罚款和加处罚款

D. 若该纺织企业对已处罚款和加处罚款都不服，则应一并向作出行政处罚决定的税务机关申请行政复议

8. 下列各项中，属于重大税收违法失信主体的有（　　）。

A. 欠缴应纳税款，采取转移或者隐匿财产的手段，妨碍税务机关追缴欠缴的税款，欠缴税款金额50万元的纳税人

B. 虚开普通发票80份且合计金额为200万元的纳税人

C. 骗取国家出口退税款的纳税人

D. 违反税收法律、行政法规造成纳税人未缴或者少缴税款120万元的税务代理人

9. 根据发票管理的有关规定，下列说法中，正确的有（　　）。

A. 不符合规定的发票，不得作为财务报销凭证，任何单位和个人有权拒收

B. 取得发票的主体在取得发票时，可以要求开票主体变更品名和金额

C. 在查处发票案件时，对与案件有关的情况和资料，可以记录、录音、录像、照相和复制

D. 开具发票应当按照规定的时限、顺序、栏目，全部联次一次性如实开具，开具纸质发票应当加盖发票专用章

三、判断题

1. 教育费附加适用《中华人民共和国税收征收管理法》。（　　）

2. 对市级税务局的具体行政行为不服的，向省级税务局或者省级人民政府申请行政复议。（　　）

3. 纳税人的银行存款账户发生变化的，应当自变化之日起10日内，向主管税务机关书面报告。（　　）

4. 非法印制、转借、倒卖、变造或者伪造完税凭证的，由税务机关责令改正，处2 000元以上1万元以下的罚款；情节严重的，处1万元以上5万元以下的罚款；构成犯罪的，依法追究刑事责任。（　　）

5. 纳税人发生纳税义务，未按照规定的期限办理纳税申报，经税务机关责令限期申报，逾期仍不申报，税务机关有权核定其应纳税额。（　　）

6. 纳税人首次发生“未按照《中华人民共和国税收征收管理法》及实施细则等有关规定将其全部银行账号向税务机关报送”的事项，且危害后果轻微，在税务机关发现前主动改正或者在税务机关责令限期改正的期限内改正的，不予行政处罚。（　　）①

7. 非独立核算分支机构可自愿参与纳税信用评价。（　　）

8. 纳税担保自税务机关在纳税担保书签字盖章之日起生效。（　　）

第七章答案

① 该内容在《2025年度初级会计专业技术资格考试大纲》中已经删除，本教材仍保留。

第八章 劳动合同与社会保险法律制度

考情整体分析

本章为本书的重点，主要介绍劳动合同法律制度、社会保险法律制度。本章涉及的题型包括单项选择题、多项选择题、判断题、不定项选择题。本章知识点较多，在考试中所占的分值较大，一般为 11～13 分。在学习本章时，应结合实际工作和生活，在理解的基础上准确记忆。

考情变化分析

（1）删除“综合计算工时制”的相关内容。

（2）调整“劳动仲裁申请和受理”中“仲裁申请”的相关内容。

（3）增加“渐进式延迟退休”的相关内容。

考纲知识体系

劳动合同与社会保险法律制度	一、劳动合同法律制度	（1）劳动关系与劳动合同（★） （2）劳动合同的订立（★★★★★） （3）劳动合同的主要内容（★★★★★） （4）劳动合同的履行和变更（★★★） （5）劳动合同的解除和终止（★★★★★） （6）集体合同（★★★） （7）劳务派遣（★★★） （8）劳动争议的解决（★★★） （9）违反劳动合同法律制度的法律责任（★★）
	二、社会保险法律制度	（1）社会保险概述（★） （2）基本养老保险（★★★★★） （3）基本医疗保险（★★★★★） （4）工伤保险（★★★★） （5）失业保险（★★★★） （6）社会保险经办（★★★） （7）社会保险费征缴与社会保险基金管理（★★★） （8）违反社会保险法律制度的法律责任（★★）

分节训练题

第一节　劳动合同法律制度

一、单项选择题

1. 于某于本年1月5日起开始在A公司工作，本年1月28日，A公司的人事部门书面通知于某订立书面劳动合同，但于某拒绝与A公司订立书面劳动合同。A公司的下列做法中，不符合规定的是（　　）。

A. 书面通知于某终止劳动关系

B. 未向于某支付经济补偿

C. 未向于某支付其实际工作时间的劳动报酬

D. 向于某支付了其实际工作时间的劳动报酬

2. 杨某在A公司工作已满15年，本年8月1日调到B公司工作，向B公司提出补休年休假的申请，则杨某在B公司可以享受的年休假是（　　）天。

A. 0　　B. 3　　C. 4　　D. 5

3. 杨某到甲公司就职后，发现甲公司未依法为其缴纳社会保险费。根据劳动合同法律制度的规定，下列表述中，正确的是（　　）。

A. 杨某无权单方面解除劳动合同

B. 杨某需要甲公司同意才可以解除劳动合同

C. 杨某可随时通知甲公司解除劳动合同

D. 杨某不能解除劳动合同，只有甲公司才有单方解除权

4. 下列关于服务期的表述中，不正确的是（　　）。

A. 服务期属于劳动合同的必备条款

B. 用人单位为劳动者提供专项培训费用，对其进行专业技术培训的，可以与该劳动者订立协议，约定服务期

C. 劳动者违反服务期约定的，应当按照约定向用人单位支付违约金

D. 劳动合同期满，但用人单位与劳动者约定的服务期尚未到期的，劳动合同应当续延至服务期满；双方另有约定的，从其约定

5. 20×7年3月15日，王某应聘到甲公司工作，每月领取工资4 000元，直到20×8年2月15日，甲公司才与王某签订了书面劳动合同。王某依法要求甲公司支付的工资补偿为（　　）元。

A. 44 000　　B. 40 000　　C. 68 000　　D. 38 000

6. 用人单位在裁减人员时，以下人员中，不属于应当优先留用的是（　　）。

A. 陈某，与企业签订无固定期限劳动合同

B. 张某，为技术骨干

C. 李某，与企业签订较长期限的固定期限劳动合同

D. 方某，家庭无其他就业人员，有需要抚养的未成年人

7. 王某在甲公司做生产技术工人，签订有 2 年期劳动合同。公司规章制度规定员工在 2 个月内完不成工作任务的，属于不能胜任工作。王某在 2 个月内没有完成工作任务。下列分析判断中，正确的是（　　）。

A. 以不胜任工作为由解除劳动合同的，不需向劳动者支付经济补偿金

B. 甲公司可以以不胜任工作为由直接解除劳动合同

C. 用人单位可以对王某进行培训或者调整工作岗位，但如果王某仍不胜任工作，则甲公司提前 30 日以书面形式通知劳动者本人后可以解除劳动合同

D. 用人单位可以对王某进行培训或者调整工作岗位，但如果王某仍不胜任工作，则甲公司可以额外支付 2 个月工资后，可以解除劳动合同

8. 当事人在劳动合同或者保密协议中约定了竞业限制，但未约定解除或者终止劳动合同后给予劳动者经济补偿，劳动者履行了竞业限制义务，要求用人单位按照劳动者在劳动合同解除或者终止前 12 个月平均工资的（　　）按月支付经济补偿的，人民法院应予支持。前述规定的（　　）低于劳动合同履行地最低工资标准的，按照劳动合同履行地最低工资标准支付。

A. 30%，月平均工资的 30%　　　　B. 30%，月平均工资

C. 80%，月平均工资的 80%　　　　D. 80%，月平均工资

二、多项选择题

1. 下列关于集体合同的表述中，正确的有（　　）。

A. 集体合同应当有半数以上职工代表或职工出席，且须经全体职工代表半数以上或全体职工半数以上同意，方获通过

B. 集体合同草案应提交职工代表大会或全体职工讨论

C. 集体合同自订立之日起发生法律效力，对用人单位和劳动者具有约束力

D. 集体合同中劳动报酬和劳动条件等标准不得低于当地人民政府规定的最低标准

2. 下列关于 A 公司与郑某之间非全日制用工劳动关系的表述中，正确的有（　　）。

A. A 公司与郑某可以订立口头用工协议

B. 郑某不能与 A 公司和 B 公司分别订立劳动合同

C. 郑某可以随时通知 A 公司终止用工

D. A 公司与郑某可以约定试用期

3. 下列情形中，当事人可以向人民法院提起劳动诉讼的有（　　）。

A. 用人单位对工伤医疗费争议的终局裁决不服

B. 劳动人事争议仲裁委员会不予受理

C. 当事人对终局裁决情形之外的其他劳动争议案件的仲裁裁决不服的

D. 终局仲裁裁决被人民法院裁定撤销

4. 下列关于劳务派遣合同的表述中，正确的有（　　）。

A. 劳务派遣单位应当与被派遣劳动者订立 2 年以上的固定期限劳动合同

B. 被派遣劳动者在无工作期间，劳务派遣单位应当按照所在地人民政府规定的最低工资标准，向其按月支付报酬

C. 用工单位的正式员工为 100 人，则其使用的被派遣劳动者不能超过 10 人

D. 劳务派遣单位可以向被派遣劳动者收取费用,用工单位不得向被派遣劳动者收取费用

5. 下列各项中,属于劳动争议范围的有(　　)。

A. 因变更劳动合同发生的争议　　B. 因休息休假发生的争议

C. 因确认劳动关系发生的争议　　D. 因经济补偿发生的争议

6. 下列关于试用期的表述中,正确的有(　　)。

A. 同一用人单位与同一劳动者只能约定一次试用期

B. 非全日制用工双方当事人不得约定试用期

C. 订立无固定期限劳动合同不应约定试用期

D. 试用期包含在劳动合同期限内

7. 2010 年以来,甲公司与职工范某、李某、张某、王某均已连续订立 2 次固定期限劳动合同,再次续订劳动合同时,除职工提出订立固定期限劳动合同外,甲公司应与之订立无固定期限劳动合同的有(　　)。

A. 因交通违章承担行政责任的范某

B. 不能胜任工作,经培训或者调整工作岗位,仍不能胜任工作的李某

C. 同时与乙公司建立劳动关系,经甲公司提出立即改正的张某

D. 患病休假,痊愈后能从事由甲公司另行安排的工作的王某

8. 下列各项中,属于无效劳动合同的有(　　)。

A. 口头订立的劳动合同

B. 违反法律、行政法规强制性规定的

C. 乘人之危,使对方在违背真实意思的情况下订立或者变更劳动合同致使劳动合同无效的

D. 用人单位免除自己的法定责任、排除劳动者权利的劳动合同

9. 下列各项中,属于既不得解除劳动合同,也不得终止劳动合同的情形的有(　　)。

A. 在本单位连续工作满 10 年,距法定退休年龄不足 5 年的

B. 患病或者非因工负伤,在规定的医疗期内

C. 女职工在孕期、产期、哺乳期的

D. 因工负伤的

10. 下列关于劳动者的工作年限的说法中,正确的有(　　)。

A. 劳动者非因本人原因从原用人单位被安排到新用人单位工作的,劳动者在原用人单位的工作年限合并计入新用人单位的工作年限

B. 劳动者非因本人原因从原用人单位被安排到新用人单位工作的,劳动者在原用人单位的工作年限不应合并计入新用人单位的工作年限

C. 原用人单位已经向劳动者支付经济补偿的,新用人单位在依法解除、终止劳动合同计算支付经济补偿的工作年限时,不再计算劳动者在原用人单位的工作年限

D. 原用人单位已经向劳动者支付经济补偿的,新用人单位在依法解除、终止劳动合同计算支付经济补偿的工作年限时,应当同时计算劳动者在原用人单位的工作年限

11. 下列关于劳动仲裁申请的说法中,正确的有(　　)。

A. 劳动争议双方当事人分别向劳动合同履行地和用人单位所在地的劳动人事争议仲裁委员会申请仲裁的,由劳动合同履行地的劳动人事争议仲裁委员会管辖

B. 有多个劳动合同履行地的,由最先受理的仲裁委员会管辖

C. 劳动合同履行地不明确的，由用人单位所在地的仲裁委员会管辖

D. 案件受理后，劳动合同履行地或者用人单位所在地发生变化的，需要将案件移送至劳动合同履行地或者用人单位的劳动人事争议仲裁委员会

12. 下列情形中，属于应当认定属于“劳动者非因本人原因从原用人单位被安排到新用人单位工作”的有（　　）。

A. 劳动者仍在原工作场所、工作岗位工作，劳动合同主体由原用人单位变更为新用人单位

B. 用人单位以组织委派或任命形式对劳动者进行工作调动

C. 因用人单位合并、分立等原因导致劳动者工作调动

D. 用人单位及其关联企业与劳动者轮流订立劳动合同

13. 劳动者与用人单位之间发生的下列纠纷中，属于劳动争议的有（　　）。

A. 劳动者与用人单位之间没有订立书面劳动合同，但已形成劳动关系后发生的纠纷

B. 劳动者以用人单位未为其办理社会保险手续，且社会保险经办机构不能补办导致其无法享受社会保险待遇为由，要求用人单位赔偿损失发生的纠纷

C. 劳动者因为工伤、职业病，请求用人单位依法给予工伤保险待遇发生的纠纷

D. 劳动者与用人单位因住房制度改革产生的公有住房转让纠纷

三、判断题

1. 甲企业为一家食品厂，因效益不好，不能按时给职工发放工资。于是企业以生产的饼干每人 500 袋来抵顶当月工资。这种做法是合法的。（　）

2. 甲公司职工钱某的月工资为 2 000 元，当地月工资的最低工资标准为 1 800 元。本年 8 月钱某在工作过程中因疏忽致使所加工产品报废，给甲公司造成经济损失 1 000 元。甲公司要求钱某赔偿经济损失，从其每月工资中扣除，甲公司可从钱某本年 8 月工资中扣除的最高限额为 400 元。（　）

3. 用人单位以担保或者其他名义向劳动者收取财物的，由劳动行政部门责令限期退还劳动者本人，并对用人单位处以 500 元以上 2 000 元以下的罚款，给劳动者造成损害的，应当承担赔偿责任。（　）

4. 由劳动者主动辞职而与用人单位协商一致解除劳动合同的，用人单位无须向劳动者支付经济补偿。（　）

5. 用人单位招用劳动者不得扣押劳动者的居民身份证和其他证件，不得要求劳动者提供担保或者以其他名义向劳动者收取财物。（　）

6. 自用工之日起 1 个月内，经用人单位书面通知后，劳动者不与用人单位订立书面合同的，用人单位可以书面通知劳动者终止劳动关系，但须向劳动者支付经济补偿金。（　）

7. 职工请事假累计 20 天以上，不得再享受当年的年休假。（　）

8. 对于一裁终局的劳动争议案件，劳动者或者用人单位任何一方对裁决不服的都不可以再向人民法院提起诉讼。（　）

9. 劳动者非因本人原因从原用人单位被安排到新用人单位工作的，劳动者在原用人单位的工作年限合并计入新用人单位的工作年限。原用人单位已经向劳动者支付经济补偿的，新用人单位在依法解除、终止劳动合同计算支付经济补偿的工作年限时，不再计算劳动者在原用

人单位的工作年限。（　　）

10. 仲裁庭裁决劳动争议案件，原则上应当自仲裁委员会受理仲裁申请之日起 15 日内结束。（　　）

11. 如果劳动仲裁的仲裁裁决涉及数项，对单项裁决数额不超过当地最低工资标准 12 个月金额的事项，应当适用终局裁决。（　　）

12. 如果劳动仲裁的裁决内容同时涉及终局裁决和非终局裁决，应当分别制作裁决书，并告知当事人相应的救济权利。（　　）

13. 劳动争议仲裁一律公开进行。（　　）

第二节　社会保险法律制度

一、单项选择题

1. 刘某失业，如果他要领取失业保险，应当符合的条件不包括（　　）。

A. 失业前用人单位和本人已经缴纳失业保险费满 1 年

B. 非因本人意愿中断就业

C. 失业前用人单位和本人已经缴纳基本养老保险费满 1 年

D. 已经办理失业登记，并且有求职要求

2. 本年 8 月 1 日，孙某被公司辞去职务，孙某办理了相关手续后开始领取失业保险金。根据我国社会保险法律制度的规定，下列各项中，不属于应停止向孙某发放失业保险金的情形的是（　　）。

A. 孙某重新就业

B. 孙某应征服兵役

C. 孙某居住地人民政府指定部门给其介绍适当的工作，孙某有正当理由予以拒绝

D. 孙某移居境外

3. 根据社会保险法律制度的规定，下列表述中，不正确的是（　　）。

A. 无雇工的个体工商户、未在用人单位参加社会保险的非全日制从业人员以及其他灵活就业人员，可以直接向社会保险费征收机构缴纳社会保险费

B. 用人单位应当按季度将缴纳社会保险费的明细情况告知本人

C. 用人单位未按时足额缴纳社会保险费的，由社会保险费征收机构责令其限期缴纳或补足

D. 用人单位应当自行申报、按时足额缴纳社会保险费

4. 下列情形中，用人单位可以在合同期满时与劳动者终止劳动关系的是（　　）。

A. 一级伤残　　B. 三级伤残　　C. 六级伤残　　D. 九级伤残

5. 下列关于失业保险金领取的表述中，不正确的是（　　）。

A. 失业人员领取失业保险金后，重新就业后再次失业的，缴费时间累计计算，领取失业保险金的期限与前次失业应当领取而尚未领取的失业保险金的期限合并计算，最长不超过 24 个月

B. 失业人员失业前用人单位和本人累计缴费满 1 年不足 5 年的，领取失业保险金的期限

最长为 12 个月

C. 失业人员失业前用人单位和本人累计缴费满 5 年不足 10 年的，领取失业保险金的期限最长为 18 个月

D. 失业保险金领取期限自办理失业登记之日起计算

6. 刘某在定点医院做外科手术，共发生医疗费用 36 万元，其中在规定医疗目录内的费用为 30 万元，目录以外费用 6 万元。当地职工平均工资水平为 4 000 元/月。则应由基本医疗保险基金支付的医疗费用为（　　）元。

A. 254 880　　B. 259 200　　C. 288 000　　D. 300 000

7. 从 2025 年 1 月 1 日起，男职工和原法定退休年龄为 55 周岁的女职工，法定退休年龄每 4 个月延迟 1 个月，分别逐步延迟至 63 周岁和 58 周岁；原法定退休年龄为 50 周岁的女职工，法定退休年龄每 2 个月延迟 1 个月，逐步延迟至（　　）周岁。

A. 53　　B. 55　　C. 56　　D. 58

二、多项选择题

1. 根据社会保险法律制度的规定，下列表述中，不正确的有（　　）。

A. 非全日制劳动者缴纳养老保险金的全部划入个人账户

B. 养老保险个人账户不得提前支取记账，利率不得低于银行定期存款利率，免征利息税

C. 企业职工与单位缴纳养老保险金的全部划入个人账户

D. 参加职工基本养老保险的个人死亡后，其个人账户中的余额可以全部依法继承

2. 根据社会保险法律制度的规定，下列关于职工基本养老保险制度的表述中，正确的有（　　）。

A. 职工基本养老保险实行社会统筹与个人账户相结合

B. 个人跨统筹地区就业的，其基本养老保险关系随本人转移，缴费年限累计计算

C. 职工基本养老保险基金由用人单位和个人缴费以及政府补贴等组成

D. 在计算个人所得税的应税收入时，个人缴纳的养老保险费不得从应税收入中扣除

3. 根据社会保险法律制度规定，职工因工死亡，其近亲属按照规定从工伤保险基金领取（　　）。

A. 丧葬补助金　　B. 供养亲属慰问金

C. 一次性工亡补助金　　D. 一次性工亡慰问金

4. 无雇工的个体工商户可自行购买的保险包括（　　）。

A. 基本养老保险　　B. 失业保险　　C. 基本医疗保险　　D. 工伤保险

5. 根据社会保险法律制度的规定，下列关于职工基本养老保险待遇的表述中，正确的有（　　）。

A. 参保职工未达到法定退休年龄时因病完全丧失劳动能力的，可以领取病残津贴

B. 参加基本养老保险的个人，因病或者非因工死亡的，其遗属可以领取丧葬补助金和抚恤金，所需资金从基本养老保险基金中支付

C. 参加基本养老保险的个人，在未达到法定退休年龄时因病或者非因工致残完全丧失劳动能力的，可以领取病残津贴

D. 参保职工死亡同时符合领取基本养老保险丧葬补助金、工伤保险丧葬补助金和失业保

险丧葬补助金条件的，其遗属可以同时领取

6. 王某实际工作年限为9年，在甲公司工作6年，现非因工负伤，停止工作进行医疗。下列关于医疗期的说法中，正确的有（　　）。

A. 病休期间，公休、假日和法定节日均包括在内

B. 王某的医疗期为3个月

C. 医疗期满后，王某若不能从事原工作，也不能从事甲公司另行安排的工作，被解除劳动合同的，甲公司需按经济补偿规定给予其经济补偿

D. 医疗期内不能解除劳动合同，但劳动合同期满的除外

7. 下列关于失业保险待遇的表述中，正确的有（　　）。

A. 失业保险金的领取期限最长为24个月

B. 失业保险金的领取期限自办理失业登记之日起计算

C. 参加职工基本医疗保险的失业人员在领取失业保险金期间，享受基本医疗保险待遇

D. 失业人员在领取失业保险金期间死亡的，参照当地对在职职工死亡的规定，向其遗属发给一次性丧葬补助金和抚恤金，所需资金从基本养老保险基金中支付

8. 根据社会保险法律制度规定，下列工业社会保险的表述中，正确的有（　　）。

A. 用人单位应当自用工之日起30日内为其职工向当地社会保险经办机构申请办理社会保险登记

B. 用人单位在登记管理机关办理登记时同步办理社会保险登记

C. 用人单位应当按年将缴纳社会保险费的明细情况告知劳动者本人

D. 用人单位应当自行申报、按时足额缴纳社会保险，非因不可抗力等法定事由不得缓缴、减免

9. 下列关于失业保险金的表述中，正确的有（　　）。

A. 失业人员在失业期间，可凭社会保障卡或身份证件到现场或通过网上申报的方式，向参保地经办失业保险业务的公共就业服务机构或者社会保险经办机构申领失业保险金

B. 经办机构认定失业人员失业状态时，不得要求失业人员出具终止或者解除劳动关系证明、失业登记证明等其他证明材料

C. 失业人员申领失业保险金，经办机构应当同时为其办理失业登记和失业保险金发放

D. 要确保落实申领失业保险金同步办理失业登记或发放后办理失业登记

10. 下列关于社会保险待遇核定和支付的表述中，正确的有（　　）。

A. 用人单位和个人向社会保险经办机构提出领取基本养老金的申请，社会保险经办机构应当自收到申请之日起20个工作日内办理完毕

B. 个人医疗费用、生育医疗费用中应当由基本医疗保险（含生育保险）基金支付的部分，由社会保险经办机构审核后与医疗机构、药品经营单位直接结算

C. 个人申领失业保险金，社会保险经办机构应当自收到申请之日起10个工作日内办理完毕

D. 个人出现国家规定的停止享受社会保险待遇的情形，用人单位、待遇享受人员或者其亲属应当自相关情形发生之日起30个工作日内告知社会保险经办机构，社会保险经办机构核实后应当停止发放相应的社会保险待遇

三、判断题

1. 医疗期是指企业职工因工负伤停止工作，治病休息的期限。（　　）

2. 失业保险金领取期限自实际失业之日起算。（　　）

3. 用人单位未按时足额缴纳社会保险费的，由社会保险费征收机构责令限期缴纳或者补足，并自欠缴之日起，按日加收0.05%的滞纳金；逾期仍不缴纳的，由有关行政部门处欠缴数额1倍以上3倍以下的罚款。（　　）

4. 从2030年1月1日起，将职工按月领取基本养老金最低缴费年限由15年逐步提高至20年，每年提高6个月。（　　）

5. 城乡居民基本医疗保险制度覆盖范围包括除职工基本医疗保险应参保人员以外的其他所有城乡居民。（　　）

6. 医疗费用应当由第三人负担，第三人不支付或者无法确定第三人的，由职工所在的用人单位先行支付。（　　）

7. 病假工资或疾病救济费可以低于当地最低工资标准支付，但最低不能低于最低工资标准的60%。（　　）

8. 各省应以本省城镇非私营单位就业人员平均工资和城镇私营单位就业人员平均工资加权计算的全口径城镇单位就业人员平均工资，核定社保个人缴费基数上下限。（　　）

9. 城镇个体工商户和灵活就业人员按照法律规定计算的本地全口径城镇单位就业人员平均工资核定社保个人缴费基数上下限，允许缴费人在60%至100%之间选择适当的缴费基数。缴费比例为20%，其中8%记入个人账户。（　　）

10. 用人单位在登记管理机关办理登记时同步办理社会保险登记。（　　）

11. 个人申请办理社会保险登记，以公民身份证号码作为社会保障号码，取得社会保障卡和医保电子凭证。社会保险经办机构应当自收到申请之日起15个工作日内办理完毕。（　　）

12. 缴费单位应当每年向本单位职工公布本单位全年社会保险费缴纳情况，接受职工监督。（　　）

分章训练题

一、单项选择题

1. 除文艺、体育和特种工艺单位录用的人员外，用人单位招用的劳动者须年满（　　）周岁。

A. 12　　B. 16　　C. 14　　D. 18

2. 下列关于劳动仲裁参加人的表述中，错误的是（　　）。

A. 劳务派遣单位或者用工单位与劳动者发生劳动争议的，劳务派遣单位和用工单位为共同当事人

B. 委托代理人参加仲裁活动，应当向劳动人事争议仲裁委员会提交有委托人签名或者盖章的委托书，委托书应当载明委托事项和权限

C. 发生争议的劳动者一方在10人以上，并有共同请求的，劳动者可以推举2至4名代表人参加仲裁活动

D. 因履行集体合同发生的劳动争议，经协商解决不成的，工会可以依法申请仲裁

3. 20×7年8月1日，赵某与甲公司建立了劳动关系，但是，甲公司一直未与赵某签订书面劳动合同。赵某月工资为3 100元，甲公司无拖欠工资等其他违法违规行为。截止到20×8年8月1日，赵某可要求甲公司再支付(　　)元工资。

A. 34 100　　B. 68 200　　C. 74 400　　D. 37 200

4. 张某与甲网校签订一份劳动合同，双方约定由张某负责讲授《初级会计实务》考前辅导课程，由甲网校支付给张某工资。张某用四个月的时间完成了该门课程的讲授和录制工作。张某与甲网校签订的劳动合同属于(　　)。

A. 无固定期限劳动合同

B. 为期四个月的固定期限劳动合同

C. 以项目承包方式完成承包任务的劳动合同

D. 以完成单项工作任务为期限的劳动合同

5. 根据劳动合同法律制度的规定，下列表述中，正确的是(　　)。

A. 用人单位初次实行劳动合同制度，在订立劳动合同时，劳动者在该用人单位连续工作满10年且距法定退休年龄不足5年的，应当订立无固定期限劳动合同

B. 某国有企业改制重新订立劳动合同时，劳动者已经在该企业工作满10年，应当订立无固定期限劳动合同

C. 原用人单位已经向劳动者支付经济补偿的，新用人单位在依法解除、终止劳动合同计算支付经济补偿的工作年限时，不再计算劳动者在原用人单位的工作年限

D. 劳动者从原用人单位被安排到新用人单位工作的，劳动者在原用人单位的工作年限不能合并计算为新用人单位的工作年限

6. 甲公司为员工刘某支付培训费用4万元，约定服务期3年。两年后，刘某以甲公司自其入职之日起从未及时足额支付劳动报酬为由，向甲公司提出解除劳动合同。下列表述中，正确的是(　　)。

A. 刘某无需支付违约金

B. 刘某违反了服务期的约定

C. 甲公司可以要求刘某支付3万元的违约金

D. 甲公司可以要求刘某支付8万元的违约金

7. 下列情形中，订立劳动合同的当事人具备主体合法性的是(　　)。

A. 12周岁的王某与某剧组签订的劳动合同

B. 13周岁的张某与某酒店签订的劳动合同

C. 14周岁的赵某与某保安公司签订的劳动合同

D. 15周岁的李某与某快递公司签订的劳动合同

8. 下列关于试用期的表述中，错误的是(　　)。

A. 试用期包含在劳动合同期限内

B. 订立固定期限劳动合同应当约定试用期，订立无固定期限的劳动合同也可以约定试用期

C. 用人单位应当为试用期内的员工缴纳社会保险费；如果劳动者在试用期内遭受工伤，照样享受工伤保险待遇

D. 同一用人单位与同一劳动者只能约定一次试用期

9. 甲公司招聘了8名客服人员，在签订劳动合同时，要求该8名聘用人员每人缴纳300元的服装押金。劳动行政部门发现甲公司这一违法行为后对其进行了处罚。下列处罚措施中，不符合规定的是(　　)。

A. 责令限期向8名劳动者每人退还收取的300元押金

B. 处以总额为16 000元的罚款

C. 处以总额为4 000元的罚款

D. 处以总额为18 000元的罚款

10. 根据社会保险法律制度的规定，下列关于工伤保险待遇的表述中，不正确的是(　　)。

A. 工伤职工已经评定伤残等级并经劳动能力鉴定委员会确认需要生活护理的，从工伤保险基金按月支付生活护理费

B. 职工因工致残被鉴定为一级至四级伤残的，保留与用人单位的劳动关系，由用人单位安排适当工作，难以安排工作的，由用人单位按月发给伤残津贴

C. 一次性工亡补助金，标准为上一年度全国城镇居民人均可支配收入的20倍

D. 职工因工致残被鉴定为一级至十级伤残的，从工伤保险基金按伤残等级支付一次性伤残补助金

11. 甲公司职工李某的月工资为4 000元，已知当地职工基本医疗保险的单位缴费率为6%，职工个人缴费率为2%，用人单位所缴医疗保险费划入个人医疗账户的比例为30%。根据社会保险法律制度的规定，下列关于李某个人医疗保险账户每月存储额的计算中，正确的是(　　)。

A. 4 000×6%×30%=72(元)

B. 4 000×2%+4 000×6%=320(元)

C. 4 000×2%=80(元)

D. 4 000×2%+4 000×6%×30%=152(元)

12. 下列各项中，仅由用人单位缴纳社会保险费的是(　　)。

A. 职工基本养老保险　　B. 职工基本医疗保险

C. 工伤保险　　D. 失业保险

13. 参加工伤保险的职工因工死亡，其直系亲属可以按照一定标准从工伤保险基金领取一次性工亡补助金，该标准为(　　)。

A. 上一年度全国城镇居民人均可支配收入的5倍

B. 上一年度全国城镇居民人均可支配收入的10倍

C. 上一年度全国城镇居民人均可支配收入的20倍

D. 上一年度全国城镇居民人均可支配收入的30倍

14. 下列关于符合条件的失业人员享受失业保险待遇的表述中，不正确的是(　　)。

A. 失业人员在领取失业保险金期间，参加职工基本医疗保险，享受基本医疗保险待遇

B. 失业人员领取失业保险金的标准，不得低于当地最低工资标准

C. 失业人员领取失业保险金的期限自办理失业登记之日起计算

D. 失业人员在领取失业保险金期间，应当积极求职，接受职业介绍和职业培训

二、多项选择题

1. 下列各项中，用人单位需承担的义务有（　　）。

A. 告知劳动者工作内容、工作条件、工作地点、职业危害、安全生产状况、劳动报酬等情况

B. 不得向劳动者收取财物

C. 不得扣押劳动者毕业证

D. 不得要求劳动者提供担保

2. 下列各项中，属于劳动合同订立原则的有（　　）。

A. 公平原则　　B. 平等自愿原则　　C. 协商一致原则　　D. 合法原则

3. 青岛市的孙某与A公司（注册地为上海市）于本年4月1日在北京市签订了1年期的劳动合同。本年4月10日，孙某被A公司派往深圳市负责销售工作。孙某与A公司出现劳动争议，拟申请劳动仲裁。孙某可以选择向（　　）的劳动人事争议仲裁委员会申请仲裁。

A. 青岛市　　B. 上海市　　C. 北京市　　D. 深圳市

4. 根据劳动合同法律制度的规定，导致劳动合同解除的下列情形中，用人单位需向劳动者支付经济补偿的有（　　）。

A. 用人单位未及时足额支付劳动报酬的

B. 自用工之日起1个月内，经用人单位书面通知后，劳动者不与用人单位订立书面劳动合同的，用人单位书面通知劳动者终止劳动关系

C. 劳动者不能担任工作，经过培训或者调整工作岗位，仍不能胜任工作的

D. 劳动者提前30日以书面形式通知用人单位解除劳动合同的

5. 赵某在其公司的加班费1 000元一直没有得到，由劳动行政部门责令限期支付加班费，逾期公司仍未支付，劳动行政部门责令加付赔偿金。下列各项中，可以作为赵某赔偿金的有（　　）元。

A. 550　　B. 800　　C. 1 000　　D. 2 000

6. A公司因受到经济危机的影响，生产经营严重困难，拟进行裁员。A公司现有员工100人，拟裁减人员15人。根据我国劳动合同法律制度的规定，下列表述中，不正确的有（　　）。

A. A公司需提前20日向工会或者全体职工说明情况

B. 裁减人员方案报劳动行政部门批准后，方可裁员

C. A公司裁减人员后，在12个月内重新招用人员的，应当通知被裁减的人员，并在同等条件下优先招用被裁减的人员

D. A公司不需要向被裁减的人员支付经济补偿金

7. 刚大学毕业的李某参加工作，因为社会保险与用人单位发生了劳动争议。下列各项中，属于可受理该劳动争议的调解组织有（　　）。

A. 人民法院

B. 依法设立的基层人民调解组织

C. 企业劳动争议调解委员会

D. 在街道设立的具有劳动争议调解职能的组织

8. 刘某在失业前，用人单位和其本人已经缴纳失业保险费满1年。刘某办理了失业登记，并且有求职要求。下列情形中，刘某可以申请领取失业保险金并享受其他失业保险待遇的有（　　）。

A. 劳动合同终止
B. 刘某被用人单位解除劳动合同
C. 刘某被用人单位开除、除名和辞退
D. 因用人单位未按照劳动合同约定支付劳动报酬，促使刘某解除劳动合同

9. 下列关于失业保险金的说法中，正确的有（　　）。

A. 用人单位应当及时为失业人员出具终止或者解除劳动关系的证明，将失业人员的名单自终止或者解除劳动关系之日起10日内报受理其失业保险业务的经办机构备案，并按要求提供终止或解除劳动合同证明等有关材料
B. 失业人员到公共就业服务机构或社会保险经办机构申领失业保险金，受理其申请的机构都应一并办理失业登记和失业保险金发放
C. 失业保险金自办理失业登记之日起计算
D. 失业人员可凭社会保障卡或身份证件申领失业保险金，可不提供解除或者终止劳动关系、失业登记证明等材料

10. 下列关于职工患病应享受医疗期及医疗期内待遇的表述中，正确的有（　　）。

A. 实际工作年限10年以下，在本单位工作年限5年以下的，医疗期期间为1个月
B. 实际工作年限10年以下，在本单位工作年限5年以上的，医疗期期间为6个月
C. 医疗期内遇劳动合同期满，则劳动合同必须续延至医疗期满
D. 疾病救济费可以低于当地最低工资标准支付，但不得低于当地最低工资标准的80%

11. 下列行为视同工伤的有（　　）。

A. 患职业病的
B. 职工原在军队服役，因战、因公负伤致残，已取得革命伤残军人证，到用人单位后旧伤复发的
C. 在抢险救灾等维护国家利益、公共利益活动中受伤的
D. 因工外出期间，由于工作原因受到伤害或者发生事故下落不明的

12. 下列关于社会保险费缴纳的表述中，正确的有（　　）。

A. 用人单位应当自行申报、按时足额缴纳社会保险费
B. 职工应当缴纳的社会保险费由用人单位代扣代缴
C. 无雇工的个体工商户可以直接向社会保险费征收机构缴纳社会保险费
D. 用人单位应当按季度将缴纳社会保险费的明细情况告知职工本人

三、判断题

1. A公司将通过集体协商确定的集体合同草案提交职工代表大会讨论，该次会议有过半数职工代表出席，出席会议的全体职工代表均同意该草案时即为通过。（　　）

2. 劳动者患病或者非因工负伤，在规定的医疗期满后不能从事原工作，也不能从事由用人单位另行安排的工作的，用人单位可提前30日以书面形式通知劳动者解除劳动合同。（　　）

3. 劳动争议仲裁裁决应当按照多数仲裁员的意见作出，少数仲裁员的不同意见应当记入

笔录，裁决书由仲裁员签名，加盖劳动人事争议仲裁委员会印章，对裁决持不同意见的仲裁员也应当在裁决书上签名。（　）

4. 集体合同订立后，应当报送劳动行政部门，劳动行政部门自收到集体合同文本之日起15日内审查同意，集体合同生效。（　）

5. 劳动争议仲裁的先行调解原则，是指仲裁庭在作出裁决前，应当先行调解；调解达成协议的，仲裁庭应当制作调解书；调解书经双方当事人签收后，发生法律效力。（　）

6. 参加社会保险、缴纳社会保险费是用人单位与劳动者的约定义务。（　）

7. 参保人员在封顶线以上的医疗费用部分，可以通过单位补充医疗保险或者参加商业保险途径解决。（　）

8. 职工发生工伤事故但所在用人单位未依法缴纳工伤保险费的，不享受工伤保险待遇。（　）

四、案例分析题

1. 本年4月1日起，徐某开始在A公司上班。本年4月20日，徐某与A公司签订了书面劳动合同。劳动合同的部分条款如下：①劳动合同期限为2年，试用期为3个月；②劳动合同期限内，未经A公司同意，徐某不得单方面解除合同；为此，A公司要求徐某缴纳了1万元的保证金。

本年7月4日，下班后，徐某在处理收尾性工作时，不幸被工场内的吊灯砸伤，住院治疗2个月。住院期间，A公司按徐某平时工资的50%向徐某支付工资。徐某痊愈出院后，A公司以已无适合岗位为由，通知徐某解除劳动合同，此时徐某与A公司之间的劳动合同尚未到期。

要求：根据上述资料，分析回答下列问题。

(1) 根据劳动合同法律制度的规定，下列表述中，不正确的有（　）。

A. A公司与徐某签订的劳动合同期限为2年，试用期为3个月，符合劳动合同法的规定

B. A公司自本年4月20日起与徐某建立劳动关系

C. 对于A公司要求徐某缴纳保证金的行为，由劳动行政部门责令A公司限期退还徐某本人，并对A公司处以500元以上2 000元以下的罚款

D. A公司要求徐某缴纳保证金的行为，如果给徐某造成损害的，A公司应当承担赔偿责任

(2) 下列关于徐某受伤住院所享受的待遇的表述中，正确的是（　）。

A. 徐某享受医疗期待遇，住院期间A公司向其支付的工资不得低于徐某平时工资的80%

B. 徐某享受医疗期待遇，住院期间A公司向其支付的工资不得低于当地最低工资标准的80%

C. 徐某享受工伤保险待遇，住院期间徐某的原工资福利待遇不变

D. 徐某享受工伤保险待遇，住院期间A公司向其支付的工资不得低于徐某平时工资的80%

(3) 徐某住院期间的下列费用中，应当由A公司支付的是（　）。

A. 治疗工伤的医疗费用

B. 康复性治疗费

C. 治疗工伤期间的工资福利

D. 住院伙食补助费、交通食宿费

(4) 徐某与A公司因劳动合同解除发生的纠纷,可以选择的解决途径有(　　)。

A. 依法设立的基层人民调解组织调解

B. 直接向人民法院提起劳动诉讼

C. 直接向劳动人事争议仲裁委员会申请劳动仲裁

D. 向劳动行政部门申请行政复议或者行政诉讼

2. 20×7年7月18日,赵某到A公司应聘并被A公司录用,双方当场口头约定合同期限2年,试用期1个月。8月1日,赵某到A公司上班,8月31日领取当月工资。20×8年11月赵某因工受伤后,得知A公司未为其缴纳工伤保险费,遂要求A公司支付工伤保险待遇。A公司对赵某工伤没有异议,但以双方未订立书面劳动合同为由拒绝支付。双方遂发生争议。

要求:根据上述资料,分析回答下列问题。

(1) 赵某与A公司劳动关系建立的时间为(　　)。

A. 20×7年7月18日　　B. 20×7年8月1日

C. 20×7年8月20日　　D. 20×7年9月1日

(2) 下列关于双方未订立书面劳动合同的法律后果的表述中,正确的有(　　)。

A. 20×8年8月1日起视为双方已经订立无固定期限劳动合同

B. 因已经与赵某达成口头协议,A公司无须向赵某支付工资补偿

C. A公司应向赵某支付未及时订立书面劳动合同的工资补偿

D. A公司应与赵某补订书面劳动合同

(3) 下列关于赵某因工受伤的法律后果的表述中,正确的是(　　)。

A. 因A公司未为其缴纳工伤保险费,赵某无权享受工伤保险待遇

B. 因双方未订立书面劳动合同,赵某无权享受工伤保险待遇

C. 赵某有权享受工伤保险待遇,由A公司支付

D. 赵某有权享受工伤保险待遇,直接从工伤保险基金中支付

(4) 对双方发生的劳动争议,赵某可选择的解决途径有(　　)。

A. 直接与A公司协商

B. 向依法设立的基层人民调解组织申请调解

C. 向劳动人事争议仲裁委员会申请仲裁达成和解协议

D. 请工会或者第三方共同与A公司协商达成和解协议

3. 20×6年5月4日,孙某到A公司上班,并与A公司订立了5年期书面劳动合同。双方在劳动合同中就试用期、劳动报酬、工作时间和社会保险等内容作了约定,并约定若孙某提前解约应当向A公司支付违约金8 000元。

20×8年12月1日,决定自主创业的孙某向A公司递交了书面辞职报告,A公司未给予答复。20×8年12月25日,孙某离开A公司。孙某提前解约给A公司造成了6 000元的经济损失,双方由此发生劳动争议。

要求:根据上述资料,分析回答下列问题。

(1) A公司与孙某在劳动合同中约定的下列条款,属于劳动合同必备条款的有(　　)。

A. 劳动条件条款　　B. 社会保险条款

C. 试用期条款　　D. 工作时间和休息休假条款

(2) 下列关于孙某提前解约的法律后果的表述中,正确的是(　　)。

A. A公司无权要求孙某按约定支付违约金,但有权要求其赔偿经济损失

B. A公司有权要求孙某按约定支付违约金,也有权要求其赔偿经济损失

C. A公司无权要求孙某按约定支付违约金,也无权要求其赔偿经济损失

D. A公司有权要求孙某按约定支付违约金,但无权要求其赔偿经济损失

(3) 孙某就该劳动争议可采取的解决方法有(　　)。

A. 向劳动争议调解组织申请调解　　B. 直接向人民法院提起诉讼

C. 直接向劳动人事争议仲裁委员会申请仲裁　　D. 请第三方共同与A公司协商

(4) 下列关于A公司在孙某离职后应履行的义务的表述中,正确的有(　　)。

A. 应向孙某出具解除劳动合同的证明

B. 应为孙某办理档案的转移手续

C. 对与孙某订立的劳动合同文本,至少保存3年备查

D. 应为孙某办理社会保险关系的转移手续

4. 刘某在B公司工作了6年,然后跳槽到A公司。截至20×7年8月1日刘某在A公司工作满3年。20×7年8月10日刘某因病住院。在住院期间,A公司未支付病假工资。20×7年10月,刘某病愈但不能从事原工作,A公司随即通知刘某解除劳动合同,刘某不要求继续履行劳动合同,但A公司要求刘某继续履行竞业限制协议。因A公司在合同解除后一直未按约定支付每月4 800元经济补偿。刘某在20×8年3月进入同一行业的C公司从事与A公司业务相竞争的工作。A公司认为刘某违反了双方在劳动合同中的竞业限制约定,应承担违约责任。

要求:根据上述资料,分析回答下列问题。

(1) 刘某可以享受的法定医疗期是(　　)个月。

A. 3　　B. 6　　C. 12　　D. 24

(2) 下列对刘某劳动合同解除的判断中,正确的是(　　)。

A. A公司提前30天通知刘某,便可以解除合同

B. A公司解除行为属于违法解除,应向刘某支付2倍经济补偿金作为赔偿金

C. A公司额外支付给刘某一个月工资,便可以解除合同

D. A公司解除行为属于违法解除,应向刘某支付1倍经济补偿金作为赔偿金

(3) 下列对刘某病休期间工资待遇的判断中,正确的是(　　)。

A. A公司应当向刘某支付不低于当地最低工资标准的病假工资

B. A公司应当向刘某支付合同约定工资报酬的病假工资

C. A公司应当向刘某支付不低于当地最低工资标准80%的病假工资

D. A公司应当向刘某支付不低于合同约定工资报酬80%的病假工资,且不低于当地最低工资标准

(4) 下列对A公司与刘某各自主张的判断中,符合法律规定的有(　　)。

A. 因A公司的原因导致超过3个月未支付经济补偿,刘某请求解除竞业限制约定的,人民法院应予支持

第八章答案

B. 刘某应当承担违约责任,支付违约金后,不再履行竞业限制协议

C. 刘某到C公司上班,无需承担违约责任

D. 刘某应当承担违约责任,支付违约金后,A公司要求刘某按照约定继续履行竞业限制义务的,人民法院应予支持

机考 模拟试题(一)

一、单项选择题(本类题共 24 小题,每小题 1.5 分,共 36 分。每小题备选答案中,只有一个符合题意的正确答案。多选、错选、不选均不得分。)

1. 下列对法所作的分类中,根据法律运用的目的或者法律所调整的法律关系的状况所作的分类是(　　)。

A. 成文法和不成文法　　B. 根本法和普通法

C. 公法和私法　　D. 一般法和特别法

2. 下列自然人中,视为完全民事行为能力人的是(　　)。

A. 王某,9 岁,系某小学学生

B. 徐某,15 岁,系某初级中学学生

C. 张某,17 岁,系某高级中学学生

D. 赵某,17 岁,系某超市收银员,以自己劳动收入为主要生活来源

3. 下列各项中,属于伪造会计凭证的行为的是(　　)。

A. 改变会计处理方法

B. 采用挖补手段改变会计凭证的真实性

C. 以虚假经济业务为前提,编造不真实的会计凭证

D. 采用涂改手段改变会计凭证的真实性

4. 建设单位在项目建设期间形成的会计档案,需要移交给建设项目接受单位的,应当(　　)及时移交,并按照规定办理交接手续。

A. 在办理竣工财务决算后　　B. 在工程验收合格后

C. 在接受单位占有使用后　　D. 在办理开工财务预算后

5. 某票据的出票日期为"2025 年 3 月 15 日",其规范写法是(　　)。

A. 贰零贰伍年叁月壹拾伍日　　B. 贰零贰伍年零叁月壹拾伍日

C. 贰零贰伍年零叁月拾伍日　　D. 贰零贰伍年叁月拾伍日

6. 下列关于银行本票性质的表述中,不正确的是(　　)。

A. 银行本票的基本当事人只有出票人和收款人

B. 银行本票的付款人见票时必须无条件付款给持票人

C. 注明"现金"字样的银行本票可以用于支取现金

D. 银行本票不可以背书转让

7. 下列关于网上银行的表述中,错误的是(　　)。

A. 按主要服务对象分为企业网上银行和个人网上银行

B. 我国的手机银行目前主要是手机银行 WAP 方式

C. 网上银行又被称为“3A 银行”

D. 按经营组织分为分支型网上银行和纯网上银行

8. 单位或个人签发与其预留的签章不符的支票，不以骗取财物为目的，由中国人民银行处以(　　)的罚款。[①]

A. 票面金额 5%但不低于 2 000 元　　B. 票面金额 5%但不低于 1 000 元

C. 票面金额 3%但不低于 2 000 元　　D. 票面金额 2%但不低于 1 000 元

9. 下列税法要素中，能够区别一种税与另一种税的重要标志是(　　)。

A. 征税对象　　B. 纳税环节　　C. 征税范围　　D. 税目

10. 甲厂为增值税一般纳税人，本年 5 月销售食品取得不含增值税价款 452 万元，另收取 3 个月的包装物押金 4.52 万元，该食品适用的增值税税率为 13%。下列关于甲厂当月销售食品应缴纳增值税税额的计算中，正确的是(　　)。

A. (452+4.52)÷(1+13%)×13%=52.52(万元)

B. 452÷(1+13%)×13%=52(万元)

C. 452×13%=58.76(万元)

D. 452×13%+4.52÷(1+13%)=62.76(万元)

11. 甲企业是一家卷烟生产企业，为增值税一般纳税人，本年 5 月销售乙类卷烟 1 200 标准条，取得含增值税销售额 50 850 元。乙类卷烟适用的消费税比例税率为 36%，定额税率为 0.003 元/支，1 标准条有 200 支；乙类卷烟适用的增值税税率为 13%。则甲企业本年 5 月应纳消费税税额为(　　)元。

A. 16 920　　B. 540　　C. 19 554　　D. 16 740

12. 甲企业注册资本为 6 000 万元。当年按金融机构同期贷款利率从其关联方借款 13 800 万元，发生借款利息 816 万元。甲企业在计算应纳税所得额时，准予扣除的利息金额为(　　)万元。

A. 180　　B. 360　　C. 709.57　　D. 816

13. 下列各项中，不属于企业所得税纳税人的是(　　)。

A. 依照外国法律成立且实际管理机构在境外，但在境内设立机构、场所的企业

B. 在中国境内成立的外商独资企业

C. 在中国境内未设立机构、场所，但有来源于中国境内所得的企业

D. 在中国境内成立的个人独资企业

14. 本年 3 月，张某在甲超市举行的有奖销售活动中获得奖金 8 000 元，领奖时发生交通费 300 元、食宿费 100 元(均由张某承担)。在颁奖现场张某直接向某大学图书馆捐款 2 000 元。已知偶然所得适用的个人所得税税率为 20%。张某中奖收入应纳个人所得税税额为(　　)元。

A. 0　　B. 1 200　　C. 1 600　　D. 1 520

15. 我国居民个人李某本年每月取得税前工资、薪金收入 10 000 元，另外本年 5 月取得税前劳务报酬收入 40 000 元。李某本年专项扣除、专项附加扣除和依法确定的其他扣除共计 40 000 元。李某本年无其他收入，则李某本年应缴纳的个人所得税为(　　)元。

---

① 该内容在《2025 年度初级会计专业技术资格考试大纲》中已经删除，本教材仍保留。

A. 2 100　　B. 2 680　　C. 3 100　　D. 3 680

16. 本年1月1日，甲公司的房产原值为2 400万元，本年3月31日将其中原值为800万元的商铺出租给某连锁商店，月租金8万元(不含增值税)。当地政府规定允许按房产原值减除20%后的余值计税。甲公司本年应纳房产税税额为(　　)万元。

A. 6.4　　B. 6.59　　C. 23.2　　D. 25.92

17. 下列各项中，应当缴纳土地增值税的是(　　)。

A. 房地产开发公司为某企业代建房产　　B. 公司与公司之间交换房产

C. 双方合作建房按比例分配房产后自用　　D. 房地产的出租

18. 本年9月20日，A公司购置汽油动力乘用车一辆(排气量为1.6升)，已知该乘用车适用的年基准税额为480元。A公司该乘用车应纳车船税税额为(　　)元。

A. 60　　B. 80　　C. 120　　D. 260

19. 下列关于纳税申报方式的表述中，不正确的是(　　)。

A. 自行申报是指纳税人、扣缴义务人按照规定的期限自行直接到主管税务机关办理纳税申报手续

B. 实行定期定额缴纳税款的纳税人，可以实行简易申报、简并征期等方式申报纳税

C. 数据电文申报的申报日期以税务机关计算机网络系统收到数据电文的时间为准

D. 邮寄申报以税务机关收到的日期为实际申报日期

20. 下列各项中，不属于纳税担保的是(　　)。

A. 扣押　　B. 质押　　C. 抵押　　D. 保证

21. T市S县税务局对A企业作出罚款决定，A企业不服，提出行政复议申请。下列关于A企业申请行政复议的表述中，正确的是(　　)。

A. 可向T市人民政府申请行政复议　　B. 可向S县税务局申请行政复议

C. 可向国家税务总局申请行政复议　　D. 可向T市税务局申请行政复议

22. 赵某在A公司已工作15年，经A公司提出并与其协商解除劳动合同。已知赵某在劳动合同解除前12个月的平均工资为1 400元，当地最低月工资标准为1 500元，上年度当地职工月平均工资为2 200元。A公司应向赵某支付的经济补偿金额为(　　)元。

A. 21 000　　B. 18 000　　C. 33 000　　D. 22 500

23. 用人单位违反劳动合同法有关建立职工名册规定的，由劳动行政部门责令限期改正；逾期不改正的，由劳动行政部门处(　　)元以上(　　)元以下的罚款。

A. 1 000，10 000　　B. 2 000，20 000　　C. 3 000，30 000　　D. 2 000，50 000

24. 王某因被用人单位开除而失业，已进行失业登记并有求职要求，此系王某首次失业，已知王某与用人单位累计缴纳失业保险费满9年。王某领取失业保险金的最长期限是(　　)。

A. 6个月　　B. 12个月　　C. 18个月　　D. 24个月

二、多项选择题(本类题共15小题，每小题2分，共30分，每小题备选答案中，有两个或两个以上符合题意的正确答案，多选，少选，错选，不选均不得分。)

1. 下列各项客观事实中，属于法律事件的有(　　)。

A. 王某因地震受到伤害　　B. 甲酒厂与供货商签订了一份合同

C. 火山爆发　　D. 张某出生

2. 下列企业会计档案中，最低保管期限为 30 年的有（　　）。

A. 银行存款余额调节表　　B. 会计档案移交清册

C. 会计档案保管清册　　D. 记账凭证

3. 甲公司于本年 8 月 22 日成立，当天将验资账户转为公司基本存款账户，并从该账户提取现金 8 000 元用于公司日常开销，同日通过该账户向 B 公司转账支付 5 万元材料款，并将收取的销货收入 3 万元存入该账户。则下列说法中，正确的有（　　）。

A. 甲公司提取现金、收取销货收入的业务符合规定银行应予办理

B. 甲公司的转账支付业务符合规定银行应予办理

C. 甲公司提取现金、收取销货收入的业务违反规定银行不应办理

D. 甲公司的转账支付业务违反规定银行不应办理

4. 于某到某发卡机构一次性购买 5.5 万元不记名预付卡。根据支付结算法律制度的规定，下列表述中，正确的有（　　）。

A. 于某应当通过银行转账等非现金结算方式购买

B. 于某购买不记名预付卡，可挂失、可赎回，有效期不得低于 3 年

C. 于某购买的不记名预付卡单张限额不得超过 3 000 元

D. 于某应当使用实名购买并向发卡机构提供有效身份证件

5. 下列各项中，属于我国现行税收法律制度规定适用的税率形式的有（　　）。

A. 比例税率　　B. 定额税率　　C. 全额累进税率　　D. 超率累进税率

6. 下列各项中，应视同销售货物缴纳增值税的有（　　）。

A. 将购进的货物用于集体福利　　B. 将委托加工收回的货物用于个人消费

C. 销售代销的货物　　D. 用自产的产品对外捐赠

7. 对部分应税消费品的消费税实行从量定额和从价定率相结合的复合计税办法。下列各项中，属于实行复合计税办法的消费品有（　　）。

A. 烟丝　　B. 卷烟　　C. 粮食白酒　　D. 薯类白酒

8. 根据企业所得税法律制度的规定，下列表述中，正确的有（　　）。

A. 企业在筹建期间，发生的与筹办活动有关的业务招待费支出，可按实际发生额的 60% 计入企业筹办费，并按有关规定在税前扣除

B. 企业在筹建期间，发生的广告费和业务宣传费，可按实际发生额计入企业筹办费，并按有关规定在税前扣除

C. 对化妆品制造或销售、医药制造和饮料制造（不含酒类制造）企业发生的广告费和业务宣传费支出，不超过当年销售（营业）收入 30% 的部分，准予扣除；超过部分，准予在以后纳税年度结转扣除

D. 烟草企业的烟草广告费和业务宣传费支出，一律不得在计算应纳税所得额时扣除

9. 下列各项中，属于免征个人所得税的有（　　）。

A. 救济金

B. 军人的转业费

C. 县级人民政府向个人所颁发的科技进步奖金

D. 保险赔款

10. 下列关于土地增值税税收优惠政策的说法中，正确的有（　　）。

A. 纳税人建造普通标准住宅出售，增值额未超过扣除项目金额20%的，免征土地增值税
B. 因城市实施规划、国家建设的需要而搬迁，由纳税人自行转让原房地产的免征土地增值税
C. 自2008年11月1日起，对个人销售住房暂免征收土地增值税
D. 企事业单位、社会团体以及其他组织转让旧房作为廉租住房、经济适用住房房源的，免征土地增值税

11. 下列各项中，免征资源税的有(　　)。
A. 开采原油以及在油田范围内运输原油过程中用于加热的原油
B. 开采原油以及在油田范围内运输原油过程中用于加热的天然气
C. 煤炭开采企业因安全生产需要抽采的煤成(层)气
D. 纳税人开采或者生产应税产品自用

12. 下列各项中，属于车船税征税范围的有(　　)。
A. 用于接送员工的班车　　B. 用于耕地的拖拉机
C. 供企业管理人员使用的小汽车　　D. 用于企业老板娱乐的游艇

13. 下列各项中，免征关税的有(　　)。
A. 无商业价值的货样
B. 进出境运输工具装载的途中必需的燃料
C. 在海关放行前遭受损坏的货物、进境物品
D. 国际组织无偿赠送的物资

14. 税务机关作出的下列行政行为中，若纳税人不服，可以选择申请税务行政复议或者直接提起行政诉讼的有(　　)。
A. 加收滞纳金　　B. 罚款　　C. 税收保全措施　　D. 确认纳税期限

15. 下列各项中，表述正确的有(　　)。
A. 灵活就业人员按照国家规定缴纳基本养老保险费全部记入个人账户
B. 城镇个体工商户和灵活就业人员按照法律规定口径计算的本地全口径城镇单位就业人员平均工资核定社保个人缴费基数上下限，允许缴费人在60%至300%之间选择适当的缴费基数。缴费比例为20%，其中8%记入个人账户
C. 职工按照国家规定的本人工资的比例缴纳基本养老保险费，记入个人账户的免征利息税
D. 职工按照国家规定的本人工资的比例缴纳基本养老保险费，全额记入个人账户

三、判断题(本类题共10小题，每小题1分，共10分。请判断每小题的表述是否正确，每小题答题正确的得1分，答题错误、不答题的不得分也不扣分，本类题最低得分为零分。)

1. 仲裁不公开进行。当事人协议公开的，可以公开进行，但是涉及国家秘密的除外。(　　)

2. 股份有限公司的财务会计报告编制完成后，应当先行委托注册会计师进行审计，并将注册会计师出具的审计报告随同财务会计报告一并对外提供。(　　)

3. 银行汇票的提示付款期限是自出票日起2个月。(　　)

4. 免征额是指对征税对象总额中免予征税的数额，即对纳税对象中的一部分给予减免，只就减除后的剩余部分计征税款。(　　)

5. 以融资租赁方式租入的固定资产,不得计算折旧在企业所得税税前扣除。 (　　)

6.《中华人民共和国土地增值税暂行条例》等规定的土地增值税扣除项目涉及的增值税进项税额,允许在销项税额中抵扣的,不计入扣除项目,不允许在销项税额中抵扣的,可以计入扣除项目。 (　　)

7. 对于以房屋作为载体,不可以随意移动的附属设备和配套设施,无论在会计核算中是否单独记账与核算,都不缴纳房产税。 (　　)

8. 纳税人将已征车辆购置税的车辆退回车辆生产企业或者销售企业的,可以向主管税务机关申请退还车辆购置税。退税额以已缴税款为基准,自缴纳税款之日至申请退税之日,每满一年扣减10%。 (　　)

9. 领用发票单位可以口头或者书面向税务机关要求使用印有本单位名称的发票,税务机关依据《中华人民共和国发票管理办法》第十五条的规定,确认印有该单位名称发票的种类和数量。 (　　)

10. A公司招用徐某时,要求其缴纳580元的工作服押金,A公司的做法不符合法律规定。 (　　)

四、不定项选择题(本类题共12小题,每小题2分,共24分。每小题备选答案中,有一个或一个以上符合题意的正确答案。每小题全部选对得满分,少选得相应分值,多选、错选、不选均不得分。)

1. A公司为增值税一般纳税人,主要从事货物运输服务,本年5月有关经济业务如下:

① 购进办公用小汽车1部,取得增值税专用发票上注明的税额为26 000元;购进货车用柴油,取得增值税专用发票上注明的税额为13 000元。

② 购进材料用于装修食堂,取得增值税专用发票上注明的税额为3 900元。

③ 提供货物运输服务,取得含增值税收入2 180 000元,同时收取保价费2 180元。

④ 提供货物装卸搬运服务,取得含增值税收入22 260元,因损坏所搬运货物,向客户支付赔偿款4 240元。

⑤ 提供货物仓储服务,取得含增值税收入95 400元,另外收取货物逾期保管费19 080元。

已知:交通运输服务适用的增值税税率为9%,物流辅助服务适用的增值税税率为6%,上期留抵增值税税额5 400元,本年5月取得的增值税专用发票均已通过税务机关认证。

要求:根据上述资料,分析回答下列问题。

(1) A公司的下列增值税进项税额中,准予抵扣的有(　　)。

A. 购进装修食堂的材料的进项税额3 900元

B. 购进柴油的进项税额13 000元

C. 上期留抵的增值税税额5 400元

D. 购进小汽车的进项税额26 000元

(2) 下列关于A公司当月提供货物运输服务增值税销项税额的计算中,正确的是(　　)。

A. (2 180 000+2 180)×9%=196 396.2(元)

B. 2 180 000×9%=196 200(元)

C. (2 180 000+2 180)÷(1+9%)×9%=180 180(元)

D. 2 180 000×(1+9%)×9%=213 858(元)

(3) 下列关于A公司当月提供货物装卸搬运服务增值税销项税额的计算中，正确的是(　　)。

A. (22 260－4 240)×6%＝1 081.2(元)

B. 22 260×6%＝1 335.60(元)

C. (22 260－4 240)÷(1＋6%)×6%＝1 020(元)

D. 22 260÷(1＋6%)×6%＝1 260(元)

(4) 下列关于A公司当月提供货物仓储服务增值税销项税额的计算中，正确的是(　　)。

A. 95 400×(1＋6%)×6%＝6 067.44(元)

B. 95 400×6%＝5 724(元)

C. (95 400＋19 080)×6%＝6 868.80(元)

D. (95 400＋19 080)÷(1＋6%)×6%＝6 480(元)

2. A公司为居民企业，本年有关收支情况如下：

① 取得销售货物收入2 500万元，购买理财产品收益20万元，从其直接投资的未上市居民企业分回股息收益180万元，出售闲置办公楼收入200万元。

② 按规定提取的折旧费用160万元，其中已投入使用的机器设备折旧费20万元、已投入使用的运输设备折旧费30万元、未投入使用的厂房折旧费90万元、未投入使用的机械设备折旧费20万元。

③ 发生业务招待费20万元，首次发生公益性捐赠支出30万元，全年实现会计利润400万元。

已知：在计算应纳税所得额时，业务招待费支出按其发生额的60%扣除，但最高不得超过当年销售(营业)收入的5‰；企业当年发生以及以前年度结转的公益性捐赠支出，不超过年度利润总额12%的部分，准予扣除；超过年度利润总额12%的部分，准予结转以后3年内在计算应纳税所得额时扣除。

要求：根据上述资料，分析回答下列问题。

(1) A公司的下列收入中，应计入企业所得税应纳税所得额的有(　　)。

A. 出售办公楼收入200万元　　B. 理财产品收益20万元

C. 销售货物收入2 500万元　　D. 股息收益180万元

(2) A公司的下列折旧费用中，在计算本年度企业所得税应纳税所得额时，准予扣除的有(　　)。

A. 已投入使用的运输设备折旧费30万元　　B. 已投入使用的机器设备折旧费20万元

C. 未投入使用的机械设备折旧费20万元　　D. 未投入使用的厂房折旧费90万元

(3) A公司在计算本年度企业所得税应纳税所得额时，准予扣除的业务招待费为(　　)万元。

A. 12　　B. 12.5　　C. 8　　D. 20

(4) A公司在计算本年度企业所得税应纳税所得额时，准予扣除的公益性捐赠支出为(　　)万元。

A. 30　　B. 44　　C. 12　　D. 48

3. 20×7年7月18日，赵某到A公司应聘并被A公司录用，双方当场口头约定合同期限2年，试用期1个月。8月1日赵某到A公司上班，8月31日领取当月工资。20×8年11月，

赵某因工受伤后，得知A公司未为其缴纳工伤保险费，遂要求A公司支付工伤保险待遇。A公司对赵某工伤没有异议，但以双方未订立书面劳动合同为由拒绝支付。双方遂发生争议。

要求：根据上述资料，分析回答下列问题。

(1) 赵某与A公司劳动关系建立的时间为(　　)。

A. 20×7年7月18日　　B. 20×7年8月1日

C. 20×7年8月20日　　D. 20×7年9月1日

(2) 关于双方未订立书面劳动合同的法律后果，下列表述正确的是(　　)。

A. 20×8年8月1日起视为双方已经订立无固定期限劳动合同

B. 因已经与赵某达成口头协议，A公司无须向赵某支付工资补偿

C. A公司应向赵某支付未及时订立书面劳动合同的工资补偿

D. A公司应与赵某补订书面劳动合同

(3) 关于赵某因工受伤的法律后果，下列表述正确的是(　　)。

A. 因A公司未为其缴纳工伤保险费，赵某无权享受工伤保险待遇

B. 因双方未订立书面劳动合同，赵某无权享受工伤保险待遇

C. 赵某有权享受工伤保险待遇，由A公司支付

D. 赵某有权享受工伤保险待遇，直接从工伤保险基金中支付

(4) 对双方发生的劳动争议，赵某可选择的解决途径有(　　)。

A. 直接与A公司协商

B. 向依法设立的基层人民调解组织申请调解

C. 向劳动人事争议仲裁委员会申请仲裁达成和解协议

D. 请工会或者第三方共同与A公司协商达成和解协议

机考模拟试题(一)
答案

机考 模拟试题(二)

一、单项选择题(本类题共 24 小题,每小题 1.5 分,共 36 分。每小题备选答案中,只有一个符合题意的正确答案。多选、错选、不选均不得分。)

1. 下列表述中,不正确的是(　　)。

A. 宪法规定国家的基本制度和根本任务,具有最高的法律效力

B. 法律通常规定和调整国家、社会和自然人生活中某一方面带根本性的社会关系或基本问题

C. 地方政府规章不得与宪法、法律和行政法规相抵触,但可以与同级地方性法规相抵触

D. 行政法规的效力和地位仅次于宪法和法律,高于地方性法规、规章,是一种重要的且数量很大的法的渊源

2. 下列法律责任中,属于刑事责任附加刑的是(　　)。

A. 管制　　B. 拘役　　C. 死刑　　D. 驱逐出境

3. 下列各项中,属于出纳人员可以做的工作是(　　)。

A. 稽核　　B. 库存现金日记账的登记

C. 会计档案的保管　　D. 债权债务账目的登记

4. 预付卡通过现金或银行转账方式进行充值,不得使用信用卡为预付卡充值。一次性充值金额(　　)元以上的,不得使用现金。

A. 2 000　　B. 5 000　　C. 10 000　　D. 20 000

5. 下列关于基本存款账户的表述中,不正确的是(　　)。

A. 基本存款账户可以办理现金支取业务

B. 基本存款账户是存款人的主办账户

C. 一个单位只能开立一个基本存款账户

D. 单位设立的独立核算的附属机构不得开立基本存款账户

6. 李某从某支付机构购买一张资金为 3 000 元的预付卡,在乘坐公交车时丢失,李某到发卡的支付机构要求挂失,支付机构不予办理,下列说法中,正确的是(　　)。

A. 李某购买的资金为 3 000 元预付卡属于不记名预付卡

B. 单张不记名预付卡的最高限额为 5 000 元

C. 支付机构的做法正确

D. 李某购买的预付卡为记名预付卡,可以挂失

7. 20×7 年 6 月 4 日,甲公司向乙公司签发一张支票,但乙公司一直没有主张票据权利,

乙公司对甲公司的票据权利的消灭时间是(　　)。

A. 20×8 年 6 月 4 日　　B. 20×9 年 6 月 4 日

C. 20×7 年 9 月 4 日　　D. 20×7 年 12 月 4 日

8. 下列各项中,不缴纳增值税的是(　　)。

A. 提供运输服务

B. 转让商标使用权

C. 纳税人在资产重组过程中,通过合并、分立、出售、置换等方式,将全部或者部分实物资产以及与其相关联的债权、负债和劳动力一并转让给其他单位和个人,其中涉及的不动产、土地使用权转让行为

D. 销售机器设备

9. 下列关于增值税小规模纳税人的说法中,正确的是(　　)。

A. 小规模纳税人会计核算健全,能提供准确税务资料,可以向主管税务机关办理一般纳税人资格登记

B. 自 2018 年 5 月 1 日起,增值税小规模纳税人标准为年应征增值税销售额 400 万元及以下

C. 小规模纳税人可以抵扣进项税额

D. 小规模纳税人购买货物均不得取得增值税专用发票

10. 下列各项中,不属于消费税税目的是(　　)。

A. 电池　　B. 游艇　　C. 高档西服　　D. 涂料

11. 下列各项中,委托加工的应税消费品可以从已纳税款中扣除的是(　　)。

A. 以委托加工收回的已税高档化妆品为原料生产的高档化妆品

B. 以委托加工收回的已税摩托车为原料生产的摩托车

C. 以委托加工收回的已税珠宝、玉石为原料生产的金银首饰

D. 以委托加工收回的已税白酒为原料生产的白酒

12. 下列各项中,属于企业所得税免税收入的是(　　)。

A. 依法收取并纳入财政管理的行政事业性收费、政府性基金

B. 企业购买国债取得的利息收入

C. 企业接受捐赠收入

D. 事业单位从事营利性活动取得的收入

13. 甲公司为一家电视机生产企业,属于我国居民企业,本年 3 月因业务发展需要与建设银行借款 600 万元,期限半年,共计支付利息 24 万元;5 月又向自己的供应商借款 1 200 万元,期限半年,年利率 10%,上述借款均用于经营周转,甲公司无其他借款。甲公司本年可以在计算应纳税所得额时扣除的利息费用为(　　)万元。

A. 36　　B. 48　　C. 60　　D. 72

14. 下列所得中,应缴纳个人所得税的是(　　)。

A. 年终加薪　　B. 独生子女补贴　　C. 托儿补助费　　D. 国债利息收入

15. 下列情形中,不予免征契税的是(　　)。

A. 医院承受划拨土地用于建造门诊楼　　B. 农民承受荒滩土地用于牧业生产

C. 军队承受划拨土地用于建造军事设施　　D. 企业接受捐赠房屋用于作为生产车间

16. 甲林场面积为100平方米，其中森林公园占地58平方米，防火设施占地17平方米，办公用地占地10平方米，生活区用地占地15平方米，甲林场需要缴纳城镇土地使用税的面积是(　　)平方米。

A. 15　　B. 25　　C. 58　　D. 100

17. 甲向乙购买一批货物，合同约定丙为证人，丁为担保人。下列关于该合同印花税纳税人的表述中，正确的是(　　)。

A. 甲和丙为纳税人　　B. 甲和乙为纳税人

C. 甲和丁为纳税人　　D. 乙和丁为纳税人

18. 农村居民李某在规定用地标准以内占用耕地600平方米新建住宅，另外占用240平方米农用耕地建设直接为农业生产服务的生产设施。当地适用税额每平方米50元，李某应纳耕地占用税税额为(　　)元。

A. 0　　B. 600　　C. 7 500　　D. 15 000

19. 税务机关采取税收保全措施的期限一般不得超过(　　)个月，符合法定情形，需要延长税收保全期限的，应当报请国家税务总局批准。

A. 1　　B. 3　　C. 6　　D. 12

20. 税务行政复议申请人对税务机关作出的下列行为不服的，应当先向复议机关申请行政复议，对行政复议决定不服的，可以再向人民法院提起行政诉讼的是(　　)。

A. 行政许可行为　　B. 确认纳税环节

C. 税收保全措施　　D. 纳税信用等级评定行为

21. 纳税人采取在账簿上多列支出或者不列、少列收入的手段，不缴或少缴应纳税款的行为属于(　　)。

A. 欠税　　B. 偷税(逃税)　　C. 骗税　　D. 抗税

22. 下列各项中，由付款方或受票方作为付款原始凭证的是(　　)。

A. 发票联　　B. 存根联　　C. 记账联　　D. 抵扣联

23. A公司聘用何某8个月后开始无故拖欠其工资，何某向A公司多次催要未果，直至双方终止劳动关系，A公司仍未结算所欠工资。何某就A公司拖欠工资申请劳动仲裁的时效期间是(　　)。

A. 自双方劳动关系终止之日起1年

B. 自A公司开始无故拖欠工资之日起1年

C. 自何某到A公司工作之日起2年

D. 自何某向A公司最后一次催要工资未果之日起1年

24. 甲公司职工孙某的月工资为8 700元。已知当地职工基本医疗保险单位缴费率为6%，职工个人缴费率为2%，用人单位所缴医疗保险费划入个人医疗账户的比例为30%。下列关于孙某个人医疗保险账户每月存储额的计算中，正确的是(　　)。

A. 8 700×2%=174(元)

B. 8 700×2%+8 700×6%×30%=330.6(元)

C. 8 700×2%+8 700×6%=696(元)

D. 8 700×6%×30%=156.6(元)

二、多项选择题(本类题共 15 小题,每小题 2 分,共 30 分,每小题备选答案中,有两个或两个以上符合题意的正确答案,多选,少选,错选,不选均不得分。)

1. 下列各项中,不属于非营利法人的有(　　)。

A. 基层群众性自治组织　　B. 基金会

C. 集体所有制企业　　D. 机关法人

2. 甲行政机关财务负责人刘某因犯罪被人民法院判处有期徒刑,并处罚金和没收财产,后被甲行政机关开除。刘某承担的法律责任中,属于刑事责任的有(　　)。

A. 开除　　B. 罚金　　C. 有期徒刑　　D. 没收财产

3. 年度、半年度财务会计报告由(　　)组成。

A. 会计报表　　B. 会计报表附注　　C. 财务分析报告　　D. 财务情况说明书

4. 甲公司向乙公司签发一张银行承兑汇票,付款人为丁银行。随后,乙公司在法定期限内持票向丁银行提示承兑,丁银行依法承兑。下列关于丁银行在票据上的签章的表述中,不正确的有(　　)。

A. 只有丁银行的汇票专用章和法定代表人的签名

B. 只有丁银行的汇票专用章和法定代表人的盖章

C. 只有丁银行法定代表人的签章或盖章

D. 只有丁银行的汇票专用章

5. 根据支付结算法律制度的规定,下列关于借记卡的表述中,正确的有(　　)。

A. 转账卡(含储蓄卡)是实时扣账的借记卡,具有转账结算、存取现金和消费功能

B. 借记卡可以透支

C. 专用卡是具有专门用途、在特定区域使用的借记卡,具有转账结算、存取现金功能

D. 储值卡是发卡银行根据持卡人要求将其资金转至卡内储存,交易时直接从卡内扣款的预付钱包式借记卡

6. 下列关于增值税免税政策的说法中,错误的有(　　)。

A. 纳税人适用免税规定的,可以选择某一免税项目放弃免税权

B. 纳税人兼营免税、减税项目的,应当分别核算免税、减税项目的销售额;未分别核算的,不得免税、减税

C. 纳税人适用免税规定的,可以放弃免税,放弃后 12 个月内不得再申请免税

D. 纳税人适用免税规定的,可以根据不同的销售对象选择部分项目放弃免税权

7. 纳税人外购和委托加工的特定应税消费品,用于继续生产应税消费品的,已缴纳的消费税税款准予从应纳消费税税额中扣除。下列各项中,可以扣除已缴纳的消费税的有(　　)。

A. 外购已税高档化妆品为原料生产的高档化妆品

B. 外购已税杆头、杆身和握把为原料生产的高尔夫球杆

C. 外购已税润滑油为原料生产的成品油

D. 外购已税小汽车改装生产的小汽车

8. 下列各项中,纳税人在计算企业所得税应纳税所得额时准予扣除的税金有(　　)。

A. 房产税　　B. 增值税　　C. 消费税　　D. 城市维护建设税

9. 个人通过境内非营利社会团体进行的下列捐赠中,在计算缴纳个人所得税时,准予税

前全额扣除的有(　　)。

A. 向农村义务教育的捐赠　　B. 向贫困地区的捐赠

C. 向公益性青少年活动场所的捐赠　　D. 向福利性、非营利性老年服务机构的捐赠

10. 下列各项中,免征印花税的有(　　)。

A. 农民专业合作社销售自产农产品订立的买卖合同

B. 个人与电子商务经营者订立的电子订单

C. 各类发行单位之间,以及发行单位与订阅单位或个人之间书立的征订凭证

D. 应税凭证的副本或者抄本

11. 下列企业直接向环境排放的污染物中,属于环境保护税征税范围的有(　　)。

A. 固体废物　　B. 水污染物　　C. 大气污染物　　D. 噪声

12. 下列财产中,税务机关不得对其采取保全措施或强制执行措施的有(　　)。

A. 机动车

B. 个人及其扶养家属维持生活必需住房和用品

C. 金银饰品

D. 单价 5 000 元以下的其他生活用品

13. 下列关于税务行政复议申请与受理的表述中,正确的有(　　)。

A. 申请人对税务机关作出逾期不缴纳罚款加处罚款的决定不服的,应当先缴纳罚款和加处罚款,再申请行政复议

B. 复议机关收到行政复议申请后,应当在 5 个工作日内进行审查,决定是否受理

C. 申请人申请行政复议,必须采取书面申请,不能口头申请

D. 对不符合规定的行政复议申请,决定不予受理并说明理由

14. 下列各项中,属于税款征收方式的有(　　)。

A. 查账征收　　B. 查验征收　　C. 扣缴征收　　D. 核定、调整税额

15. A 公司本月向俞某实际发放 2 800 元,其中包括加班工资 210 元、井下工作津贴 110 元、伙食补贴 230 元,另外,由俞某个人负担的基本社会保险费 300 元已经扣除。根据社会保险法律制度的规定,下列各项中,不应包括在最低工资中的有(　　)。

A. 加班工资 210 元　　B. 高温津贴 110 元

C. 伙食补贴 230 元　　D. 俞某个人负担的基本社会保险费 300 元

三、判断题(本类题共 10 小题,每小题 1 分,共 10 分。请判断每小题的表述是否正确,每小题答题正确的得 1 分,答题错误、不答题的不得分也不扣分。)

1. 8 周岁的张某属于无民事行为能力人。(　　)

2. 挂失止付是票据丧失后采取的必经措施。(　　)

3. 银行卡及其账户可以出租和转借。(　　)

4. 已抵扣进项税额的购进货物改变用途,用于个人消费的,应当将该项购进货物的进项税从当期进项税额中扣减;无法确定该项进项税额的,按当期外购项目的对外销售额计算应扣减的进项税额。(　　)

5. 纳税人采用以旧换新方式销售的金银首饰,应按实际收取的不含增值税的全部价款征收消费税。(　　)

6. 个人转让中国境内的不动产等财产或者在中国境内转让其他财产取得的所得,无论支付地点是否在中国境内,均为来源于中国境内的所得。 (　　)

7. 土地增值税纳税人转让房地产的,只有取得了货币收入,才需要缴纳土地增值税。 (　　)

8. 纳税人因违反增值税、消费税有关规定而加收的滞纳金和罚款,不作为城市维护建设税的计税依据。 (　　)

9. 纳税人申报的计税依据明显偏低,但有正当理由的,税务机关有权核定其应纳税额。 (　　)

10. 纳税人对税务机关作出逾期不缴纳罚款加处罚款的决定不服的,应当先缴纳罚款和加处罚款,再申请行政复议。 (　　)

四、不定项选择题(本类题共 12 小题,每小题 2 分,共 24 分。每小题备选答案中,有一个或一个以上符合题意的正确答案。每小题全部选对得满分,少选得相应分值,多选、错选、不选均不得分。)

1. 本年 1 月 15 日,A 公司向 B 公司签发一张转账支票,支票上记载 M 银行为付款人,同时 A 公司在该支票上记载了“货款 8 万元”的字样。A 公司在该支票上并未记载收款人名称,但授权 B 公司补记。B 公司在支票上补记收款人名称后,将该支票背书转让给 C 公司。C 公司于本年 7 月 25 日向 M 银行提示付款。

要求:根据上述资料,分析回答下列问题。

(1) 该支票在未补记收款人名称前,是(　　)的。

A. 有效　　B. 无效　　C. 不得背书转让　　D. 不得提示付款

(2) 在该支票上,非基本当事人是(　　)。

A. A 公司　　B. B 公司　　C. C 公司　　D. M 银行

(3) A 公司在该支票上记载的“货款 8 万元”字样属于(　　)。

A. 任意记载事项

B. 相对记载事项

C. 不产生《中华人民共和国票据法》上效力的事项

D. 绝对记载事项

(4) C 公司于本年 7 月 25 日才向 M 银行提示付款,下列表述中,正确的是(　　)。

A. C 公司将不仅丧失票据权利,而且丧失民事权利

B. C 公司将丧失票据权利,但仍享有民事权利

C. M 银行应当付款

D. M 银行应当拒绝付款

2. A 企业为增值税一般纳税人,是一家高尔夫球及球具生产厂家,本年 5 月发生以下业务:

① 购进一批 PU 材料,取得的增值税专用发票上注明价款 20 万元、税额 2.6 万元。委托 B 企业将该批 PU 材料加工成高尔夫球包,取得 B 企业开具的增值税专用发票上注明加工费 3 万元、税额 0.39 万元;B 企业没有同类消费品的销售价格。

② 将委托加工收回的高尔夫球包销售给 C 企业,取得不含税销售额 30 万元。

③ 购进一批碳素材料、钛合金,取得的增值税专用发票注明价款100万元、税额13万元。委托D企业将其加工成200根高尔夫球杆,取得D企业开具的增值税专用发票上注明加工费20万元、税额2.6万元;D企业当月销售同类高尔夫球杆不含税销售价格为1.2万元/根。

④ 将委托加工收回的高尔夫球杆全部对外销售,取得含税销售额452万元。

已知:A企业上期留抵增值税税额5万元,高尔夫球及球具适用的消费税税率为10%,增值税税率为13%,A企业取得的增值税专用发票本年5月均已通过主管税务机关认证并在当月抵扣。

要求:根据上述资料,分析回答下列问题。

(1) A企业委托B企业加工高尔夫球包时,下列关于B企业应代收代缴消费税税额的计算中,正确的是(　　)。

A. 3×10%=0.3(万元)

B. 20×10%=2(万元)

C. (20+3)÷(1-10%)×10%=2.56(万元)

D. (20+3)÷(1-10%)=25.56(万元)

(2) A企业将委托加工收回的高尔夫球包销售给C企业时,下列表述中,正确的有(　　)。

A. A企业无需缴纳消费税

B. A企业应计算缴纳增值税

C. A企业应按照规定申报缴纳消费税,但在计税时准予扣除B企业已代收代缴的消费税

D. A企业应按照规定申报缴纳消费税,在计税时不得扣除B企业已代收代缴的消费税

(3) A企业委托D企业加工高尔夫球杆时,下列关于D企业应代收代缴消费税税额的计算中,正确的是(　　)。

A. 1.2×200÷(1+13%)×10%=21.24(万元)

B. 1.2×200×10%=24(万元)

C. 20×10%=2(万元)

D. (100+20)÷(1-10%)×10%=13.33(万元)

(4) 下列关于A企业当月应纳增值税税额的计算中,正确的是(　　)。

A. 452÷(1+13%)×13%+30×13%-(2.6+13)=40.3(万元)

B. 452÷(1+13%)×13%+30×13%-(2.6+13)-5=35.3(万元)

C. 452÷(1+13%)×13%+30×13%-(2.6+0.39+13+2.6)-5=32.31(万元)

D. 452÷(1+13%)×13%+30×13%-(2.6+0.39+13+2.6)=37.31(万元)

3. A房地产开发公司本年开发M项目商品房,该项目位于某市市区,有关经营情况如下:

① 年初受让M项目所占土地使用权,签订土地使用权转让合同,支付与该项目相关的土地使用权价款800万元,相关税费50万元。

② 开发过程中发生土地拆迁补偿费250万元,前期工程费100万元,基础设施及公共配套设施费150万元,开发间接费用75万元。

③ 开发过程中发生符合规定的销售费用100万元、财务费用50万元、管理费用60万元。

④ 当年将本年开发M项目商品房全部销售,签订了商品房买卖合同,取得销售收入4 000万元。

已知:A房地产开发公司不能按开发项目计算分摊利息支出,当地政府规定的开发费用

扣除比例为10%;买卖合同适用的印花税税率为0.3‰;产权转移书据适用的印花税税率为0.5‰;A房地产开发公司适用的城市维护建设税税率为7%,教育费附加征收率为3%。A房地产开发公司转让房地产的应纳增值税税额为200万元。

要求:根据上述资料,分析回答下列问题。

(1) 下列关于A房地产开发公司就M项目上述业务签订的合同应缴纳印花税税额的计算中,正确的是(　　)。

A. 4 000×0.5‰+800×0.3‰=2.24(万元)

B. 4 000×0.5‰+800×0.5‰=2.4(万元)

C. 4 000×0.3‰+(800+50)×0.3‰=1.455(万元)

D. 4 000×0.3‰+(800+50)×0.5‰=1.625(万元)

(2) 关于A房地产开发公司计算销售M项目商品房应缴纳的土地增值税时的扣除项目,下列说法正确的有(　　)。

A. 准予扣除的"取得土地使用权所支付的金额"=800+50=850(万元)

B. 准予扣除的"房地产开发成本"=250+100+150+75=575(万元)

C. 准予扣除的"与转让房地产有关的税金"=200×(7%+3%)=20(万元)

D. 准予扣除的"房地产开发费用"=100+50+60=210(万元)

(3) A房地产开发公司计算销售M项目商品房应缴纳的土地增值税时,准予扣除的"与转让房地产有关的税金"有(　　)。

A. 增值税　　B. 印花税　　C. 教育费附加　　D. 城市维护建设税

(4) 关于A房地产开发公司土地增值税的规定,下列说法正确的有(　　)。

A. A房地产开发公司应当就M项目进行土地增值税清算

B. A房地产开发公司应当将其开发的所有项目合并清算

C. A房地产开发公司可以申请暂不就M项目进行土地增值税清算

D. A房地产开发公司应当向房地产所在地主管税务机关缴纳土地增值税税款

机考模拟试题(二)
答案

主要参考文献

[1] 财政部会计资格评价中心.经济法基础[M].北京：经济科学出版社，2024.

[2] 东奥会计在线.2025 年会计专业技术资格考试应试指导及全真模拟测试：经济法基础[M].北京：北京科学技术出版社，2025.

[3] 中华会计网校.2025 年度全国会计专业技术资格考试经济法基础应试指南[M].北京：中国商业出版社，2025.

高等教育出版社

教学资源服务指南

感谢您使用本书。为方便教学，我社为教师提供资源下载、样书申请等服务，如贵校已选用本书，您只要关注微信公众号“高职财经教学研究”，或加入下列教师交流QQ群即可免费获得相关服务。

高职财经教学研究

高等教育出版社(上海)教材服务有限...

上海

高等教育出版社旗下产品，提供高职财经专业课程教学交流、配套数字资源及样书申请等服务。

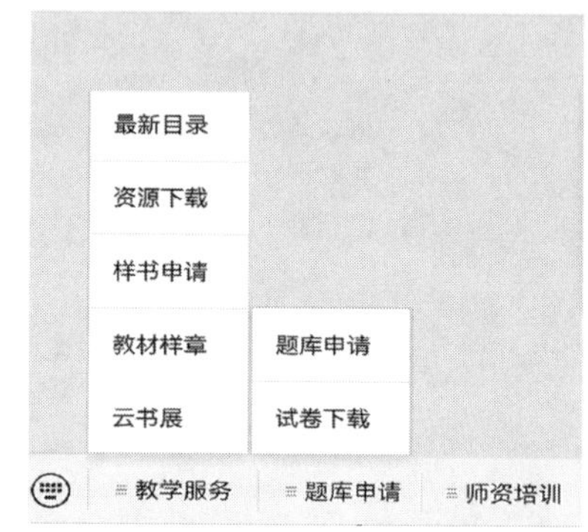

资源下载：点击“**教学服务**”—“**资源下载**”，注册登录后可搜索相应的资源并下载。（建议用电脑浏览器操作）

样书申请：点击“**教学服务**”—“**样书申请**”，填写相关信息即可申请样书。

样章下载：点击“**教学服务**”—“**教材样章**”，即可下载在供教材的前言、目录和样章。

题库申请：点击“**题库申请**”，填写相关信息即可申请题库或下载试卷。

师资培训：点击“**师资培训**”，获取最新会议信息、直播回放和往期师资培训视频。

联系方式

会计QQ3群 :473802328　　会计QQ2群 :370279388　　会计QQ1群 :554729666

会计QQ4群 :291244392

(以上4个会计Q群，加入任何一个即可获取教学服务，请勿重复加入)

联系电话: (021)56961310　　电子邮箱:3076198581@qq.com

在线试题库及组卷系统

我们研发有十余门课程试题库:“基础会计”“财务会计”“成本计算与管理”“财务管理”“管理会计”“税务会计”“税法”“税收筹划”“审计基础与实务”“财务报表分析”“EXCEL在财务中的应用”“大数据基础与实务”“会计信息系统应用”“政府会计”“内部控制与风险管理”等，平均每个题库近3000题，知识点全覆盖，题型丰富，可自动组卷与批改。如贵校选用了高教社沪版相关课程教材，我们可免费提供给教师每个题库生成的各6套试卷及答案（Word格式难中易三档，索取方式见上述“题库申请”），教师也可与我们联系咨询更多试题库详情。